REBECCA LUTTER

Bernsteinwege

REBECCA LUTTER

Bernsteinwege

Erinnerungen an
Mecklenburg

Langen Müller

© 1996 by Langen Müller
in der F.A. Herbig Verlagsbuchhandlung GmbH, München
Alle Rechte vorbehalten
Schutzumschlag: Bernd und Christel Kaselow, München
Umschlagmotiv: Tor und Schloß Ivenack (Privatbesitz)
Satz: Verlagsservice G. Pfeifer / EDV-Fotosatz Huber
Gesetzt aus: Trump 10/12 Punkt
Druck und Binden: Graphischer Großbetrieb Pößneck
Ein Mohn-Betrieb
Printed in Germany
ISBN 3-7844-2541-0

*Den Schwestern
des Odysseus*

Inhalt

Die Bernsteinkette 11

Die Karawane 14

Die zweite Nacht 21

Das unsichtbare Tor 28

Alte Geschichten 42

Das Leben auf dem Lande 56

Ivenack 64

Unerwartete Gäste 76

Das besondere Kleid 86

Leutnantsgeschichten 100

Prophezeiungen 107

Morgen kommen sie! 117

Das Waldlager 128

Die Russen 142

Die List   149

Rübenverziehen   154

Die einen und die andern   164

Eine halbe Geschichte   176

Vergrabene Schätze   191

Ebereschenzeit   201

Der Geburtstag   210

Allein   218

Im Ivenacker Teehaus   231

Zurück in Zolkendorf   251

Uri-Uri   259

Zwischenspiel   270

Ihr werdet lachen   274

Aufbruch   279

Epilog   286

Dank   292

*Wolken ziehen
durch mein Haus.
Dach und Mauern fort-
getragen. Menschen fort
wie Vögel.
Windzerstreute Schritte
Stimmen Schatten
überm Sommerweg.
Herz,
bewahr die Bilder.*

Die Bernsteinkette

Zwischen den beiden Südfenstern des grünen Wohnzimmers stand die Vitrine aus Mahagoniholz und Glas. Die weißen Gardinen unter den gerafften grünen Vorhängen ließen nur ein mildes, milchiges Licht in das Zimmer, und so war auch alles, was in der Vitrine aufbewahrt wurde, dem Alltag und seiner Helligkeit ein wenig entrückt.
Vielleicht gerade deswegen standen meine Schwester und ich so gerne davor und betrachteten die ausgestellten Gegenstände. Sie wurden eigentlich nicht mehr gebraucht und hatten doch eine Bedeutung; immer blieben sie an ihrem Platz und konnten doch die Phantasie so herrlich beflügeln.
Welchem jungen Mädchen mochte wohl der Elfenbeinfächer gehört haben? Ob ihr Kleid so blaßblau gewesen war wie das Band, das sich durch die zarten, gelblich-weißen Fächerscheiben zog? War sie eine fröhliche Tänzerin gewesen? Oder womöglich ein armes Mauerblümchen? Man wußte es nicht.
Aber der Ring im seidengepolsterten Schächtelchen, den hatte Urgroßvater Zielke aus Ägypten mitgebracht. Von ihm stammte auch der Kasten mit dem vielfarbig schillernden Emaildeckel, in dem ein Spiel aufbewahrt wurde, dessen Regeln niemand

mehr kannte. Dieser Urgroßvater war Schiffskapitän gewesen und weit in der Welt herumgekommen.

Das Spitzentuch, das sein Muster auf der dunklen Rückwand der Vitrine so schön zeigte, hatte Mutters Vater vor vielen Jahren einer russischen Hofdame abgekauft. Es war wohl eher eine Brüsseler Arbeit; aber am Zarenhof in St. Petersburg war das Tuch getragen worden.

Auch die zierliche Silberwiege war interessant und das ovale Riechdöschen, das Mutters Freundinnen so bewunderten, aber nichts, gar nichts ging uns beiden Schwestern über die Bernsteinkette, die Mutter von ihrer Mutter geerbt hatte. Es war eine stolze Kette, lang und prächtig, wie man sie damals, am Ende des 19. Jahrhunderts, gerne trug.

Die allergrößte Perle in der Mitte nannten wir das Eichelhäher-Ei. Noch nie hatten wir so ein Ei gesehen; aber der Eichelhäher war der Zaubervogel unsres Kinderwaldes, sein Ei mußte etwas ganz Besonderes sein, wie überhaupt immer etwas Geheimnisvolles um ihn war. Nie sah man ihn auf einem Zweig sitzen, nie in kurzen, schnellen Schwüngen den Waldweg entlangfliegen, wie es die unscheinbaren kleinen Vögel taten. Er wurde höchstens als ein farbiger Schatten aus Grün, Blau und Lindenhoniggelb sichtbar, der lautlos und ohne daß ein Zweig sich rührte, zwischen den Fichten verschwand. Sein Ei mußte genau diese Farbe aus sattem, sämigem Gelb haben, wie die dickste Perle aus Großmutters Kette es zeigte.

Die nächsten Perlen zu beiden Seiten ›der Königin‹ waren nur ein wenig kleiner und dann die nächsten wieder und wieder nur ein wenig kleiner, bis sie die

Größe einer Eichel, einer schönen gesunden Eichel vom letzten Herbst erreichten. Dann machten sie Halt und blieben so bis zum Verschluß in den Nakken hinauf.

Voll und schwer erschien die Kette meinen Augen immer, denn ich hatte sie noch nie in die Hand nehmen dürfen und verstand nur wenig vom Bernstein. Wäre sie in Wahrheit nicht so erstaunlich leicht gewesen, wie sie eben war ... wer weiß, ob sie nicht doch zu Hause liegengeblieben wäre, wie Mutter es gewollt hatte an diesem 28. Januar 1945, als wir auf die Flucht mußten und sie kein einziges Stück aus der Vitrine einpackte, auch unerbittlich blieb, als wir versuchten, unsere Lieblinge heimlich in den großen Koffer zu schmuggeln.

Der Abschied hing an uns wie die schweren Eisengewichte, mit denen Kartoffelsäcke gewogen wurden. Aber die Bernsteinkette war leicht, sie wäre kaum zu spüren, irgendwo in einer Tasche oder einem Koffer. Es war ungerecht, sie liegenzulassen! Wir wußten es besser als Mutter, daß ihre Geschichte für uns noch nicht zu Ende sein konnte.

Und so lag sie denn eingehüllt in ein russisches Spitzentuch wohlverwahrt – wie die Silberwiege und der ägyptische Ring – im Rucksack meiner Schwester, als wir unsre Stadt für immer verließen.

Die Karawane

Es schneite, als wir einstiegen. Das letzte, was ich sehen konnte, ehe der Soldat den Laderaum des LKW von außen verschloß, war Onkel Gustav, Mutters Bruder. Er stand zwei Schritte hinter dem Soldaten und hatte die Hand gehoben, als wollte er winken; hielt sie nun aber starr in dieser Stellung, als wäre es nicht das Richtige, was die Hand tun wollte.
Es war dunkel, acht Uhr abends. Es schneite. Es war Sonntag, der 28. Januar 1945.
Zögernd und schwankend kam die Karawane in Bewegung. Der Motor des LKW wurde von einem Holzgasgenerator angetrieben. Gleich bei der Tür stapelten sich die Säcke mit trockenem Holz, das regelmäßig in den Brennerkessel nachgelegt werden mußte, damit die Gasproduktion nicht abriß.
Benzin war schon lange ein unerreichbarer Stoff für normale Menschen geworden; nur für Auserwählte gab es die kostbaren Benzingutscheine. Dieser LKW war ein Militärfahrzeug, das ohne Benzin, eben mit ›Holzgas‹, fuhr. Aber die Soldaten hatten gleich gesagt, der Generator wäre eigentlich viel zu schwach für den schweren Wagen. Als nun auch noch in aller Eile eine starre Achse an den Laster montiert worden war, damit Großvaters benzinloser

Opel angehängt und mitgezogen werden konnte, hatten die Soldaten bedenklich ausgesehen: »Wenn det man jut jeht!«
Im Opel saßen die alte Tante Meta, ihre Töchter Gretel und Lilo und Lebrecht, Lilos Mann, der gerade auf Heimaturlaub gewesen war und nun, auf dem Weg zu seiner Truppe, noch ein Stückchen mit uns fuhr.
Im LKW war es duster bis auf den spärlichen Lichtkreis einer Stallaterne, die von der Decke baumelte. Aber man konnte sich zurechtfinden, konnte tastend und kriechend einen Platz suchen zwischen Kisten und Koffern und den Kopf an eine Teppichrolle legen. Mutter und ihre Schwägerin Eva hatten die sechs kleinen Kinder bei sich; das jüngste war erst vor drei Monaten auf die Welt gekommen. Immer wieder schreckten die Kleinen aus ihrem leichten, unruhigen Schlaf auf und weinten, weil sie sich nicht zurechtfanden. Wir größeren Kinder: meine Cousinen Hanne und Janne, meine Schwester Nane und ich, lagen dicht beieinander im dunklen, hinteren Teil des Wagens. Halb schlafend, halb wachend, zwischen Müdigkeit und Aufgeregtheit, sah ich im trüben Licht Nonno, meinen Großvater, auf einer Matratze sitzen. Er wachte, hatte den Krückstock auf den Boden gestützt und hielt die Krücke mit beiden Händen fest unterm Kinn. Die Gestalt des vornübergebeugten, alten Mannes zeigte schwankend jede Unebenheit der Straße an, als hätte er überhaupt keine Kraft mehr, die Stöße, die ihn von außen trafen, abzuwehren. Der Motor brummte. Das Gehäuse schwankte. Es war kalt und roch nach Petroleum.

Etwas Unerhörtes geschah mit uns. Aber alles, was geschah, war noch nicht wirklich. Es hatte das Bewußtsein noch nicht erreicht. Das, wovor wir flohen, war ja nur eine Vorstellung, es hatte keine Gestalt. Eine Stimme, Vaters Stimme am Telefon, hatte es dringend verlangt; nur darum verließen wir unsre Stadt.
Natürlich konnte man grausige Geschichten über die heranrückenden russischen Truppen hören, aber noch gab es in unsrer Nähe keine Augenzeugen. Wohl hatte schon eine Weile etwas wie ein Sog in der Luft gelegen, zuerst war's nur wie ein feines Ziehen gewesen, das nicht uns zu gelten schien; plötzlich aber hatte es unser eigenes Haus erreicht, hatte alles Festgefügte gelockert, uralte Verankerungen gelöst und endlich uns selber mitgenommen. Alle Handlungen der letzten beiden Tage hatten etwas Mechanisches gehabt, als würden wir von außen dirigiert. Wir ließen geschehen, was geschah, als führten wir unser Leben nicht mehr selber. Nur für einen Augenblick war dieser scheinbar mechanische Ablauf der Ereignisse unterbrochen worden:
Mutter, eben noch über einen großen Koffer gebeugt, hatte sich plötzlich aufgerichtet, durch die befrorenen Fensterscheiben in ›weiß-Gott-welche‹ Fernen gestarrt und zu ›weiß-Gott-wem‹ laut gesprochen: »Ich kann nicht weggehen.«
Sie hatte es beinah bittend gesagt. Und dann, als verstünde sie es zum erstenmal: »Ich gehöre doch hierher!«
Sie hatte die Sachen aus der Hand fallen lassen, war ans Fenster getreten, hatte die Stirn gegen die Scheibe gedrückt und, indem sie dreimal mit den

Fingerknöcheln auf das Fensterbrett schlug, geflüstert: »Und ich bleibe!«
Es war mir, als hätte jemand plötzlich das Fenster aufgerissen, als stürzte Eisluft in den Raum und neben mir stünde eine ganz fremde Frau.
Eben noch hatte es nichts als Packen gegeben, nichts, als Sachen herbeizuschleppen, die mit auf die Flucht sollten, und andere wegzutragen, die nicht mit durften. Alles war einfach abgelaufen, ohne Fragen und Einhalten. Und Mutter hatte alle Fäden in der Hand gehabt. Nun stand sie plötzlich wie eine Fremde da! Wie eine Fremde, die etwas peinlich Persönliches und zugleich furchtbar Beängstigendes aussprach. Mutter, die so selbstverständlich immer ein Teil von mir, von uns allen gewesen war, erklärte plötzlich: »Ich gehe nicht!«
Wollte sie sich von uns trennen? Uns allein auf die Flucht schicken? Es war, als bräche das Haus über mir zusammen. »Du mußt aber!« hörte ich mich schreien. »Du mußt mit uns fortgehen!«
Ich wußte es einfach, wußte es ganz sicher: Das Fremde, das andere in Mutter, durfte nicht die Oberhand gewinnen. Mit aller Kraft drückte ich das Unsichtbare und Beängstigende von ihr weg. Ich fühlte mich plötzlich größer, stärker und entschlossener als alle anderen Menschen um mich. Es war, als wäre ich aus Eisen. Und das war schrecklich.
Mutter schwieg. Ob sie mich gehört, ob sie verstanden hatte?
Sie sagte kein Wort. Sie bückte sich aber und packte weiter. Anstrengung und Abwesenheit sah ich auf ihrem Gesicht, so wie ich manchmal die Frauen mit

dem breiten Ledergurt über der Schulter gesehen hatte, wenn sie einen Kohlenwagen zogen.

Auch Mutter hatte sich einspannen lassen, hatte sich selber eingespannt. Nie mehr zeigte sie ein Zögern, nie mehr ein Schwanken. Aber im Laufe der Fluchtzeit, die vor uns lag, blieb sie nicht nur die Eingespannte, sondern verwandelte sich. Manchmal war sie für mich ›die große Bärin‹, die zusammen mit Eva zehn Kinder durch das Kriegsende führte auf der Suche nach einem Platz, wo man weiterleben könnte. Manchmal war sie Odysseus' Schwester: listig und erfinderisch im Umgang mit den Mächtigen.

Damals, an diesem letzten Winterabend in Stolp, in diesem einen Augenblick, als Mutter sich dem ohnmächtigen Fortgetragenwerden entgegenstemmte, als alles stehenblieb und aus der Zeit herausrückte zu meinem Entsetzen, da fing es an, daß ›etwas‹ Erinnerung wurde, daß etwas, was eben noch ein fester, richtiger Lebensplatz war, ein Gefühl wurde aus Schmerz und Dankbarkeit, ein Wolkenkuckuckshaus aus Bildern und Geschichten. Da waren wir schon fort von ›Zuhause‹. Aber in diesem Augenblick begann auch, was Mutter später – viel später – bestürzt und amüsiert zugleich ›ihre große Zeit‹ nannte.

In der Nacht vom 28. auf den 29. Januar 1945 war die gut ausgebaute Landstraße von Stolp nach Stettin wenig befahren. Kein Treck begegnete uns. Nur wenige Autos legten Spuren in den Schnee, aber auch die waren schnell wieder zugeschneit. Die beiden Soldaten mußten vorsichtig und langsam fahren; denn wir durften auf keinen Fall in eine Schnee-

wehe geraten. Es hätte das Ende unsrer Fahrt bedeutet. Jede Stunde mußte der Generator gefüttert werden. Ein Holzsack nach dem andern leerte sich. Würde der Vorrat reichen? Konnten wir hoffen, irgendwo noch trockenes Holz zu bekommen?
Langsam, langsam bewegten wir uns nach Westen. Vorne im Fahrerhaus suchten zwei Augenpaare den Weg durch das Schneetreiben. Hinten im dunklen Laderaum schliefen, froren, wachten und warteten zwanzig Menschen. So ging die Nacht vorbei und der nächste halbe Tag. Nach neunzehn Stunden und 230 Kilometern erreichten wir glücklich unsre erste Station: das Lazarett in Hohenkrug bei Stettin.
Onkel Martin, Vaters jüngerer Bruder, war Chefarzt dieses Lazaretts, in dem lungenkranke oder an der Lunge verwundete Soldaten lagen. Schon seit einiger Zeit erwartete er die Verlegung seines Lazaretts in den Westen.
»Und wenn ihr rechtzeitig hier seid«, hatte er seinen Eltern nach Stolp geschrieben, »dann werde ich alles versuchen, euch im Lazarettzug mitzunehmen.«
Nur diese Hoffnung hatte Nonno und Oma bewogen, mit uns auf die Flucht zu gehen: Sie würden zu Martin, ihrem jüngsten Sohn, gebracht werden, der selber lungenkrank war und Schonung brauchte. Er würde ihnen beistehen, und sie könnten für ihn sorgen. Das hatte die beiden Siebzigjährigen bestimmt, ihr ganzes, fest verwurzeltes Leben loszureißen von seinem Ort und mit uns auf die Flucht zu gehen.
Die Erinnerung an diese erste Station zeigt mir nur das verwischte Bild von einem Ort, an dem es hell und warm war, wo Wasser zum Waschen aus der Leitung floß und Milch und Honig auf dem Tisch stan-

den. Aber zugleich war um den Ort etwas nicht Geheures. Nur hingezaubert schien alles, nicht echt.
»Nun eßt man sehr, Kinder!« hatte Oma so wie früher immer gesagt, als säßen wir zu Hause an ihrem Tisch, aber dann hatte sie, anders als früher, hinzugefügt: »Wer weiß, wann ihr wieder etwas bekommt!«
Dieser Satz lag wie ein Kloß im Magen und machte, daß Milch und Honig nur schwer zu schlucken waren.

Bald wurde es dämmrig. Wir mußten weiter, weiter ohne die Großeltern. Beim Abschied von ihnen, beim zweiten Abschied nach dem großen, unbegreiflichen vom Abend vorher, fühlte ich zum erstenmal den nagenden, trostlosen Schmerz, der nun immer vertrauter werden sollte. Die Matratze, auf der Nonno die letzte Nacht gewacht hatte, würde leer sein. Die Großeltern blieben hinter uns im Ungewissen zurück, und wir fuhren weiter in ein anderes Ungewisses.

Die zweite Nacht

Es war Abend geworden, als wir in den Lastwagen kletterten. Die andern alle wurden wieder eingesperrt im dunklen Ladeteil, aber ich durfte vorne bei den Soldaten sitzen.

»Mach die Augen auf!« hatte Mutter gesagt. »Und erzähle uns später, was du gesehen hast.«

Wir fuhren auf Stettin zu. Den kürzeren, doch gefährlicheren Weg mitten durch die große Stadt hatten die Soldaten eigentlich nicht nehmen wollen, denn ein Fliegerangriff war mit Sicherheit zu erwarten. Aber das Holz, das schöne trockene Holz ging zu Ende, und irgendwoher mußte Nachschub besorgt werden.

In einer Nebenstraße fanden wir schließlich eine Tischlerei. Ein dünner Lichtstreifen, der von einem verdunkelten Fenster auf das verschneite Kopfsteinpflaster fiel, zeigte uns den Weg über einen verwinkelten, finsteren Hof.

»Was denn«, sagte der alte Mann, der einen kaputten Stuhl reparierte, »Holz wollt ihr? Vielleicht ein paar ordentliche Eichenkloben? Die such' ich selber schon die ganze Zeit.« Als er dann genauer hörte, wie es mit uns stand, schlurfte er wortlos aus der Werkstatt und holte vom Hof ein paar nasse Holzlei-

sten, zerschlug sie mit einem Beil und füllte einen von den drei Säcken, die wir mitgebracht hatten.
»Mehr is nich, liebe Leute!« sagte er. »Seht zu, wie weit euer Motor damit kommt.«
Als wir auf die Oderbrücken zufuhren, heulten die Sirenen. Die dunkle Stadt schien noch dunkler zu werden. Kein Mensch, kein Fahrzeug war mehr draußen zu sehen. Häßliche, alte Häuser zogen vorüber. Manche waren halb verbrannt, andere schon zusammengestürzt. Die Sirenen heulten nicht mehr. Ich spürte, daß die Soldaten unruhiger wurden. Der Beifahrer rutschte hin und her und versuchte, aus dem Seitenfenster den Himmel zu beobachten, während der Fahrer sich nach vorn beugte, als könnte er so das Auto schneller voranbringen.
Plötzlich erhellte sich die Nacht wie durch Zauberei. Riesengroße Leuchter schienen hier und da in der Luft zu schweben. Sie sandten ein seltsames Licht aus. Es war ein weißes Licht, wie manchmal in Vollmondnächten; ein Licht, in dem alles schutzlos dalag. Es war schrecklich, aber es war auch faszinierend. Ich machte mich klein, um möglichst viel durch die schmale Scheibe sehen zu können.
»Das ist aber kein Feuerwerk, Mädchen!« hörte ich da den einen Soldaten sagen. »Das ist die Beleuchtung für einen Hexentanz! Drück die Daumen, daß wir über die Oderbrücken sind, bevor es losgeht!«
Gehorsam preßte ich meine Finger um die Daumen und lauschte. Was meinte er mit dem ›Hexentanz?‹ Und was war mit dem Generator? Arbeitete er noch? Und was war mit den feindlichen Flugzeugen? Waren sie schon über uns? Und würde es gleich losgehen? Ich hatte noch nie einen Bombenangriff erlebt.

Ich hörte die Flak schießen und sah einen Lichtschein zucken, als wenn es geblitzt hätte. Entsetzt drückte ich mich auf meinem Platz nach hinten.
»Das ist noch weit weg«, sagte eine Stimme neben mir.
Vor uns zeigte sich die erste Brücke. Wie lang sie war! Und kein Schutz weit und breit! Nicht mal ein Schatten, der uns vor den Augen der Flugzeuge verbergen könnte!
»Gib Gas, Kamerad!« Als ob einer flüsternd schrie, so hörte sich das an.
Ich sah die hart gespannten Sehnen am Hals des Fahrers, sein Gesicht war schweißbedeckt, als zöge er ganz allein den LKW über die Brücke. Kein einziges Auto war mehr auf der Straße in diesem weißen Licht, das immer wieder am Himmel erschien. Es mußte ein Feuer ausgebrochen sein! Es brannte furchtbar! Auf einmal war die Erinnerung an die eine Gewitternacht zu Hause in Voßberg da! Damals, als das Unwetter direkt überm Haus anhielt und Donner und Blitz unaufhörlich gegen das Haus anrannten, als kämen sie erst weiter, wenn alles zerstört wäre – damals hatte Mutter mitten in die Feuerangst hinein ein Lied gesungen. Jetzt saß sie hinten bei den andern und wußte vielleicht gar nichts von der Gefahr. Aber sie könnte es: Über die Oderbrücken rattern in einer Bombennacht und dabei singen, ihr Lieblingslied singen: ›Wer recht in Freuden wandern will, der geh' der Sonn' entgegen!‹ Das könnte sie!
Aber sie war nicht da, und ich traute mich nicht, allein vor den Soldaten zu singen. Ich machte die Augen zu und sagte leise den Text des Liedes auf. Ich sah den Wald und das Voßberger Haus vor mir und

sah die Menschen, die da hingehörten. Sie waren mitten in der Nacht aufgestanden und alle etwas sonderbar angezogen. Sie saßen um den Tisch, die Kinder und die Großen, schauten sich an und schwiegen ... die Menschen ... das Haus ... die Bäume ...

Erst als der starke Geruch von Zigaretten mir in die Nase stieg, wachte ich wieder auf. Ich hatte geschlafen! Hatte wahrhaftig die Fahrt über die Oderbrücken verschlafen!

Die Soldaten rauchten und sprachen leise miteinander. Die Anspannung war verflogen. Ich versuchte, ihre Worte zu verstehen. Ich wollte nun unbedingt wach bleiben. Unbedingt wollte ich mit ihnen wachen! Es würde ein Unglück geschehn, wenn nicht auch meine Augen da vorne auf der Straße nach Hindernissen Ausschau hielten! Ganz abgesehen davon, daß Mutter einen Bericht von dieser Nachtfahrt erwartete.

Wohin mochten die beiden schmalen Lichtbahnen führen, die vor uns herliefen? Was war da vorne, wo die Chausseebäume sich trafen, wo die Straße ganz eng wurde?

Bei den leisen Gesprächen der Soldaten liefen die Gedanken wieder fort, liefen nach Hause und in eine andere Zeit.

Eine Autofahrt mit den Eltern kam mir in den Sinn. Wir waren – es muß noch vor dem Krieg gewesen sein – in einer Augustnacht von Rummelsburg nach Stolp zurückgefahren. Ich hatte vom Rücksitz aus immer wieder rausgeguckt in das noch nicht ganz nachtdunkle Land, das sich im Vorüberfahren vor meinen Augen hob und senkte, nah herantrat, wenn wir durch einen Wald fuhren, und bald wieder weit und klar unter dem Sternenhimmel dalag.

Damals – es war wohl das erste Mal – hatte ich Einsamkeit gefühlt, als ich fernab der Chaussee ein Gehöft liegen sah und ein Licht hinter einem einzigen Fenster. Irgendwann mußte die Straße uns bergan geführt haben. Ich konnte weit übers Land, aber zugleich hinuntersehen. Es war mir, als führe das Auto auf dem Horizont der Erde entlang, als umkreisten wir die Erde.

Sie ist wie ein Suppenteller dachte ich schlaftrunken, angefüllt mit Wäldern, Feldern und Wegen und einzelnen, einsamen Häusern. Konnte man herunterfallen vom Tellerrand, irgendwohin ins Leere unaufhörlich fallen? Nein, das würde nie geschehen. Alles war gut: Ich saß dicht hinter meinen Eltern, und wir fuhren nach Hause. So war es damals gewesen.

Die Soldaten sprachen immer noch leise miteinander, immer noch liefen die beiden dünnen Lichtbänder auf der Straße vor uns her, zeigten immer noch dieselbe hoppelige Straße, immer diegleichen Chausseesteine am Rand, immer wieder diegleichen Baumstämme – sonst nichts.

Es war schwer, die Augen aufzuhalten, obwohl es so wichtig war, obwohl es doch darauf ankam! Ich strengte mich an, alles ganz genau wahrzunehmen, und sah plötzlich weit vorne, da wo die Bäume sich zu treffen schienen, einen Menschen laufen. Es war ein Mädchen – es trug meinen Mantel –, ich sah mich selber! Und es war meine Straße, auf der ich lief, es war die Hospitalstraße in Stolp! Aber da, wo in der Silvesternacht das Sternbild des Orion gestanden hatte, flackerten jetzt die Hexenleuchter und zeigten mir in ihrem kalten Licht unser Haus. Ich rannte, denn in dem grellen, weißen Aufzucken sah ich am Tor meine Schultasche stehen.

Sie war mein letztes Geburtstagsgeschenk gewesen. Mutter hatte sie, als schon kein Mensch mehr eine Aktentasche kaufen konnte, beim Sattler aus dem weichen, hellen Leder eines alten Koffers für mich nähen lassen. Es war die schönste Tasche, die man sich denken konnte. Und ich hatte sie auf der Straße stehenlassen, hatte sie vergessen, als ich ins Fluchtauto stieg!

Ich rannte, so schnell ich konnte, aber ich erreichte sie nicht. Es war, als zöge eine unsichtbare Hand sie vor mir her, gerade so weit entfernt, daß ich sie nicht fassen konnte. Meine Lieblingsbücher hatte ich in die Tasche gepackt, den grünen Füller und den silbernen Drehbleistift – und das Poesiealbum! Es war so wichtig, die Tasche nicht zu verlieren! Und doch hinderte mich diese unsichtbare Kraft, sie zu fassen und, wie so oft auf dem Schulweg, das weiche narbige Leder unter den Fingern zu fühlen.

In Verzweiflung wachte ich auf und spürte die Kälte an meinen Füßen. Ich saß allein im Fahrerhaus. Das Auto stand still. Was nicht passieren durfte, war doch geschehen: Das Feuer im Generator war erloschen.

»So was nennt man Unglück im Glück!«, sagte der Fahrer. »Nu sind wir heil durch den Angriff und über die Brücken gekommen, aber nu is Feierabend! Aus diesem Holz schlagen wir keinen Funken mehr.«

Wir hielten am Stadtrand von Pasewalk. Es war zehn Uhr in der Nacht. Die Soldaten guckten ratlos zum Himmel und stellten fest, daß es nach Schnee roch.

»Das kann ja gut werden! Kein anständiges Holz und Schneetreiben. Besser kann's ja gar nicht kommen.«
Mutter und Eva waren ausgestiegen und trampelten auf der Stelle, um sich warme Füße zu machen. Plötzlich blieb Eva stehen: »Ja, es stimmt!« rief sie. »Hier in Pasewalk haben wir einen Kunden.«
Ein Getreidehändler war ihr eingefallen, der mit unserm Großvater in Geschäftsbeziehungen gestanden hatte.
»Den such ich jetzt!«
»Na, denn viel Glück!« sagte der eine Soldat, und man konnte hören, daß er an gar kein Glück glaubte.
Eva kam nach einer Stunde etwa wieder. Sie hatte erst den Namen und dann den Mann selber gefunden! Er hatte noch in seinem Kontor über den Büchern gesessen.
»Wir haben zwei Hotelzimmer«, sagte sie. »Wir sind nicht die ersten, die das Bettzeug benutzen, aber das wird den Kleinen nicht schaden. Die Zimmer sind warm und trocken. Die großen Kinder dürfen im Kontor auf dem Fußboden schlafen. Wir andern bleiben beim Auto. Und morgen früh gibt's trocknes Holz für den Generator.«
»Alle Achtung!« sagte der Soldat. »Das nenn ich eine Geschäftsbeziehung.«

Das unsichtbare Tor

Noch zwei Tage bewegte sich die Karawane schaukelnd nach Westen. Sie blieb im Schnee stecken und in einem langen Flüchtlingstreck aus Ostpreußen und fand nur mühselig wieder heraus. Raum und Zeit wurden nun mit einem anderen Maß gemessen. Wo wir gerade waren auf unserm Weg – wir wußten es nicht. Wie lange das Auto brauchte für einen Kilometer dieses Weges – auch dafür hatten wir das Gefühl verloren. Wir bewegten uns durch irgendeinen Raum in einer unbegreiflichen Zeit und fühlten uns ausgeliefert. Die Ohren wurden hellhöriger, weil die Augen nichts mehr sahen von dem, was draußen vorging. Sie lauschten unablässig, angestrengt und besorgt, auf die Stimme des Motors: Blieb er im Takt? Hatte er noch Kraft, weiterzuarbeiten?
Und was war mit den Menschenstimmen, wenn der LKW unvermutet anhielt, aber unsre Tür nicht geöffnet wurde? Wollten sie uns aufhalten? Wollten sie helfen? Oder sprachen sie nur mit sich selber über ihre eigene Not? Wir lauschten, um Gefahr oder Hoffnung aus den Schwankungen der Stimmen früh zu erkennen und uns vorzubereiten. Wir unterschieden die feinsten Töne, nur den eisenharten

Schlag, mit dem hinter uns ein Tor zufiel, den hörten wir nicht. Das Tor besaß keine Tür und keinen Riegel und war doch, sobald wir es passiert hatten, verschlossen und versiegelt durch die stärksten Kräfte: durch Krieg und Niederlage, durch Angst und Haß. Dieser Schlag hätte uns die Ohren sprengen müssen. Aber wir hörten nichts. Wir verließen Pommern, ohne es zu bemerken. Für uns gab es von allen Himmelsrichtungen nur noch eine einzige, die wies nach Westen, nach Mecklenburg und nach Zolkendorf. Und wir hofften inständig, unser Ziel würde weit genug im Westen liegen, um den russischen Soldaten zu entkommen.

Nur noch sieben Menschen saßen am Ende unsrer Fahrt im dunklen Autokasten: Mutter, wir fünf Geschwister und Maria Zaplapp, die Ukrainerin, die zwei Jahre in Stolp für uns gearbeitet hatte und nun mit auf die Flucht vor den Russen gegangen war – auf die Flucht vor ihren eigenen Leuten, weil Mutter sie nicht allein in der Stadt lassen und den Eroberern, von denen nur das Fürchterlichste zu erwarten war, aussetzen wollte. Die andern, die mit uns zusammen losgezogen waren, hatten woanders eine Unterkunft gefunden: die alte Tante Meta war mit ihrer Familie in Neubrandenburg ausgestiegen; Eva blieb mit ihren Kindern bei einer Freundin auf einem Gut bei Burg Stargard. Dort hatten wir unsre letzte gemeinsame Nacht verbracht. In riesigen alten Betten, unter schweren Federdecken, hatten wir Kinder zu zweit oder dritt aneinandergekuschelt gelegen, bis der Morgen kam und uns trennte. Nun

waren wir nicht mehr zwei von jeder Sorte! Nicht mehr zwei Mütter, zwei Vierzehnjährige, zwei Zwölfjährige und so herunter bis zu den ganz Kleinen, sondern nur noch die Hälfte von allem. Und das war in Wahrheit weniger als die Hälfte. Denn entgegen der Weisheit eines Adam Riese war der halbe Mut weniger als die Hälfte des ganzen Mutes und der Rest unsrer Hoffnung weniger als die Hälfte der ganzen gemeinsamen, die wir vorher besessen hatten.
Nun war viel Platz in dem dunklen Kasten, und viel Zeit war auch für die Frage: Wie das wohl sein würde ›anzukommen‹?

Wir hielten die Hände vor die Augen, als die Soldaten endlich die Riegel der Ladeklappe zurückschoben und das Tageslicht hereinstrahlte. Wir waren geblendet von der weißen, glitzernden Schneedecke, die auf dem Kopfsteinpflaster des Hofes lag. Sie war auch über einen riesigen Misthaufen gebreitet, saß als Häubchen auf der Hofmauer und gab dem tief herabgezogenen Dach des Inspektorhauses ein pelziges Ziegelmuster.
Tante Lucie und ihr Mann standen unter der Tür.
»Da seid ihr endlich!« sagten sie.
Ja, da waren wir. Wir waren angekommen! Und der Tag hätte nicht strahlender sein können. So einen hatte es den ganzen Winter noch nicht gegeben.
Unsre Flucht war glücklich beendet.
War sie es wirklich?
Und was würde jetzt anfangen?

Eigentlich hatte alles ja schon im Sommer 1944 angefangen. Damals, als Tante Lucie und Onkel Adolf einen Verwandtenbesuch in Stolp machten und eines schönen Sommertages auf dem Sofa im grünen Wohnzimmer gesessen und halb ernst, halb spielerisch mit Vater und Mutter darüber gesprochen hatten, daß es im ›allerschlimmsten Falle‹ nötig sein könnte, ›fortzugehen‹.
Ich stand hinter Vaters Sessel, hatte das Kinn auf seine Schulter gelegt und hörte neugierig den Gesprächen der Erwachsenen zu.
›Fortgehen‹ – wie sich das anhörte!
»Wohin denn ›fortgehen‹, Vater?«
Aber er antwortete nicht.
»Wir haben genug Betten im Haus, und zu essen wird ja wohl auch noch dasein!« Das hatte Onkel Adolf mit dröhnender Stimme verkündet und zufrieden in die Runde geguckt. Aber die andern hatten so leise dagesessen und auf ihre Hände heruntergesehen, als wäre von einer bösen Sache die Rede.
»Fortgehen? Wir? Aber das ist ja heller Wahnsinn!« Mutter ließ ihre Hände schwer auf die Sesselarme fallen: »Könnt ihr euch etwa vorstellen, daß ich von hier weggehe? Vollkommener Blödsinn ist das! Laßt uns nicht mehr von so was reden! Jungchen«, sagte sie zu Vater, »mach nicht solche Mimosenaugen! Sonst fängt Anna auch gleich zu heulen an.«
Warum hatte Mutter ›auch‹ gesagt? Keiner war zu sehen, der Tränen in den Augen gehabt hätte. Meinte sie sich selber?
»Laßt uns damit aufhören!« sagte sie noch einmal.
»Wir machen uns Sorgen um ungelegte Eier.«

Vom Balkon hatten Nane und ich ihnen nachgesehen, wie sie die Hospitalstraße Richtung Bahnhof heruntergelaufen waren: der untersetzte, dicke Onkel mit der zu lauten Stimme und die hübsche, kinderlose Tante Lucie, Vaters Lieblingscousine, die ihren Mann ›Adsche‹ nannte.

Seit diesem Tag hatten wir ›für alle Fälle‹ eine Adresse im Westen: ›Zolkendorf bei Stavenhagen in Mecklenburg‹ hieß diese Adresse, und Zolkendorf war ein Gut, das dem Grafen von Maltzahn Plessen in Ivenack gehörte.

Das Leben ging weiter wie immer, aber ›die Adresse‹ war da. Mit Mutter allerdings konnte man über dieses Thema nicht sprechen. »Alles dummes Zeug!« sagte sie höchstens. »Wir bleiben hier und damit basta!«

Aber damit war ›Zolkendorf‹ nicht erledigt. Wohl rückte es uns nicht näher, aber es entfernte sich auch nicht. Es war wie ein Menetekel, das einer über unsre Haustür geschrieben hatte. In der Nacht, vorm Einschlafen, wenn die Dinge, die der Tag verdeckt, sich noch einmal zu Wort melden, flüsterten Nane und ich uns den fremden Namen zu und erfanden lange Geschichten, die mit Zolkendorf und dem Grafen zu tun hatten. Es waren Traumgeschichten, zusammengemischt aus Märchen und Romanen, die uns der ›gestiefelte Kater‹ oder Eugenie Marlitt erzählt hatten, und natürlich waren immer wir beide die Heldinnen in Schloß und Park.

Am 31. Januar 1945, an einem Wintertag, frostig und schneeglitzernd, wie man ihn sich schöner nicht denken konnte, war ›Zolkendorf‹ zur Wirklichkeit geworden. Schloß und Park waren nicht zu sehen, aber ein behagliches, einstöckiges Haus mit einem großen, tief heruntergezogenen Dach und vielen Gaubenfenstern darin.

»Da oben werdet ihr schlafen«, sagte Tante Lucie freundlich und zeigte auf die Fenster in der rechten Dachhälfte. »Ein bißchen enger als früher wird es schon werden, aber so schlimm auch wieder nicht; ihr seid ja zum Glück unsre ersten Flüchtlinge!«

Da war es – das Wort! ›Flüchtlinge‹ hieß es und zog auf diesem friedlich beschneiten Hof einen Kreis um uns und machte uns zu etwas anderem als die andern. Ich sah, wie Mutter, als ›das Wort‹ fiel, ihren Arm um Diti legte, als könnte sie ihn, den Kleinsten, wenigstens davor bewahren, ein ›Flüchtling‹ zu werden. Aus der Diele mit dem steinernen Fußboden schwang sich eine bunt bemalte Holztreppe nach oben zu den kleinen Zimmern mit schrägen Wänden und Wandschränken und kleinen Fenstern, die auf den Hof sahen oder nach der anderen Hausseite auf Tante Lucies großen Obst- und Gemüsegarten. Dort wurden wir einquartiert.

Zum ersten Mittagessen gab es ›selbst geschlachtete Bratwurst‹ mit einer braunen Soße und Kartoffeln, die auf den Zolkendorfer Feldern gewachsen waren.

»Wir haben den Tisch ausgezogen, wie sonst nur an Festtagen«, sagte Tante Lucie und sah etwas verwirrt in die Runde. Sieben Gäste waren ›auf einen Streich‹ dazugekommen und würden auch so bald nicht wieder verschwinden. Was dieser furchtbare Krieg wohl noch alles bringen würde!

Bisher waren sie in Zolkendorf gut davongekommen, denn Tante Lucies Adsche hatte nicht Soldat werden müssen, weil er für die Verwaltung der

Güter – und das bedeutete für ›die Sicherstellung der Ernährung des Volkes‹ – gebraucht wurde. So hatte das kinderlose Ehepaar ein Leben beinah wie im Frieden führen können. Der Tauschhandel, der sich, je länger der Krieg dauerte, um so mehr entwickelte, funktionierte wunderbar, wenn man als Tauschware Speck und Wurst oder Mehl, Milch und Zucker anzubieten hatte.

Tante Lucie hatte ihre ›ersten Flüchtlinge‹ gern aufgenommen; aber ein Ansturm auf ihr stilles Leben war es nun mal, und die Aussicht, für unabsehbare Zeit mit ihnen zusammenleben zu müssen, die ließ sie ›etwas bestürzt‹ in die Runde gucken, ehe sie mit einer würdigen Handbewegung dem diensthabenden Kochlehrling das Zeichen gab, die Suppe aufzutragen.

Onkel Adolf, am Kopf des Tisches thronend, eröffnete das Gespräch, indem er seine Stimme sehr vernehmlich zum andern Tischende herüberschickte, wo meine beiden kleinen Brüder plaziert waren.

»Männer!« rief er. »Jetzt soll die Weiberwirtschaft aber ein Ende haben! Bisher stand ich allein gegen vier Weibsen«, womit er seine Frau und drei Kochlehrlinge meinte. »Aber jetzt sind wir drei gegen neun. Das schaffen wir glatt!«

Die beiden kleinen Männer vom unteren Ende des Tisches guckten etwas verschreckt zum Kopf hinauf und wußten nichts zu antworten. Onkel Adolf war ein Mann von untersetzter Statur. Aber trotz seines schweren Körpers war Sprungkraft und Schnelligkeit in ihm, man hätte ihn nicht als Gegner haben wollen. Er war derb in seiner Rede und gehörte zu denen, die sich Grobheit als Charakterstärke anrechnen. Nie hätte ich ihm ein Geheimnis oder gar eine Schwäche anvertraut, aber immer hätte ich mich bemüht, es ihm recht zu machen.

Meine kleinen Brüder waren anders: Zwar zuckten sie zusammen, als das diktatorische ›Männer‹ über die ganze Länge des Tisches zu ihnen hindröhnte, und schienen noch ein bißchen kleiner zu werden, aber sie wichen dem starken Mann nicht aus. Dieser entwarf unverzüglich einen Plan, wie er ›die Jungs‹ in die Landwirtschaft einzuführen gedachte: Sie sollten Hof und Feld ordentlich kennenlernen. Aus den ›Stadtpimpeln‹ sollten richtige Kerle werden – das wäre doch gelacht! Sie sollten mal sehen, wie fix das gehen würde, wenn er die Sache in die Hand nähme!

Eigentlich kein schlechter Vorschlag; nur daß er sich anhörte wie eine Drohung. Stille senkte sich über die Tischrunde. Die Suppenlöffel klapperten vernehmlicher, nur Mutter hatte ihren hingelegt und starrte auf die Küchentür, als stünde da etwas über die Erziehung ihrer Söhne geschrieben.

»Was ist los? Irgendwelche Einwände?« fragte Onkel Adolf und blickte gereizt in die Runde.

Mutter schwieg, und Tante Lucie löffelte unbeirrt. Wer sonst hätte sich getraut, etwas zu sagen! Doch, einer traute sich!

Der Kleinste am Tisch sog hörbar, wie er es in wichtigen Momenten immer machte, die Luft ein, richtete die runden, braunen Augen auf den dicken Mann am Kopf der Tafel und sagte in samtig-vorwurfsvoller Tonlage, die er fabelhaft beherrschte: »Das große Huhn« – er sagte es ernst und atmete nochmals tief ein – »das große Huhn hat mich aber gebissen.«

Onkel Adolf, der, wenn schon keinen Jubel, doch wenigstens gehorsame und wortreiche Zustimmung für seine Pläne erwartet hatte, färbte sich ins Ungemütliche, als wäre zuviel Luft in ihm angestaut.

»Vorsicht, gleich platzt jemand!« flüsterte die freche Nane neben mir. Sie hatte nicht leise genug geflüstert, schon begann ein Kochlehrling zu kichern, und ein anderer hatte Tränen in den Augen vor unterdrücktem Gelächter. »Das Huhn hat ihn gebissen!« wiederholte jemand begeistert, und nun bebte der Tisch und bog sich vor Lachen, während Onkel Adolf immer noch versteinert dasaß. Alle schienen über Diti zu lachen, aber in Wirklichkeit lachten sie über die uralte Geschichte: David hatte Goliath eins ausgewischt!

Mutter versuchte, die Lage zu beruhigen. Sie begann zu erzählen, wie ihr Jüngster sein erstes Abenteuer auf dem Lande erlebt hatte: In seinem braunen Pelzmäntelchen wäre er über den Hof gelaufen, und das mußte den Truthahn, der wohl ein wildes Kaninchen zu entdecken glaubte, gestört haben.

»Wie auch immer«, sagte sie, »ich hörte plötzlich lautes Truthahnkullern, lief ans Fenster und sah die Verfolgungsjagd. Diti versuchte zu fliehen, aber der Truthahn war schneller. Er erwischte das vermeintliche Kaninchen noch auf der Türschwelle und riß ihm ein Loch in den Strumpf.«

»Armer Kleiner! So ein böser Truthahn aber auch! Du meine Güte!« Tante Lucie war voller Mitgefühl. »Den werd' ich aber mal ordentlich ausschimpfen.«

»Brauchst du gar nicht mehr. Ich hab' ihm zur Rache schon eins mit dem Stock gegeben«, verkündete Ditis großer Bruder zufrieden.

Adsche war entgeistert: »Was hast du getan? Ja, wolltest du denn meinen Truthahn umbringen?«
Mit tragischem Ausdruck schlug er beide Hände vors Gesicht: »Da macht man sich Gedanken, wie man euch Bengels das Landleben nahebringt, und ihr schlagt meinen Truthahn krumm!«
Sprach er im Ernst oder im Scherz? Ehe wir's noch richtig herausfinden konnten, klärte der Truthahnverfolger die Situation mit einer seiner wunderbaren Wendungen. »Wann fangen wir an, mit der Landwirtschaft zu lernen?« fragte er unvermittelt.
Ob der Hausherr sich an der komischen Formulierung freute oder die Arglosigkeit der beiden ›Klein-Männer‹ erkannt hatte – er war versöhnt: »Wenigstens ein vernünftiger Zeitgenosse an diesem Tisch! Also, mörn geit los, Junging! Abgemacht.«
Und so geschah es. Nur noch zum Essen und Schlafen sahen wir unsern Bruder. Ihn hatte die Flucht genau zu dem Platz gebracht, den er schon immer gesucht zu haben schien. Er fühlte sich zu Hause auf dem Hof, in den Ställen. Alles interessierte ihn. Er kannte die Namen der Pferde, wußte, welche Kuh besonders viel Milch gab und welche bald kalben würde. Er war gut Freund mit den Knechten und dem Hofmeister und durfte mit aufs Pferd, wenn der Kutscher vierelang mit dem großen Leiterwagen zur Wintermiete fuhr, um Rüben und Kartoffeln zu holen.

Zolkendorf war ein Straßendorf, und alles, was dazugehörte, war an dieser Dorfstraße aufgereiht: Ungefähr in der Mitte – wenn man von Ivenack herkam, auf der rechten Seite – öffnete sich eine niedrige Mauer zur Toreinfahrt in den Gutshof, der im übrigen auf drei Seiten von behäbigen, mehr breiten als hohen Gebäuden umschlossen war. Den Anfang machten rechts und links zwei große Scheunen, an die sich jeweils ein Kuhstall anschloß; im rechten standen die Hofkühe, im linken die zum Dorf gehörigen, denn jede Arbeiterfamilie hatte das Recht, eine Kuh in diesem Stall zu halten. Nur der Lehrer durfte täglich seine Milch aus dem Hofkuhstall holen, das war ein fester Bestandteil seines Gehaltes. Morgens und abends kamen die Frauen aus dem Dorf mit Eimer und Schemel zum Melken. Dieser Melkschemel war ein ganz besonderes Möbel und, wenn ich das Melken sowieso schon für eine Mutprobe und hohe Kunst zugleich hielt, so war es nun wirklich nicht zu fassen, wie eine große Frau auf so einem Schemel, der nur aus einer kleinen, runden Holzplatte mit einem einzigen niedrigen Bein daran bestand, das Gleichgewicht halten konnte. Aber die Dorffrauen konnten es, und sie bändigten die großen unheimlichen Tiere, indem sie nur ihre Namen riefen oder »Na, Olsching« sagten, und dann hörte man nur noch dies seltsame, feine und zugleich harte Geräusch, wenn der Milchstrahl auf den leeren Eimer traf.

Direkt gegenüber der Einfahrt, an der dritten Hofseite, lag das Inspektorhaus mit seinem tief herabgezogenen Dach und den Anbauten: links der Pferdestall und rechts die Leutestube und die Hofküche. Im Winter 1945, als wir auf den Hof kamen, wohnten dort in der Leutestube die amerikanischen Kriegsgefangenen ohne Schloß und Riegel.

Natürlich gab es noch Hühner-, Enten- und Gänseställe, und ein Stückchen entfernt, aber noch im Hofbereich, die Schmiede und die Stellmacherei. Dort wurden im Winter die Wagen und die landwirtschaftlichen Geräte überholt und ausgebessert. Wenn dort ein Pferd beschlagen wurde, rannten wir hin, um zu sehen, wie das große Tier seinen Fuß so sanftmütig hinhielt und nicht einmal zuckte, wenn das glühende Eisen angepaßt wurde. Erdmann Block hieß der Schmied, und jeder helle Ton, mit dem sein Hammer die Hufnägel einschlug, schien die einzelnen Silben dieses ungewöhnlichen Namens zu skandieren.

Etwas entfernt vom Haus lag der Schafstall mit der ›Schapwasch‹ davor. Das war ein kleiner, schon etwas verschilfter Teich, aus dem die Schafe tranken, aber auch vor der Schur gewaschen wurden.

Auf der anderen Seite der Straße, der Hofeinfahrt gegenüber, lag das einklassige Schulhaus, in dem Lehrer Davids unterrichtete und mit seiner Familie wohnte. Die Wohnhäuser der Landarbeiter und Handwerker schlossen sich rechts und links an. Diese Seite der Dorfstraße war gleichmäßig und geschlossen bebaut; auf der gegenüberliegenden Seite gab es, abgesehen vom Gutshof, nur noch die Schnitterkaserne für die fremden Arbeiter, den Friedhof und die sogenannte ›Düwelsinsel‹, ein älteres, weniger gepflegtes Arbeiterhaus, das jedenfalls schon seit vielen Jahren nichts mehr mit dem Teufel zu tun gehabt hatte.

In der Schnitterkaserne waren, als wir nach Zolkendorf kamen, polnische Kriegsgefangene untergebracht; sie wurden – anders als die Amerikaner –

streng bewacht und mußten die härtere Feldarbeit tun. Später beschämten sie uns mit ihrer Hilfsbereitschaft, als die Russen das Dorf besetzten und wir die Ausgelieferten waren.

Etwa fünf Kilometer von Zolkendorf entfernt lag Ivenack, Hauptgut und Wohnsitz des Grafen mit Schloß, Orangerie und Teehaus, mit dem halbkreisförmig gebauten Marstall und dem berühmten Tiergarten, in dem die tausendjährigen Eichen wuchsen. Bis nach Stavenhagen, einer hübschen Kleinstadt, in der vor mehr als hundert Jahren Fritz Reuter geboren wurde, waren es acht Kilometer.

Wir saßen gut und warm im Zolkendorfer Inspektorhaus, aber wir saßen auch fest. Nur ›mit Gelegenheit‹, wenn Onkel Adolf in der Stadt zu tun hatte und Platz in der Kutsche war, konnte man dorthin gelangen. Aber warum auch hätten wir dorthin fahren sollen! Wir kannten niemand in der Stadt, und zu kaufen gab es so gut wie nichts mehr.

Bald schien die Sonne nicht mehr. Es war einfach Winter, trüber, feuchtkalter Winter. Die Erde hart gefroren, das Licht dünn und grau. Und wir ›Flüchtlinge‹ waren wie Verirrte und noch lange nicht angekommen. Wir fühlten uns schwer und fühlten die Last, die wir für das Haus bedeuteten. Wir wollten gerecht und wollten auch dankbar sein und haderten doch mit unserm Schicksal. Immer wieder stellten wir Berechnungen an, wann wohl die Rückkehr nach Stolp möglich sein würde. Aber hinter den Rechnungen, die natürlich ergebnislos blieben, machte sich Hoffnungslosigkeit breit. Wir versuchten zurückzusehen und sahen in einem trüben Licht nur immer wieder uns selber fortgehen von zu Hause – mehr nicht.

Die Grippe erlöste uns vom Zurückstarren auf das Vergangene und wischte auch die Gegenwart aus. In unsern Fieberträumen nahmen wir nocheinmal Abschied.

»Wenn ich jetzt die Augen aufmache, werde ich die Raben sehen; durch die kahlen Bäume werde ich sie um den Rathausturm fliegen sehen. Und Mutter wird kommen und mir einen Teller Stachelbeerkompott ›gegen das Fieber‹ bringen.«

Solche Bilder malte ich mir, tief unters Federbett verkrochen, inständig aus. Aber das war schon gespielt. Auch ohne die ›falschen Geräusche‹, die vom Hof zu mir heraufschallten, wußte ich: Ich würde nur das kleine Gaubenfenster und den leeren Himmel dahinter sehen – mehr nicht.

»So lange wie dich und die Kinder hat die Grippe hier noch niemanden erwischt«, sagte Tante Lucie verwundert zu Mutter. »Und dabei seht ihr gar nicht so anfällig aus!«

Sie wußte nicht, daß es gerade andersherum war. Wir hatten die Grippe erwischt und nicht loslassen wollen, weil es gut war, zwischen Wachen und Schlafen noch eine Weile wie betäubt liegenzubleiben und nicht wirklich dazusein.

Alte Geschichten

Die Grippe hielt uns ein Weilchen fest auf der Schwelle von dem einen Leben zu dem anderen, in dem wir nun ›die Flüchtlinge‹ hießen. Als aber das Fieber vorüber war und die Augen klar sehen konnten, hatten wir den letzten kleinen Schritt gemacht. Wir waren wirklich in Zolkendorf angekommen. Mutter schien einen ihrer verschwiegenen Entschlüsse gefaßt zu haben: Sie ließ von nun an Vergangenheit und Zukunft auf sich beruhen. Was war und was sein würde, blieb ausgespart, nur was ›jetzt‹ war, galt und wurde zugelassen. Aus jeder Kleinigkeit machte sie eine große Sache, die dem Tag Gewicht gab und ihn bis zum Abend ausfüllte. Die ganze Welt ging aus den Fugen, aber Mutter fragte: »Was ist mit der Schule?«
»Wo gibt es eine Schneiderin, die Annas Konfirmationskleid nähen kann? Und wo gibt es Schnürsenkel?« Selbstverständlich mußte man sich auf die Suche nach Schnürsenkeln machen! Wie hatte sie die nur vergessen können!
Sie machte mit mir einen Besuch beim Pastor in Borgfeld, damit wenigstens der Konfirmandenunterricht für mich wieder beginnen konnte. Sie richtete unser Leben wieder ein, als wäre es ein normales.

Nie mehr sah ich Mutters Augen trübe werden wie in der Zeit, ehe die Grippe kam. Mutter war gesund und stark. Und wenn ich wehleidig werden wollte, sagte sie: »Stell dich nicht so an!«
Aber das winzige Dachstübchen, das sie nun bewohnte, war mit Teppichen und Silbersachen von zu Hause wie ein üppiges orientalisches Zelt eingerichtet worden; so als wäre sie schon lange mit einer Karawane unterwegs und würde es lange noch sein; als sollte da etwas aufbewahrt und gezeigt werden, das sie an eine andere Zeit erinnerte und das wenigstens sie selber – wenn auch die andern es nicht mehr wußten – nicht vergessen ließ, woher sie einmal gekommen war.
Wenn wir Kinder bei ihr saßen, erzählte sie viel von zu Hause, aber von früher, von viel früher, nicht von der gerade vergangenen Zeit. Von ›damals‹ erzählte sie, als sie selber noch ein kleines Mädchen gewesen war; von ›damals‹, als ihr Vater sein erstes Auto – es war ja erst das dritte oder vierte Auto überhaupt in Stolp gewesen – von einem Hamburger Opernsänger gekauft hatte. Und wie die Großmutter, Mutters Mutter also, hinten im offenen ›Maybach‹ gesessen hatte mit einer Federboa um den Hals, deren Enden wie zwei Schlangenvögel im Fahrtwind flatterten, und wie Anhut, der Chauffeur, gesagt hatte:
»Lassen Se ihr man nich entwischen, Frau Denzer! Sonst meinen die Leute noch, es wär was Lebendichtes!«
Ja, das hatte er wirklich gesagt!
Wir lachten und sahen auf den Riesenkoffer, über den Mutter einen bunten Teppich gebreitet hatte, und erinnerten uns an den ersten Tag in Zolkendorf,

als ausgepackt wurde und plötzlich, zwischen Wollsachen, Seife und Kinderschuhen, ›die Boa‹ aufgetaucht war.
»Du lieber Gott!« hatte Mutter bei dieser Erscheinung gerufen: »Lucie wird denken, ich wäre verrückt geworden, wenn sie dich sieht!« Und hatte das schwarze Geringel schleunigst tief nach unten zu den Sommerkleidern geschoben und den Koffer sorgfältig abgeschlossen.
Niemals hätte ich erwartet, daß Mutter die Straußenfederboa mit auf die Flucht nehmen würde! Sie war vielleicht ein Luxus-, aber doch kein Wertstück, das unbedingt gerettet werden mußte. In Notzeiten konnte man Gold und Silber oder einen Pelz brauchen, um sie gegen Lebensmittel einzutauschen – aber eine Boa! Was hätte wohl ein russischer Soldat mit einer Straußenfederboa anfangen sollen!
Und doch mußte Mutter an einem Tag, als alles über ihr zusammenschlug, als sie sich aus ihrem eben noch festgefügten Leben in ein anderes, ungewisses hinüberreißen mußte und so wichtige, schwere Entscheidungen zu treffen waren ... an diesem Tag mußte sie auf den Dachboden gestiegen sein, um die Boa zu holen!
»Natürlich bin ich damals nicht wegen der Boa in die Dachkammer gegangen«, sagte Mutter, als ich sie danach fragte.
»Wie hätte ich auf so einen Gedanken kommen sollen? Ich war einzig und allein – so glaubte ich jedenfalls – auf den Boden gestiegen, um ein bestimmtes Federbett aus dem großen Kasten herauszusuchen. Aber während ich meinen Arm tief zwischen die Kissen gesteckt hatte und nach dem richtigen Bett-

stück tastete, fühlte ich plötzlich die Boa zwischen meinen Fingern. Du hast mir gerade noch gefehlt, dachte ich wütend. Willst du etwa mit auf die Reise? Wenn du wüßtest, was das für eine Reise ist!
Als ich nun das bewußte Federbett herausziehen wollte, kam die Boa wie von selber mit herauf. Sie muß sich wohl in meinem Armband verhakt haben. Wie hingezaubert lag sie auf einmal vor mir. Und da – es war ein Augenblicksentschluß – habe ich sie einfach in das Kissen gewickelt und in den Bettsack gestopft, der mit auf die Flucht sollte.«
Mutter saß ein Weilchen regungslos da, und dann sagte sie mit diesem kurzen, prustenden Lachen, das so typisch für sie war: »Und ich glaube, es hat mir sogar gefallen, etwas so Absurdes zu tun!«
Mutter erzählte, und wir Kinder hockten in der Zolkendorfer Dachstube im Schneidersitz auf einem bunten Teppich, als wären wir wirklich in einem Nomadenzelt versammelt, und alles wurde wieder einmal ganz unwirklich und traumhaft.
Wo wir herkamen – das gab es nicht mehr.
Wo wir hinwollten – das wußten wir nicht.
Und wo wir gerade angehalten hatten auf unsrer sonderbaren Reise – das war uns fremd.
Nur in den Geschichten fühlten wir uns zu Hause und ließen uns gerne immer weiter fortziehen in eine Vergangenheit, in der wir Kinder noch gar nicht gelebt hatten; die aber doch vertrauter, wirklicher schien als diese unfaßbare Gegenwart. Immer wieder tauchte in Mutters Erzählungen die Straußenfederboa auf. Sie war wohl doch nicht aus ›reinem Zufall‹ mit ins Fluchtgepäck geraten!
»Woher stammt die Boa eigentlich?« fragten wir.

»Aus Berlin! Eine ganz normale Geschichte. Ihr kennt sie ja!«, sagte Mutter achselzuckend und ließ sich doch gerne überreden, die bekannte Geschichte noch einmal zu erzählen:
»Im Jahre 1912 fuhren meine Eltern, eure Großeltern also, wie jedes Jahr nach Berlin zur ›Grünen Woche‹. Es muß in diesem Jahr eine besonders glückliche Reise gewesen sein mit erfolgreichen geschäftlichen Abschlüssen und neuen Perspektiven für den hinterpommerschen Landmaschinenhandel, denn meine Mutter soll auf dieser Reise das riesige damastene Tischtuch mit den vierundzwanzig übergroßen Servietten gekauft haben. Was sie sich wohl für Feste und Gesellschaften vorgestellt haben mag an dem langen, schön gedeckten Tisch, der sich durch zwei Zimmer zog! Die Kochfrau würde kommen – die war ja eine Berühmtheit in der Stadt – und ein fabelhaftes Menü kochen. Aber die ›Welfenspeise‹ zum Dessert und die Bouillon mit Eierstich ›vorneweg‹, die würde sie höchst persönlich zubereiten, die machte ihr keiner gut genug!
Meine Eltern waren wie üblich im Hotel ›Baltic‹ am Stettiner Bahnhof abgestiegen. Vormittags besuchte euer Großvater die Messe, während meine Mutter die bekannten Berliner Geschäftsstraßen auf- und abbummelte und Einkäufe machte, auf die sie sich lange gefreut hatte.
Berlin war damals eine elegante und reiche Stadt, nicht so elegant wie Paris natürlich und nicht so reich wie London, aber immer noch überbot und überglänzte die Stadt die Erwartungen ihrer Besucher aus der Provinz.
Höhepunkt dieser Berliner Woche war immer der

Besuch in der Königlichen Oper. Dieser Besuch begann eigentlich schon, wenn in Stolp, in der Hospitalstraße, die Koffer für Berlin gepackt wurden. Das war ein Aufstand! Ich saß auf dem Fußboden, auf dem bunten Läufer vor Mutters Frisiertisch und studierte die Kleider, die am großen Schrank hingen – lang, lang herunter, fast bis auf die Erde. Die Hüte waren sorgfältig auf den Betten ausgelegt, die Schuhe, mit den vielen Spangen und Knöpfen, steckten in ihren weichen Beutelchen! Und denkt bloß mal: Die Seidenstrümpfe waren wirklich aus Seide! Aber die Robe für die Oper übertraf alles! Sie kriegte einen Extrakoffer, wurde mit viel zerknülltem Seidenpapier ausgestopft, damit sie frisch und glatt in Berlin ankäme. Es war ein Theater schon vor dem Theater!

Bei dem Besuch im Jahre 1912 waren die Erwartungen ganz besonders hoch gespannt, denn die neue Oper von Richard Strauss, die schon in Dresden bei der Uraufführung Furore gemacht hatte, wurde nun endlich auch in Berlin aufgeführt.
Es war ›Der Rosenkavalier‹! Und die wunderbare Frieda Hempel würde die Partie der Marschallin singen. Man durfte ›alles‹ erwarten!
Die glücklich wieder Heimgekehrten mochten nicht aufhören, jede Einzelheit der herrlichen Aufführung auszubreiten.
›Schade, daß du uns nicht ein Stückchen Marschallin vorsingen kannst!‹ sagte Tante Lieschen bedauernd zu meinem Vater. ›So haben wir ja gar keine richtige Anschauung. Und du hast doch so einen schönen Bariton!‹

Nein, von Frieda Hempel konnten die Reisenden nur schwärmen. Aber von einer anderen Partie sahen und hörten die Zuhausgebliebenen um so mehr. Mit Vergnügen nämlich spielte mein Vater, der wirklich sehr musikalisch war, ihnen einzelne Szenen des ›Ochs von Lerchenau‹ vor – mit großem Erfolg übrigens, denn auch seine Statur paßte wunderbar für diese Rolle.

Nur meine Mutter konnte es nicht leiden, daß er ausgerechnet den ›Ochs‹ so gut nachahmte. Dazu müßt ihr wissen, daß ›der Ochs‹ nicht der schöne und gute Held, sondern ein ziemlich zweifelhafter Patron in dieser Oper ist.

Einmal, als ihr Mann wieder in voller Fahrt war, den törichten, lüsternen ›Ochs‹ vorzustellen, war es ihr zuviel geworden:

›Denzerchen, laß das doch!‹ hatte sie gesagt. ›Ich weiß wirklich nicht ... Du bist doch gar nicht wie der Ochs von Lerchenau!‹

›Bin ich vielleicht der »Rosenkavalier«?‹ soll darauf mein Vater gefragt haben.

›Um Gottes willen! Den würde dir ja nun wirklich niemand glauben!‹ hatten Tante Lieschen und Onkel Georg gleichzeitig gerufen und sich die Lachtränen aus den Augen gewischt. Aber seine Frau hatte nicht gelacht, sondern ihn ganz still angeschaut, als sei ihr gerade etwas eingefallen. Und mit Denzerchen, der sich eben noch als dreister ›Ochs‹ produziert hatte, war plötzlich eine Verwandlung geschehen: Er hatte eine Rose aus der nächsten Blumenvase gezogen, war ganz ernst vor seine Frau hingetreten und hatte, indem er sich anmutig verneigte, wahrhaftig den echten ›Rosenkavalier‹ gespielt:

›Mir ist die Ehre widerfahren‹,
hatte er gesungen,
›daß ich der hoch- und wohlgeborenen Jungfer
Braut,
in meines Herrn Vetters Namen,
dessen zu Lerchenau,
die Rose seiner Liebe überreichen darf.‹

Den Anfang hatte er richtig gesungen! Und wenn er dann auch in eine Art Sprechgesang gefallen war, hatte die ganze Szene doch etwas so Schönes und Rührendes gehabt, daß seine Frau ihm um den Hals gefallen war und wie die junge Braut in der Oper geantwortet haben soll:

»Ich bin Euer Liebden sehr verbunden.
Ich bin Euer Liebden in alle Ewigkeit verbunden.«

»Und das stimmte wirklich!« sagte Mutter. »Nicht nur, weil's so schön zu singen war. Meine Eltern waren wirklich glücklich verheiratet.« Sie saß eine Weile stumm da, aber dann richtete sie sich gerade auf und sagte: «Eigentlich wollte ich doch etwas ganz anderes erzählen. Was hatten wir denn gerade vor? Ach ja, die Boa!
Also – meine Eltern waren in Berlin, und am letzten Nachmittag dieser heiteren ›Grünen Woche‹ kam nun die Boa ins Spiel, das heißt, eure Großmutter hatte sie schon früher entdeckt und ausgiebig betrachtet. Die Straußenfederboa hatte ihre Phantasie sogar überraschend lange beschäftigt. Sie hatte sich wahrhaftig ausgemalt, wie sie wohl zu ihrem neuen seidenen Abendkomplet passen würde! Und

das fand sie denn doch selber sehr erstaunlich! ›Na ja, Denzerchen‹, hatte sie abends, als sie sich für die Oper schön machte, zu ihrem Mann gesagt, ›natürlich, die Boa könnte mir schon gefallen! Und ich würde wohl gerne wissen, wie mir so etwas steht ... aber andrerseits ... Ach nein, sie gefällt mir auch wieder nicht! Denn weißt du, so ohne einen kleinen Hauch von »Halbseidenheit«, von »Tü-Tü« und »Frou-Frou« – oder was weiß ich – ist sie ja nun auch wieder nicht.‹

Und nachdem sie so gesprochen hatte, war sie ihrem Spiegelbild energisch entgegengetreten und hatte sich selber zugerufen: ›Keine Faxen, Margarete Denzer! So etwas paßt nicht auf die bürgerliche Hospitalstraße in Stolp!‹

›Ehe du in Tränen ausbrichst, meine Boa Constrictor, schlängle dich schleunigst hinüber ins Opernhaus!‹ hatte da ihr Mann bemerkt. ›Das Taxameter wartet.‹

Beim Abschiedsbummel über die Friedrichstraße aber, an einem Winternachmittag des Jahres 1912, war euer Großvater direkt auf das bewußte Schaufenster zugesteuert, hatte seine Frau angelacht und schwungvoll den Laden betreten.

Die Boa war zögernd – wenn auch nicht zu zögernd, weil die Herrschaften sich doch ernstlich zu interessieren schienen, aus der Auslage geholt worden, ›Denzerchen‹ hatte sie gründlich gemustert und schließlich seiner Frau um die Schultern gelegt. Meine Mutter, Margarete Denzer, im strengen Schneiderkostüm mit hochgeschlossener Bluse und Hut, errötete und ließ es geschehen. Als sie das Geschäft verließen, faßte ein frecher Windzug die

Boa, so daß sie beinah in der Ladentür festgeklemmt wäre; aber euer Großvater, der immer alles sah, hatte, während er seiner Frau den Arm reichte, den Spazierstock gehoben und der Boa die richtige Richtung gegeben.«
Wie ich dieser alten Geschichte meiner Mutter so zuhörte, war es, als könnte ich den Großeltern nachgucken, wie sie nebeneinander im Menschenstrom der Friedrichstraße untertauchten – in einer lange vergangenen Zeit.

Von da an war die Boa jedes Jahr einmal nach Berlin gereist und im Frühling natürlich nach Karlsbad. Sie gab der sanften, gütigen Großmutter jenen kleinen ›Boa-Constrictor-Hauch‹, der trotz aller Gegenreden etwas mit ihrem Wesen zu tun hatte und den Großvater zum Lachen brachte.
»Nach ihrem frühen Tod habe ich dann die Boa geerbt«, sagte Mutter, »aber ich habe sie nur selten getragen. Ihr wißt ja, sie lag meistens oben auf dem Dachboden in der Bettenkiste.«
Wie gut ich mich erinnerte! In feines Seidenpapier gewickelt und zu einer Spirale aufgerollt, hatte der Straußenfederschmuck zwischen den Federbetten gelegen. Selten, seltener als andere Sachen wurde er hervorgeholt. Niemals alberte Mutter mit ihm herum, wie sie es zur Freude der Kinder mit dem Faschingsputz und den altmodischen Hüten tat, die auch dort oben verwahrt wurden. Sie schüttelte die Boa höchstens ein bißchen, daß die feinen Federchen sich aufstellten, hielt sie mit ausgestreckten Armen vor sich, musterte sie gründlich und legte sie zurück

ins Federbettenverlies. Ich stand dabei und fragte nicht weiter. So war es eben!
Daß sich je etwas ändern könnte an der guten, vertrauten Einrichtung meines Lebens, das ließ ich mir nicht einmal träumen. So war es immer gewesen, und so würde es bleiben:
Oben im Haus wurden Sachen aus einer lange vergangenen Zeit aufbewahrt. In der Mitte des Hauses wohnten wir, darunter andere Menschen, ganz unten der Großvater. Die Tage hatten ihr vertrautes Gesicht, sie gingen leicht dahin und waren geborgen zwischen den Menschen und den roten Ziegelmauern des Hauses. Ein breites Tor öffnete sich zu den Straßen, die in die Stadt hinein- und hinausführten. Täglich gab es Neues zu entdecken: Schönes, auch Beunruhigendes und Schreckliches manchmal, aber nichts wirklich Bedrohliches war da. Nichts, vor dem nach meinem sicheren Gefühl mich nicht das Haus und meine Familie hätten schützen können. Auch im ernsten Jahr 1944 war es noch so.
In der Silvesternacht dieses Jahres waren die Frauen mit ihren Kindern beinah allein in der Stadt. Auch die meisten älteren Männer, die nicht mehr zu den Soldaten an die Front eingezogen worden waren, mußten nun zum Volkssturm, der sich irgendwo im Land versammelte, um den zurückweichenden Truppen beizustehen. Nur die Frauen, die Kinder und die ganz alten Männer waren noch in der Stadt geblieben.
Es war kalt, und der Schnee glitzerte unter den Schlittenkufen, als Mutter die drei kleinen Geschwister durch die Hospitalstraße zum Friedrichplatz zog. Dort, in Onkel Gustavs Haus, wollten wir mit Tante Eva und den Cousinen Silvester fei-

ern. Es sollte Punsch geben und Berliner Pfannkuchen.

Nane und ich liefen hinter dem Ziehschlitten her. Obwohl alle Fenster wegen der feindlichen Flugzeuge verdunkelt waren, gingen wir nicht im Finstern. Der Schnee leuchtete – vielleicht auch der Mond. Wir sprachen davon, daß jeder Mensch in der Silvesternacht einen Wunsch frei hat. So jedenfalls hatte Nonno es immer erzählt. Genau um Mitternacht mußte man ihn ganz fest und klar aussprechen, dann erfüllte er sich – aber nur einer, nur ein einziger Wunsch durfte es sein.

Ich kam nicht zu Ende mit meinen Wünschen: Sollte es vielleicht der rote Füller aus dem Schaufenster in der Neutorstraße sein oder ein Lieblingsbuch oder eine ›Eins‹ im Aufsatz? Nein, nein! Noch lieber wollte ich einmal im Winter im Voßberger Wald wohnen, am liebsten zu Weihnachten. Und Vater müßte dabei sein, Mutter und die Kleinen sowieso und Tante Olli natürlich und Hanne und Janne. Das war es! Aber war das nicht viel mehr als der eine erlaubte Wunsch? Wie weit durfte man gehen, ohne die Erfüllung zu gefährden? Während ich noch nach dem richtigen Maß suchte, fiel mir ein, wie Nonno damals auf meine Frage, ob er das schon mal ausprobiert hätte mit dem Silvesterwunsch, den Kopf hin- und hergewiegt und leise, als ginge es um eine Frivolität, die Oma lieber nicht hören sollte, gesagt hatte: »Das richtige Wünschen ist eine große Kunst. Damit hat es was auf sich! Das wissen aber die wenigsten. Einen allerdings hab' ich mal gekannt – der konnte es.«

»Und was hat er sich gewünscht?«

»Ach, der wünschte sich, als er in einer klaren Augustnacht auf dem Revekol stand – ihr wißt doch, das ist der Berg bei Schmolsin, nicht weit von Holzkathen –, als er also da oben stand, wünschte er sich eine Sternschnuppe. Und kaum hatte er den Wunsch ausgesprochen, da flog die Schnuppe ›schnupp‹ durch den dunklen Himmel über ihm.«
»Da hätte er sich gleich wieder was wünschen können«, sagte ich.
»Hab' ich damals auch gedacht! Aber er hat gelacht und gesagt: ›Das war schon sehr viel! Mit solchen Dingen muß man vorsichtig sein.‹ Seht ihr, das war ein kluger Wünscher.«
Sollte ich mir vielleicht auch eine Schnuppe wünschen? Der Himmel war über und über voller Sterne! Aber es war eine Dezembernacht, da flogen sie bestimmt nicht. Ich schaute und vergaß das Wünschen. Im Südosten schlossen sich die Sterne zu einem besonders schönen Zeichen zusammen. Ich meinte, es noch nie gesehen zu haben, und doch war es mir zugleich, als sei das schöne Zeichen genau in dieser Nacht nur für mich da oben erschienen.
Wohl vergaß ich es wieder über den Silvesterspielen, beim Bleigießen und Punschtrinken, und erst recht, als ich den Verlobungsring fand, den Eva in einen Pfannkuchen eingebacken hatte, womit absolut sicher erwiesen war, daß ich von allen anwesenden Mädchen als erste einen Bräutigam bekommen würde!
Als es zwölf Uhr schlug, löschten wir alle Lampen und Lichter und standen dicht beieinander am offenen Fenster. Von der Marienkirche läuteten die Glocken.

»Was für ein Jahr wird das werden?« fragte Mutter die Silvesternacht und bekam keine Antwort. Nur die eisige Kälte stürzte von draußen herein.
Auf dem Heimweg, in der ersten Stunde des 1. Januar 1945, fand ich das Sternbild wieder. Es war ein Stück weiter nach Westen gewandert, aber es war da! Immer noch klar und leuchtend. Und es tröstete mich über die gar nicht lustigen, sondern zögernden und bangen Sätze, die Mutter und Eva gesprochen hatten, als sie auf das Neue Jahr anstießen.
Vier Wochen später gingen wir auf die Flucht.

Das Leben auf dem Lande

Ende Februar, als die schlimmste Winterkälte gebrochen und die ›Kohlenferien‹ – so nannte man damals die Zeiten, in denen aus Kohlenmangel die Schulen nicht mehr geheizt werden konnten und die Schüler zusätzliche Ferien bekamen –, als also die Kohlenferien beendet wurden, da mußten auch Jette und Ulrich zu ihrem Kummer wieder in die Schule gehen. Dabei hatten sie doch erlebt, wie die scheinbar allmächtige Schule so ohnmächtig geworden war und gar nichts tun konnte, als Mutter erklärt hatte: »Wir gehen auf die Flucht! Meine Kinder werden nicht mehr zum Unterricht erscheinen.«
Es hatte einfach keine Schule mehr gegeben! Sie war in Stolp geblieben. Und das war herrlich!
Aber nun war sie wieder da; quälte sich umständlich aus dem steifen, grauen Wintermantel, rief die Kinder mit gefühlloser Stimme zu sich und vergaß keines, denn das Amtliche hatte immer noch eherne Geltung: Die Volksschüler hatten in die Volksschule zu gehen und die Oberschüler in die Oberschule, solange es noch ein Schulhaus gab.
Für Jette und Ulrich war zu ihrem Leidwesen gesorgt: Direkt gegenüber dem Hoftor auf der anderen Seite der Dorfstraße stand das spitzgieblige,

graue Haus, in dem Lehrer Davids wohnte und unterrichtete. Er war schon an die sechzig Jahre alt und hatte nicht mehr in den Krieg müssen. Wie Annas Nonno einst im hinterpommerschen Holzkathen versammelte er alle schulpflichtigen Dorfkinder in seiner einen, einzigen Schulstube und lehrte sie auf wundersame Weise.
»Er hat ja Augen wie eine Eule«, sagte Jette. »Und wenn er die richtig aufklappt, sieht er alles.«
Er kannte das Geheimnis, wie man Heimatkunde und Bruchrechnung verbindet, wie man den kleinen Fritz und die große Ilse zur gleichen Zeit mit ganz verschiedenen Aufgaben beschäftigt und wie man jedem einzelnen Schüler das Gefühl gibt, immer im Blickfeld wenigstens eines der aufmerksamen Eulenaugen zu sein. Auch die Zolkendorfer Schulbänke hätten noch aus Nonnos Zeiten stammen können! Immer sechs Kinder saßen in einer Bank, und immer zwei hatten ein gemeinsames Tintenfaß, neben dem rechts und links die Federhalter in einer flachen Rille lagen. Wenn die Tinte zu Ende ging, kam der Lehrer mit der großen Flasche und dem blechernen Trichter und füllte nach. Einmal, als er zu reichlich eingegossen hatte und Jettes Nachbar Erich, der auf diese Gelegenheit schon lange gelauert hatte, sofort gewaltig auf den Tisch schlug, gerieten die Eulenaugen doch ein wenig aus der Ruhe: Nicht nur waren Bank und Hefte, Jettes und Erichs Finger – und wer weiß, was noch alles – blau verschmiert, auch die kunstvolle Balance der Schulstunde war dahin. Bruchrechnung und Heimatkunde interessierten nicht mehr, alles scharte sich um den Unglücksort und stellte boh-

rende, wenn auch naheliegende Fragen, die zumindest offenließen, ob denn nicht Lehrer Davids selber schuld an diesem Ereignis sei.

Erich aber war der Held: Eine erfreuliche Unterbrechung des Unterrichts war ihm geglückt, und vermutlich würde der Übeltäter überm Wischen und Putzen sogar vergessen werden. Lammfromm und vergnügt beobachtete er die Entwicklung der Dinge. Es kostete herrlich viel Zeit, die blauen Rinnsale aufzufangen und wegzuwischen. »Do seih ik noch wat, Herr Lehrer, un do unner Theas Tisch und an Leos Schauh!«

Die Schulstunde floß davon wie Butter an der Sonne. Zu guter Letzt, als auch die nassen Hefte am Ofen zum Trocknen ausgelegt waren, mußten Jette und Erich beim Waschständer antreten, der nicht weit vom Kachelofen an der einen Längsseite der Schulstube stand. Dieses dreibeinige Ding, das sonst eine allmorgendliche Bedrohung für jeden Schüler darstellte, der bei der Begrüßung durch unsaubere Hände auffiel, bot jetzt neue Gelegenheit, die ›Tintenpause‹ zu verlängern. Einer nach dem andern wusch und schrubbte die Hände in der weißen Emailleschüssel, die in einem Drahtgestell hing und unter sich, in einem kleineren Drahtring, die Wasserkanne trug. Diesmal half Lehrer Davids mit Bürste und Bimsstein nach, um die Tintenspuren möglichst aufzuhellen, während der gewitzte Erich immer neue Flecken an seinen feuerroten Händen entdeckte.

»Nu, sün se awer blank!« Die Eulenaugen wanderten ein letztes Mal über Erichs rotgescheuerte Hände. »Sett di nu wedder up dinen Platz, Jung! Und nümm dat nu auk noch mit, du weetst schon woför.«

Erich nahm die Ohrfeige gelassen hin; zwar hatte er gehofft, ungeschoren davonzukommen – aber ungerecht war sie schließlich nicht!

Auch die Oberschule rief wieder mit aller Strenge nach ihren Schülern, aber sie war nicht mehr so mächtig wie früher. Die Schulhäuser waren im Lauf der Kriegsjahre zu Lazaretten geworden, und viele Lehrer waren Soldaten, so daß nur die Unterstufe noch unterrichtet werden konnte. Das aber bedeutete Freiheit für mich und einen langen, langen Schulweg für Nane, meine zwölfjährige Schwester. Morgens, in aller Herrgottsfrühe, fuhr sie mit Kutscher Prehn auf dem Milchwagen nach Stavenhagen. Dort in der Zuckerfabrik gab es noch einen heizbaren Raum, in dem die zehn- bis dreizehnjährigen Oberschüler aus Stadt und Land unterrichtet wurden. Aber zurück nach Zolkendorf nahm sie kein Fuhrwerk auf, da mußte sie einen langen einsamen Fußweg laufen, der mitten durch den Ivenacker Schloßpark mit den uralten Eichen führte.

Wenn es ihr unheimlich wurde, so allein über das stille Land und durch den Wald zu gehen, probte Nane die merkwürdige Unterrichtssprache, die sie am Vormittag oft zur Verzweiflung gebracht hatte; denn wie zu Fritz Reuters Zeiten sprachen sie in der Schule am liebsten alle Plattdeutsch! Rechnen und Erdkunde, Biologie und Deutsch – alles auf Platt!

»Bäumings«, sprach Nane also, wenn die Tausendjährigen endlich in Sicht kamen, »ik bün man froh, dat ik juch sei! Awer dat lat juch man geseggt sin: Ik bün noch veel froher, wenn ik juch gor nich mir sei!«

Und wenn sie dann nicht mehr weiterwußte, weil ihr die Vokabeln fehlten, wiederholte sie einfach in allen Tonstärken und Lautfarben immer wieder ihre allerliebste plattdeutsche Wendung, die auch der nette Geschichtslehrer in der Stavenhagener Zukkerfabrik-Schule oft und gern in seine Rede einfließen ließ: »Ihr dummerhaftigen Tüddelfritzen!« sagte sie und meinte die Bäume und die Wolken und überhaupt alles, was ihr begegnete und nicht so ganz geheuer war. »Ihr dummerhaftigen Tüddelfritzen!« Und es half.

Mutter war zufrieden mit dem ›Ernst der Ämter‹, denn drei ihrer fünf Kinder waren nun wieder ordentlich beschäftigt. Was aber sollte aus der ›Großen‹, was sollte aus Anna werden!

»Das Mädchen braucht seine Ordnung!« sagte Mutter. »Sonst verludert sie mir noch!«

Tante Lucie, die Meisterhausfrau, hatte ähnliche Gedanken: »Anna steckt ihre Nase sowieso viel zu oft und viel zu lange in Bücher, die ihrem Alter keineswegs zuträglich sind, während sie vom praktischen Leben rein gar nichts versteht.«

Also hieß ihre nachdrückliche Empfehlung: »In die Küche mit Anna!« Was immer die Zukunft bringen würde, ›Küchenlehre‹ konnte nur gut für das Mädchen sein.

Die nächsten vierzehn Tage waren kein Spaß, für keine der Beteiligten. Wenn ich morgens um sechs Uhr, keineswegs frisch und munter, sondern ziemlich schlafvernebelt und ungesellig in der Küche erschien, warteten vier Lehrerinnen auf mich: drei erfahrene Kochlehrlinge und Tante Lucie, die Meisterin selber.

»Also heute kocht Anna uns den Kaffee!« hatte Tante Lucie mit betont munterer Stimme an meinem ersten Morgen gesagt. »Da stehen die Töpfe, und da ist die Dose mit dem Kaffee.«
Ich erinnerte mich, wie Mutter zu Hause Kaffee gebrüht hatte, holte Wasser von der kleinen Küchenpumpe und stellte den Topf aufs Feuer. Dazu allerdings mußte ich zuerst mit dem Feuerhaken zwei Herdringe herausnehmen, damit das Feuer auch gut an den Topfboden herankam. Eine hohe Flamme schlug mir entgegen, und es gehörte mehr Mut dazu, den Topf mit bloßen Händen mitten auf das rote, heiße Geprassel zu setzen, als ich an diesem Morgen hatte. Also suchte ich ein Stück Holz, um den Topf an seinen Platz zu schieben. Eine gewaltig zischende Dampfwolke erhob sich über dem Herd, als die Hälfte des Kaffeewassers bei diesem Manöver auf die heiße Herdplatte schwappte.
»Bist du gut im Dreisatz?« fragte hinter mir Tante Lucies Stimme. »Dann rechne mal aus, wieviel Wasser du noch brauchst, nachdem du sowieso schon zweimal so viel hättest nehmen müssen, als du genommen hast, nun aber noch die Hälfte von dem ›zweimal-zu-wenigen‹ Wasser im wahrsten Sinne des Wortes ›verschüttet‹ gegangen ist.«
Ich stand, selber glühend, vor dem immer noch zischenden Kochherd und wußte sofort und mit unumstößlicher Gewißheit: Aus dieser Küchenlehre wird nichts! Gar nichts wird daraus! Mochte mir der Kochlehrling Annemarie noch so sanft und freundlich zeigen, wie das Kaffeekochen ging, es stand seit diesem ersten Morgen unverrückbar fest, daß Tante Lucie meine Lehrerin nicht war und ich

nicht ihre Schülerin. Dagegen war kein Kraut gewachsen.
Auch Mutter hatte die Schwierigkeiten kommen sehen, aber sie ließ mich im Stich! »Du hast dich anständig zu benehmen!« sagte sie, als ich mich bei ihr beschwerte. »Und du hast zu gehorchen! Wir müssen froh sein, daß wir hier aufgenommen wurden.«
»Aber diese gemeine Sache mit dem Dreisatz!« Mutter ließ sich nicht rumkriegen.
So blieb es fürs erste beim täglichen stummen Zweikampf mit den ›Kartoffelaugen‹, die einfach nicht wegzuschälen waren; blieb auch bei der Heimtücke der Mehlschwitze, die ich niemals besiegen konnte. Zu ungleich war der Kampf gegen Regimenter von kleineren und größeren Mehlklümpchen, die vom Topfboden aufstiegen, als würde ein unermüdlicher, böser Geist sie da unten zusammenballen.
»Da siehst du's mal«, sagte Tante Lucie, »die einfachste Sache ist eben auch eine Kunst. Das richtige Tempo, der richtige Augenblick – auf die kommt's an!« Und während ich den Kochlöffel herumhetzte, sang sie hinter mir mit ihrer sanften Sopranstimme:

> »Nicht zu braun und nicht zu weiß,
> nicht zu kalt und nicht zu heiß,
> nicht zu dick und nicht zu dünne –
> das ist uns' Mamsellings Wünne.«

Ich wußte nicht, was mich mehr in Wut brachte: dieser fürchterliche, spöttische Reim oder die Hunderte kleiner, unerbittlicher Mehlklümpchen, die vor meinen verzweifelten Augen in der holländischen Soße kreisten! Wer weiß zu welch gefährlichem Ausbruch das hochexplosive Gemisch in mir geführt hätte, wäre nicht der Schlachttag zuvorgekommen.

Da hatte ich alles mitmachen sollen: »Damit du auch weißt, woher das Fleisch auf deinem Teller kommt!«

Als ich nun aber das arme Schwein sterben sah und dann auch noch das Blut, das in eine große Schüssel lief, mit einer Holzkelle rühren sollte, da war ich einfach in Ohnmacht gefallen. Das hatte gerade noch gefehlt! Ausgerechnet jetzt, wo alles präzise und nach Plan ablaufen mußte, solche Extravaganzen!

»Das Kind macht es einem wirklich nicht leicht!« sagte Tante Lucie und betonte das ›nicht‹ so stark, daß es sogar Mutter in Harnisch brachte.

Meine Küchenlehrzeit jedenfalls war mit diesem schrecklichen Tag beendet; statt dessen half ich von nun an Onkel Adolf bei den Lohnlisten und anderen Schreibarbeiten. Und das ging viel besser.

Ivenack

Die Flucht hatte uns in Fritz Reuters Land verschlagen, von dem fast alle seine Werke erzählen und das in vielen Menschen dieser Romane lebt.
Aber auf seine Frage: ›*... kennt einer meiner Leser Ivenack, diese liebliche, der Ruhe geweihte Oase in dem rings von Mühe und Arbeit durchfurchten Lande, die, einer schlummernden Najade gleich, sich auf grünender Aue und blumiger Wiese gelagert hat und ihr vom Laube tausendjähriger Eichen umkränztes Haupt in dem flüssigen Silber des Sees spiegelt?*‹
Auf diese Frage hätte ich mit Kopfschütteln antworten müssen: Nein, ich kannte es nicht. Und hätte es aus dieser Beschreibung, so wie es sich mir 1945, am Ende des Winters, zeigte, auch nicht erkennen können. Nur, daß es ›ein rings von Mühe und Arbeit durchfurchtes Land‹ war, sah ich, als Onkel Adolf mich eines Tages zur Inspektion der Felder mitnahm. Wir waren im Einspänner über das Frühjahrsland gefahren, hatten die frisch gepflügten und geeggten Schläge und die lange bestellten Felder besucht. Die Wintergerste zeigte sich schon, und bald würde auch die Rübensaat aufgehen. Alles sah gut aus.

»Zuckerrüben kann man nur auf unserm schweren Boden anbauen«, sagte Onkel Adolf und sah zufrieden über das große Feld. »Du sollst mal sehen, was für große Rüben im Herbst auf diesem Acker geerntet werden. Bei euch in Pommern würden sie nicht so gut wachsen. ›Die preußische Streusandbüchse‹ ist eben nur für ›Tüften‹ gut.«

Ich dachte an die Kartoffelfelder dicht beim Voßberg, an ihren Duft und die zarten Farben zur Blütezeit, wenn der Wind sie wie einen weit hingebreiteten Schleier zu bewegen schien. Niemals – da war ich mir ganz sicher – könnte ein blühendes Zuckerrübenfeld so schön aussehen. Aber mit Onkel Adolf sprach ich nicht darüber.

Es dämmerte schon, als die Felder alle inspiziert waren; aber noch stand der Besuch der berühmten Ivenacker Eichen bevor, die seit mehr als tausend Jahren im Park auf der anderen Seeseite wuchsen. Wir fuhren durch das langgestreckte Dorf bis zum Schloßbezirk, der am Kopf der Dorfstraße lag. Links sah man nahe der Straße die Orangerie, weiter zum See runter durch die kahlen Bäume zeigte sich das Teehaus, dann die Schloßkirche mit dem zierlichen Turmaufsatz und das Schloß selber, groß und ein bißchen steif, direkt am Seeufer. Wir ließen Schloß und See links liegen und fuhren in den Tierpark, um den berühmten Eichen unsre Aufwartung zu machen. Der sogenannte Tierpark war eigentlich ein umhegter Laubwald, ein ausgedehnter Schloßwald, in dem auch ein Rudel Damwild gehalten wurde. Gleich hinter den ersten Bäumen öffnete sich der Wald zu einer weiten Lichtung. Onkel Adolf ließ die Pferde stillstehen und sagte: »Nu, guck mal

ganz genau hin! Aber mach deine Augen richtig auf!«
Ich guckte – und sah gar nichts Besonderes. Ja, sie waren groß, die Bäume, die da unregelmäßig verteilt auf der Lichtung standen. Es waren nicht viele, vier oder fünf konnte man vom Wagen aus erkennen, aber etwas besonders Aufregendes sah ich nicht. Es waren Eichen, älter, größer, dicker als die andern. Aber ein Wunder?
Ich mußte aussteigen und probieren, wieviel von so einem tausendjährigen Stamm ich umfassen konnte. Es war nicht der Rede wert.
»Von deiner Sorte würde man ungefähr vierzehn brauchen, um ganz herumzukommen«, sagte Onkel Adolf.
Ich fühlte das rubbelige Holz. In die tiefen Rinnen, die sich in die Baumrinde gegraben hatten, konnte ich meine Hände wie in ein Futteral hineinlegen. Mit den Augen folgte ich den seltsamen Mustern, die so viele Jahre auf den Stamm gezeichnet hatten. Manchmal liefen sie sternförmig, manchmal in Wellen oder im Zickzack hinauf, als wollte der Baum zeigen: So kann man wachsen. So kann meine Kraft sich ausdehnen. Und so fang ich sie wieder ein.
Weit über mir sah ich etwas wie eine Riesengeschwulst, eine Riesenwunde, die vor langer Zeit verholzt war und sich selber mit einem Riesendeckel verschlossen hatte. Noch weiter oben öffnete sich ein schwarzes Astloch wie eine Höhle.
»Könnte sich da oben ein Mensch verstecken?« fragte ich.
»Na, mindestens sechs«, war die Antwort. »Nur raufkommen muß man erst mal.«

Die Höhe des Baumes war, wenn man so nah davorstand, mit den Augen nicht abzumessen. Und wenn man den Kopf noch so weit zurückbog, er hörte nicht auf. Er stieg, stieg höher und höher, als wären viele Bäume ineinandergesteckt worden. Unten, dicht über der Erde, wirkte der Stamm wie aus Stein gehauen, beinahe noch härter als Stein, wie aus einem Stoff, den es sonst auf der Erde gar nicht gab. Und doch war dieser undurchdringliche Stoff voller Leben, durch und durch voller Leben!

Ich erinnerte mich, wie Nonno einmal davon gesprochen hatte, daß man die uralten Bäume eigentlich wie große Herren anreden müßte.

»Mit diesen Herrschaften hat es was auf sich!« hatte er gesagt. »Das fühlt jeder, wenn er davorsteht. Es gehört sich, ihnen Respekt zu bezeigen. Du kennst doch die Sage von der Weltesche ›Yggdrasil‹, unter der die Götter Gericht hielten. Ihre Krone trug das Himmelsgewölbe, und ihre Zweige breiteten sich über die ganze Erde. Von solchen Wunderbäumen haben sich die Menschen immer wieder erzählt.

Aber nicht nur Eichen und Eschen können zu so hohen Jahren kommen. Ich selber kenne eine Linde, in einem Dorf gar nicht weit von Stolp, von der weiß man, daß sie 1555 von Jacob von Zitzewitz, dem Kanzler des Pommernherzogs Philipp I., gepflanzt wurde. Sie steht auf einer Anhöhe und sieht wie eine Königin übers Land. Ja, sie ist sogar auf alten Schiffskarten als Seezeichen für die Ostseeschiffer eingetragen. Als ich vor ein paar Jahren mit meiner Schulklasse einen Ausflug nach Muttrin zu dieser alten Linde machte, habe ich sie höchst persönlich kennengelernt«, sagte Nonno, »und habe ihr meine

Reverenz erwiesen. Es war im Hochsommer, und es war ein Duften und Bienensummen in der Linde und um sie herum, als wäre es nicht ein einzelner Baum, unter dem wir standen, sondern ein ganzer Lindenwald. Während ich von der Geschichte des alten Baumes erzählte, fand Karl Lawrenz, der immer ein bißchen schneller war als die andern Jungs, einen schon ausgereiften Lindensamen.
›Soll etwa aus so was‹, fragte er direkt empört, ›aus so einem Körnchen, dieser ganze Riesenbaum gewachsen sein? Das glaube ich niemals!‹
›Und doch ist es so.‹
Meine Antwort befriedigte ihn überhaupt nicht. Er saß da, ließ das Samenkorn von einer Hand in die andere rollen und warf es schließlich im hohen Bogen fort, als fühle er sich betrogen. Da kam mir der alte Mann, der uns den Weg vom Dorf hinaus zur Linde geführt hatte, zu Hilfe. Er trat heran und sagte ruhig: ›Hol ihn wieder!‹
Der ungläubige Karl guckte erstaunt nach oben in das runzelige Gesicht. ›Kannst du wohl nicht, was?‹
Die Augen des Alten waren freundlich übers Land, über die Schulklasse und schließlich zurück zu Karl Lawrenz' kurzgeschorenem Rundkopf gewandert: ›Du findest den Samen nicht mehr‹, sagte er. ›Das ist gewiß. Aber der Regen findet ihn, der Wind auch, und die Sonne wird ihn finden. Und wenn ihm dann noch einer seinen Segen gibt, dann wird aus solch einem Körnchen so ein Lindenbaum, ob du's nun glaubst oder nicht.‹«
So hatte Nonno vor Jahren von den ›Baumherrschaften‹ gesprochen. Ich sah auf die rissige, steingraue Fläche dicht vor mir, und es war mir plötzlich, als

hörte ich wie damals seine Stimme: »Du bist gerade vierzehn Jahre alt«, sagte die Stimme, »aber der da ... Mehr als tausend Herbst- und Frühlingsstürmen hat er schon standgehalten! Ist das kein Wunder?
Vielleicht kommt er aus dem Samen eines heiligen Baumes, den heidnische Menschen an dieser Stelle in noch viel älterer Zeit verehrt haben. Vielleicht haben die ersten Christen den Heidenbaum umgeschlagen – aber sein Sprößling war längst aufgegangen und wuchs heran.
Als im Dreißigjährigen Krieg Gustav Adolfs Heer das Land heimsuchte, war der kleine Nachfahre schon bald siebenhundert Jahre alt! Und als 180 Jahre später Napoleons Soldaten die mecklenburgischen Städte und Dörfer besetzten und plünderten, war er längst ein Wunder und ein großer Herr.
So ging es immer weiter: Frieden und Krieg, Krieg und Frieden. Die kurzlebigen Menschen kamen und gingen – er blieb!«
Es war mir, als sähe ich Nonno neben mir zufrieden den Baum hinauf- und hinunterschauen; er hatte immer was übriggehabt für solche, die sich nicht unterkriegen ließen. Aber in Wirklichkeit war Nonno ›Gott weiß wo‹, und ich stand allein vor dem ›Herrn Eichbaum‹ und fröstelte. Es war wieder Krieg. Und wir wußten nicht, was mit uns werden würde.
Auf dem Heimweg kamen wir am gräflichen Pferdestall, an dem sogenannten Marstall, vorüber, der zum Ivenacker Schloß gehörte und beinah selber wie ein Schloß aussah. Noch nie hatte ich einen so schönen Stall gesehen. Er war in der gleichen lichten Farbe wie das Schloß verputzt und hatte die Form

eines flach gewölbten Halbkreises. In seinem Scheitelpunkt sah man ein großes Tor, daneben, rechts und links, kleinere Tortüren, als hätte jedes Pferd seinen eigenen Ausgang. In die beiden kurzen Türme an den Enden des Halbkreises waren Wohnungen für Kutscher und Pferdepfleger eingebaut.
Onkel Adolf erzählte von dem Gestüt, das Ivenack schon vor mehr als zweihundert Jahren berühmt gemacht hatte. Die Pferde waren lange Zeit der Reichtum und der Stolz der Ivenacker Herren gewesen. Einmal aber gab es einen Hengst, der übertraf alles an Schönheit und guten Eigenschaften, was je im Ivenacker Marstall herangewachsen war. Er trug den Namen ›Herodot‹; und wer was von Pferden verstand, damals zu Beginn des 19. Jahrhunderts, der kannte diesen Namen. Herodot war eine europäische Berühmtheit. Könige und andere große Herren wollten das Pferd kaufen, aber der Graf dachte nicht daran, es herzugeben.
Dann kam der Krieg. Und es kamen die Franzosen! Nach der Schlacht bei Jena und Auerstedt, im Jahre 1806, als die Preußen von Napoleon vernichtend geschlagen worden waren, da zog das französische Heer auch durch Mecklenburg: raubte, plünderte und nahm sich, worauf es Lust hatte und – egal, wem's gehörte.
»Wenn du mal ein bißchen ›mecklenbörgscher‹ geworden bist«, sagte Onkel Adolf, »dann kannst du das alles bei Fritz Reuter nachlesen, der hat ein ganzes Buch über diese ›Franzosentid‹ geschrieben.«
Damals nun, als die Franzosen die Herren im Lande waren, verbreitete sich das Gerücht, der Kaiser

Napoleon hätte sich den berühmten Ivenacker Hengst als seine persönliche Beute auserkoren.

»Na, denn soll er mal kommen!« sagten die Ivenakker in aller Ruhe. »So einfach ist das nicht, ein Pferd aus unserm Marstall zu holen.« Und sie vergaßen die Geschichte.

Bis dann in einer Novembernacht ein Bote aus Stavenhagen angehetzt kam: »Herr Graf, de Franzmänner wull'n Herodoten awhoolen!«

Da war guter Rat teuer! Auf keinen Fall wollte der Graf das herrliche Pferd an die Franzosen ausliefern! Aber wie sollte man es verstecken! Wo gab es ein Versteck, das groß und abgelegen genug war, um Herodot aufzunehmen?

War es der Stallbursche, der plötzlich flüsterte: »Hei möt in den hoolen Eikboom!«?

Alle jedenfalls wußten sofort, was er meinte. Sie umwickelten Herodots Hufe mit weichen Lappen, legten ihm eine warme Decke über und führten ihn schließlich in den Tiergarten zu den alten Eichen. Einer dieser Riesenbäume war stark ausgehöhlt und bot Platz genug für das große Pferd.

Am nächsten Morgen ritten die Franzosen auf den Schloßhof. Schnell hatten sie den Marstall entdeckt und nicht nur den Hengst, der jetzt unter Herodots Namensschild in der Bucht stand, sondern auch zehn weitere edle Pferde mitgenommen.

Der Offizier hatte wohl einen Augenblick mißtrauisch auf den angeblichen Herodot geguckt, war dann aber doch aufgesessen und an der Spitze des ›Raubzuges‹ in Richtung auf den Ivenacker Park geritten.

»Non, non, Officier!« hatte der verzweifelte Stallmeister gerufen und mit beiden Armen gestikulie-

rend in die entgegengesetzte Richtung gewiesen.
»Da geht die Straße nach Stavenhagen!«
Aber der Franzose kannte den kürzeren Weg in die Stadt, den durch den Tiergarten, und hörte nicht auf den Stallmeister. Wie erstarrt stand der neben seinem Herrn auf dem Schloßhof. »Uns Herodot is verlörn!« sagte er leise. »Nu is hei wahrhaftig verlörn, Herr Graf!«
Und so war es!
Herodot hörte natürlich die vorüberreitenden Soldaten und hörte natürlich auch seine Brüder, die andern Pferde. Sie waren ohne ihn draußen! Er aber war ihr Führer! Und also wieherte Herodot! Der mißtrauische Offizier wurde stutzig, ging dem Wiehern nach, und als er den Hengst sah, gab es überhaupt keinen Zweifel mehr darüber, wen er vor sich hatte. Herodot wurde nach Frankreich entführt, und niemand konnte mehr etwas daran ändern.
»So wurde denn«, sagte Onkel Adolf, »ein Ivenacker Hengst das Leibpferd des Kaisers Napoleon.«
Immer noch klang in seiner Stimme Verwunderung und Empörung über dieses außerordentliche Ereignis nach.
»War das denn nicht auch eine große Ehre für die Ivenacker?« fragte ich. »Napoleon war damals doch der berühmteste Mensch in Europa!«
»Das denkst du heute!« sagte Onkel Adolf. »Aber zu der Zeit haßten die Mecklenburger alles Französische und ganz besonders den Kaiser selbst, der so viel Elend über sie gebracht hatte. Doch die Waagschalen der Weltgeschichte sind beweglich. Sieben Jahre vergingen, und Napoleons Schale neigte sich tief ins Unglück. In der Völkerschlacht bei Leipzig

wurde der Kaiser geschlagen, und nun diktierte die andere Seite die Friedensbedingungen. Damals war der Feldmarschall Blücher einer der siegreichen Heerführer, und der war ein Freund des Ivenacker Grafen und kannte die Geschichte des Herodot. Blücher forderte und erreichte tatsächlich die Rückgabe des berühmten Pferdes! Man erzählt sich, der Ivenacker Stallmeister hätte große Mühe gehabt, Herodot im fremden Land wiederzufinden, denn die Franzosen hätten ihn in letzter Minute noch verkaufen wollen und heimlich nach Marseille gebracht. Aber der Stallmeister hätte doch davon erfahren und wäre – ihm nach – durch ganz Frankreich gejagt. Und als sie Herodot aufs Schiff führen wollten, da hätte er ihn gesehen und hätte seinen Namen gerufen, und der Hengst hätte die Ohren aufgestellt und den Kopf nach ihm gewendet. »Na ja«, sagte Onkel Adolf, »ganz so dramatisch wird's wohl nicht zugegangen sein, aber Tatsache ist, daß Herodot eines schönen Tages in seinen Stall nach Ivenack zurückgekehrt ist und hier noch einige Jahre gelebt hat, verehrt und bewundert, bis an sein Ende.«
»Das hört sich ja an wie ein Märchen«, sagte ich. »Ist das wirklich alles so gewesen?«
»Ich sag' dir ja, dies und das mag vielleicht etwas weniger abenteuerlich gewesen sein, aber sonst ... Natürlich war Herodot ein paar Jahre älter geworden. Und ein Auge soll er auch verloren haben in Frankreich, aber sonst ...«
Wir sprachen nicht mehr.
Ich traute dem glücklichen Ende der Geschichte nicht. Es war Krieg. Es war wieder Krieg. Und wir wußten nicht, was mit uns werden würde.

Am nächsten Morgen – ich saß an meinem Tisch, gleich beim Fenster, über den Lohnlisten – kam der Graf auf den Gutshof geritten. Ich hatte es schon gewußt, noch ehe er am Hoftor erschien, denn so lustig und leicht wie die zierliche, schwarze ›Nixe‹ des Grafen ging kein Pferd im Dorf.

Wenigstens einmal jede Woche kam der Graf aus Ivenack herüber, um mit Onkel Adolf, mit dem Hof- und dem Stallmeister die bevorstehenden Arbeiten auf den Feldern zu besprechen. Dann standen die vier Männer dicht beieinander mitten auf dem Hof, zwischen den Ställen und Scheunen, und keiner durfte sie stören. Der Graf hörte zu, Onkel Adolf fuhr mit den Armen durch die Luft, zeigte hierhin und dorthin, und Bobzin schrieb mit einem Bleistiftstummel eifrig in sein dickes Notizbuch.

Einmal, als ich ihnen durch das Fenster zuschaute, war es mir vorgekommen, als hätte irgend etwas sie plötzlich alle erstarren lassen. Wie aus Stein gehauen, standen sie sich für einen Augenblick gegenüber. Der Graf guckte über den Hof, Bobzin und Rohde, die beiden Statthalter, auf die Jackenknöpfe des Grafen, und Onkel Adolf fixierte seine Stiefelspitzen.

Jetzt wissen sie nicht mehr, was sie noch tun sollen, dachte ich. Sie wissen es nicht, weil die Russen bald kommen. Am Tag zuvor hatte ich Schäfer Ahlgrim und Schmied Block reden hören: »Wenn dat so wider geit«, hatte der Schäfer gesagt, »denn soll dat wull een grode Summer wern – und wumeeglich ook eene Rekordernte!«

»Awer wer wird denn ernten?« hatte Erdmann Block gefragt. Und dann hatten sie beide geschwiegen.

Ich saß über den Lohnlisten, kaute am Federhalter

und sah den Männern draußen zu, während die schöne, unruhige ›Nixe‹ vom Pferdeknecht hin und her über den Hof geführt wurde. Ob die Gräfin wohl ein weißes Pferd ritt? Und ob sie selber so schön war, wie eine Gräfin nach meiner Vorstellung sein mußte? In den Geschichten, die ich kannte oder selber erfunden hatte, waren sie alle wunderschön und glücklich.

In der Wirklichkeit des Kriegsendes 1945 aber war nichts mehr schön und glücklich: Graf und Gräfin gaben sich selbst den Tod in der Nacht, als die Russen kamen. Von ihren drei Söhnen war der älteste als Soldat gefallen, der jüngste, von Geburt herzkrank, wurde von den Russen in das berüchtigte Lager ›Fünfeichen‹ bei Neubrandenburg verschleppt und starb dort an Mißhandlungen und Entbehrungen. Nur einer der Söhne aus dem Ivenacker Schloß überlebte den Krieg schwer verwundet. Die Güter wurden, noch ehe die nächste Ernte ganz eingefahren war, enteignet und zersiedelt. Das Schloß wurde eine Seuchenstation, später ein Heim für Alte und Behinderte, die Orangerie eine Disco, und das anmutige Teehaus am See diente Kranken und Gesunden als Wohnung und verfiel dabei allmählich.

Unerwartete Gäste

Im langsamen Strom der Trecks und der nach Westen abziehenden Soldaten kam ein besonderer Flüchtlingszug nach Zolkendorf. Acht Trakehnerhengste waren es, die auf ihrem Weg von Ostpreußen nach Schleswig-Holstein in den Gutsställen ausruhen durften. Drei Männer führten die Pferde. Sie waren den weiten Weg bis in unser Dorf über verschneite Flüchtlingsstraßen geritten, hatten immer zu wenig Futter für die Tiere und selten ein Dach über sich gehabt. Aber nun standen die Pferde im warmen Stall, wurden gepflegt und gefüttert, und wenn sie über den Hof geführt wurden, sah man, wie schön sie waren, aber auch, wie nervös und unruhig, als würden sie sich ängstigen über die unbegreifliche Veränderung ihrer Lebensbedingungen. Bald würden sie weiterziehen nach Schleswig-Holstein. Ein Stück Trakehnen sollte gerettet werden.
Aber es gab andere Geschichten, die die Leute von den Trecks erzählten, Geschichten von verlassenen oder getöteten Tieren. Diese acht Pferde waren durchgekommen! Aber der Hund, der einer ostpreußischen Familie gehört hatte!
Dieser kluge Hund hatte den Schlitten seiner Leute sicher über das Haff geführt. Sie konnten den Land-

weg nicht nehmen, den hatten die Russen schon abgeriegelt. So mußten sie über die Ostsee. In der Nacht über das zugefrorene Haff!
»Das schafft ihr nie!« hatten die Nachbarn prophezeit. Aber Ingo, ihr Hund, hatte sie sicher geführt, weil er schon lange vor den Menschen spürte, wenn das Eis brüchig wurde oder ein Spalt sie bedrohte. Sie waren heil über das Haff gekommen – nur auf das Flüchtlingsschiff, das sie in Danzig aufnahm, durfte kein Hund. Da ließen sie Ingo nicht rauf.
Die alte Frau hatte die Hände an ihre Ohren gelegt und sich beim Erzählen hin- und hergewiegt, als könnte sie so ihren Schmerz besänftigen.
Aber diese acht Pferde waren durchgekommen! Oft, wenn wir die Geschichten anderer Flüchtlinge hörten, fühlten wir uns vom Schicksal begünstigt. Wir waren bis jetzt glimpflich davongekommen. Wir hatten keinen Menschen und kein Tier auf der Flucht verloren und hatten einen Ort erreicht, wo man uns erwartete und freundlich empfangen hatte, wo man uns von früher her kannte. Wir wurden nicht als Aufschneider, Gernegroße und vermutlich Habenichtse angesehen, wie so viele andere Flüchtlinge. Wir waren nicht mit einem Pferdewagen unterwegs gewesen, sondern im Lastauto. Und wenn es auch ein ziemlich lahmes Auto gewesen war, wir waren doch siebenmal schneller vorangekommen als die Trecks und hatten ziemlich viel Gepäck mitnehmen können: nicht nur Kleider und Papiere, sondern auch Teppiche, Porzellan und Silberzeug. Und nun lebten wir auf dem Lande und brauchten den Hunger nicht zu fürchten.
Aber im Wichtigsten waren wir doch allen andern

Flüchtlingen gleich, und das weiß nur der, der es an der eigenen Haut und am eigenen Herzen erfahren hat: Alle Lebensfäden, die uns mit einem Ort verknüpft hatten, die uns gebunden hatten an Steine und Erde, an Luft und Licht, an Vergangenes und Gegenwärtiges und an die Menschen – all die Fäden waren zerschnitten.
»Wir haben ja noch uns!« sagten die Flüchtlinge und waren wohl dankbar und fühlten doch, was sie hinter sich herschleppten: das Zerschnittene, das Losgerissene – und das hatte ein Gewicht, von dem die andern nichts wußten.

Anders als früher in der Stadt und vermutlich stärker als die Menschen, die immer auf dem Lande lebten, spürten wir Flüchtlinge, wie die Jahreszeit sich änderte. Wenn Nane und ich über die Gänseweiden hinterm Dorf zum Ivenacker Wald liefen, sahen wir die Erde glänzen, die Gräben waren feucht, und ein Duft stieg zwischen den zarten Gräsern an ihren Rändern auf, daß wir immer wieder stehenblieben und herumschnupperten. Die Lerchen trillerten sich hoch hinauf, und die Sonne blendete die Augen.
»Es riecht nach Frühjahr«, sagte Schäfer Algrimm.
Und wir rochen es auch.
An so einem Vorfrühjahrsabend fuhr ein Soldatenauto in den Hof, und Vater stieg aus, als wäre es das Selbstverständlichste von der Welt.
Und doch war gar nichts mehr selbstverständlich in dieser Welt, in der wir in einem fremden Haus, an einem fremden Platz wohnten, nicht mehr dort sein durften, wo wir eigentlich hingehörten. Und auch er

selbst tauchte aus einem fremden ›Irgendwoher‹ auf und würde schnell wieder irgendwohin verschwinden. Unsre Wege – ehe sie ›weiß Gott wohin‹ führten – kreuzten sich noch einmal.
»Allein konnte ich alles schaffen«, sagte Mutter. »Aber jetzt, wo du da bist, fühle ich mich schwach, als sei mir der Boden unter den Füßen weggezogen worden.«
»Na, damit hat es ja wohl auch seine Richtigkeit!« Onkel Adolf, der Mutters Worte gehört hatte, wollte keine weinerlichen Szenen. »Das erwarten wir Männer ja geradezu, daß ihr schwach werdet, wenn wir erscheinen! Die Schwäche des Weibes ist ihr Schmuck!« Alle lachten und gingen ins Haus, wo Tante Lucie schon den Tisch gedeckt hatte.
Vater war da und brachte die kunstvolle Einrichtung unsres Flüchtlingslebens durcheinander. Aber er brachte auch noch einmal etwas wie Hoffnung auf eine glückliche Wendung unsres Schicksals mit sich; denn er war ›ein geborener Optimist‹. Eigentlich unbegabt, praktische Probleme zu lösen, war er doch zugleich unendlich begabt, die Hoffnung auf Lösungen zu beflügeln. Mochte die Ungewißheit noch so groß sein, er ließ die bösen Zeichen nicht gelten. Ob er und wir übrigbleiben würden am Ende dieses Krieges! Wo – um alles in der Welt! – wir uns wiederfinden würden! Es gab ja nirgendwo noch eine Sicherheit. Er war sicher! Er wußte es! Und steckte uns alle mit seiner Zuversicht an: Irgend etwas Gutes, Hoffnungsvolles würde auf uns warten.
»Erinnert ihr euch an die Prophezeiung, von der ich euch oft erzählt habe? Ihr habt das nie ernst nehmen wollen, aber ihr werdet sehen: Jetzt ist die Zeit da!«

Die Wahrsage-Geschichte kannte ich schon. Das war so eine von Vaters berühmten Geschichten, halb aus Ernst und halb aus Scherz, daß man nie wußte, wie er's eigentlich meinte. Sie spielte in seiner Studentenzeit im Jahre 1920 und begann in einer engen dunklen Straße: Mein Vater, damals ein neunzehnjähriger Student, war auf dem Heimweg von der Universität zu seiner Studentenbude bei der Witwe ›Sowieso‹, die am Rande der Stadt wohnte.

Aus Stolp, ja eigentlich aus diesem kleinen Dorf Holzkathen in Hinterpommern, war er auf die Universität nach Greifswald gekommen! Schwer genug waren die Zeiten, und hart genug war es für seine Eltern, ihm das Studium zu bezahlen. Und sein Lieblingsfach hatte er auch nicht wählen dürfen. »Juristen haben immer eine Zukunft«, hatte sein Vater gesagt, »aber Historiker! Werde du erst mal ein ordentlicher Jurist, Geschichte kannst du auch nebenbei treiben.«

So wurde er Jurastudent in Greifswald und war's gerne und war trotz aller Einschränkungen in der schweren Zeit nach dem Ersten Weltkrieg auf seine Art sorglos!

An diesem Dezemberabend des Jahres 1920 war er nach dem Seminar nicht mit den Freunden gegangen, er war alleine losgelaufen und wußte selber nicht so genau warum. Gedanken an die vergangene Zeit vermischten sich, während er so vor sich hin lief, mit Fragen nach der zukünftigen. Es war kalt. Von der Ostsee zog schwerer Nebel herein, er schlug den Mantelkragen hoch und machte größere Schritte. Er freute sich auf seine warme Stube.

Da sah er plötzlich wie hingezaubert auf der anderen

Straßenseite eine Bretterbude, deren kleines Lukenfenster bunt verhängt war. An der Tür klebte schräg ein weißer Papierstreifen: DIE ZUKUNFT IST KEIN RÄTSEL stand auf dem Papier. Der Student blieb stehen, las noch einmal, halb amüsiert und halb neugierig, sah sich um und bemerkte erstaunt, daß keine Menschenseele mit ihm unterwegs war und daß er auf seinem gedankenvollen Weg in eine ihm gänzlich fremde Gegend der Stadt gelangt war. Er wandte sich hierhin und dorthin, fand sich nicht zurecht und stand am Ende wieder vor der Bude mit der sonderbaren Aufschrift.

»Vielleicht ist die Zukunft kein Rätsel«, sagte er sich. »Aber mir ist jedenfalls im Moment mein Heimweg etwas rätselhaft.« Er bewegte die Klinke und stand schon in der Bude. Er hörte, wie hinter ihm die Tür zuschlug, und fand sich vor einem kleinen Tisch, hinter dem eine ganz verhüllte Gestalt saß. Eine Zigeunerin mußte es sein. Das schwarze Fransentuch verdeckte das Gesicht, denn sie hielt den Kopf gesenkt, ein schweres schwarzes Tuch lag um ihre Schultern, darunter leuchtete ein rotes Kleid. Auf dem Tischchen stand eine Petroleumlampe mit einem rötlich-blauen Glasschirm. Sonst war nichts in dem engen Raum zu sehen. Als die Frau langsam den Kopf hob, sah der Student in ein uraltes Gesicht und fühlte sich von zwei dunklen und zugleich seltsam durchdringenden Augen festgehalten.

»Hast dich verirrt, junges Herrchen?«

Der Student nickte.

»Weißt den rechten Weg nicht mehr, Milchbart!«

Machte sie sich lustig über ihn? Das ging zu weit! Er

wollte zurück auf die Straße und jemand anders fragen. Aber da hörte er sie wieder in ihrem seltsamen Singsang: »Ist nicht leicht, den Weg zu finden, keiner kennt das Ziel. Rennen alle blind im Kreise. Kreis ist ...« Die letzten Worte gingen in unverständlichem Gemurmel unter.
Langsam wurde ihm die Szene unheimlich. Aber als er sich nun energisch umwandte, hörte er die alte Stimme wieder deutlich: »Zweimal links und einmal rechts, sagt der Fuchs zum Hasen.« Verblüfft sah er zurück. Die dunklen Augen blickten ausdruckslos, aber er fühlte sich wie festgenagelt. Die Zigeunerin hatte eine Hand über den Tisch hinweg nach ihm ausgestreckt, und beinah gegen seinen Willen legte er seine Rechte in die der Alten. Sie drehte seine Handfläche nur ein wenig, und schon zeigte sich deutlich ein Netz aus dunklen Linien auf der Haut. Ob das von dem rotblauen Lampenlicht herrührte?
Die Alte murmelte, guckte, lachte leise, hob den Kopf plötzlich mit einem Ruck und sagte: »Du wirst einmal, junges Herrchen, ein großer Mann im fremden Land werden«, und ließ die Hand fahren.
Der Student fand sich draußen wieder, lief, ohne sich umzudrehen, mit langen Schritten: zweimal links und einmal rechts ... und stand vor dem Haus der Witwe ›Sowieso‹.
War das nun, wie sein Freund Karl Drews, dem er die Geschichte übrigens als einzigem in der Greifswalder Zeit erzählte, bemerkte, mal wieder so ein ›Wandeltraum‹?
»Du hast eine Neigung dazu«, hatte sein Freund gesagt. »Weißt du noch, damals – in Klucken?«
Oder war es, mit seiner Mutter zu reden, ›gottloses

Zeug, das man möglichst schnell zu vergessen hatte?‹

Erst seine Braut, meine Mutter, hatte die Geschichte auf den Punkt gebracht: »Eine wunderbare Prophezeiung, Jungchen! Nur das mit dem ›fremden Land‹ müssen wir noch ändern. Es reicht doch, wenn du hier in Stolp ein großer Mann wirst! Mir reicht es jedenfalls!«

Was er selber von der Sache hielt, blieb im Ungewissen. Mal schien er sich über alles lustig zu machen. Und dann wieder fragte er sich, wie die alte Frau nur gewußt haben konnte, wo er wohnte.

Es gibt eben ›mehr Dinge zwischen Himmel und Erde, als unsre Schulweisheit sich träumen läßt‹! So endete seine Erzählung meistens. Es paßte zu Vater, daß er die alte Geschichte an diesem Tag in Mecklenburg, als alles in der Schwebe, in einer bedrohten Schwebe war, wieder hervorholte. Es war die Zeit für Prophezeiungen.

Als ich am nächsten Morgen mit ihm durch die Felder und zu den Tümpeln lief, die ich so gern hatte, nahm ich seine Hand und verglich ihre Linien mit denen in meiner Handfläche.

»Glaubst du wirklich an die Prophezeiung der Zigeunerin?«

»Also an den ›großen Mann‹ glaube ich nicht«, sagte Vater. »Ein Feld-, Wald- und Wiesenjurist bin ich und werde es bleiben. Aber daß wir durchkommen werden durch dieses Unglück und daß wir uns wiederfinden werden, daran glaube ich ganz fest.«

Zu Hause, in Voßberg, war ich mit Vater durch die großen Wälder gelaufen, die nie aufzuhören schienen. Hier in Mecklenburg gingen wir unter freiem

Himmel, die Hände tief in den Manteltaschen und ein bißchen vorgebeugt, wenn der Frühjahrswind uns ins Gesicht blies.

»Ja, aus den Wäldern sind wir nun raus«, sagte Vater. »Aber sieh mal, wie die Erde glänzt! Wie es nach Wachsen riecht! Der Saft ist in die Weiden geschossen. Siehst du die rötliche Farbe im grauen Holz? Horch mal ... die Vogelstimme: ›Die Lerche ist's und nicht die Nachtigall‹!« Vater lachte. »Nein, ich werde kein großer Mann im fremden Land. Aber du wirst eines Tages nach Verona reisen, das weiß ich.«

»Und dann, Vater?«

»Nichts weiter. Aber so wird es sein, und du wirst lachen, wenn du dich in Verona an Zolkendorf erinnerst.«

Am Tümpel quakten die Frösche und platschten bei unserm Anblick schwer ins Wasser. Als wir versuchten, einen von den pelzigen ›Trommelschlägern‹ aus dem Schilf zu holen, stieg uns das Wasser in die Schuhe.

»Eines Tages«, sagte Vater im Herumgucken, »werden wir zusammen Fritz Reuter lesen, auf plattdeutsch natürlich. Das ist ja sein Land hier. ›Ut mine Stromtid‹, das werde ich dir als erstes vorlesen. Weißt du, was ein ›Stromer‹ ist?«

»Ja, wenn einer herumstromert, weil er noch nicht so genau weiß, wo er hinwill.«

»Davon wollen wir lesen. Du wirst das Buch gern haben, glaube ich.«

Mit Vater kam man schnell vom Hundertsten ins Tausendste. Leicht und wunderbar ging das. Eben hatten wir noch die beiden Weiden betrachtet, diese sonderbaren, struppigen Gestalten, die im späten

Herbst bis auf wenige dünne Zweige gestutzt worden waren. »Wie aufgeregte Leute sehen sie aus, wie Mißhandelte eben«, sagte er.
Und dann hielt er auf einmal an mit Gehen und Herumsehen und legte mir den Arm um die Schulter: »Wonach wir Heimweh haben werden«, sagte er, als wäre ihm die ganze Zeit gar nichts anderes durch den Kopf gegangen, »das werden sonderbare Sachen sein. Wir werden uns vielleicht nach einem Duft sehnen, nach der Stimme eines bestimmten Menschen, nach dem Licht, wie es durch die Bäume nachmittags auf die Voßberger Veranda fiel. Nach solchen ›Sachen‹ werden wir Heimweh haben. Das Normale, das tägliche Leben, das werden wir schaffen. Aber das andere? Das wird sein, als wenn einer gestorben ist.«
Ohne es genau zu begreifen, teilte ich Vaters Gefühl. Und wieder, wie damals auf den Jägerwegen, fühlte ich mich eins mit ihm. Weit weg war ich von der Wirklichkeit, war irgendwo in einem anderen, zukünftigen Land, wo wir Heimweh haben würden nach ›verlorenen Sachen‹. Aber den Alltag, den normalen Alltag, den würden wir schaffen.
Vater mußte wieder fort. Wir blieben. Blieben nicht weit von der russischen Front in Mecklenburg zurück, weil es keinen westlicheren Platz und keinen Weg nach Westen mehr für uns gab. Unvorstellbar und beängstigend hing, was das Kriegsende bringen würde, über allen Menschen. Aber mir hatte mein Vater ein Bild dagelassen von einer Zeit nach dem Schrecken.
Das war es!

Das besondere Kleid

Schon vom ersten Kriegsjahr an war alles Lebensnotwendige ›bewirtschaftet‹ gewesen. Jeder bekam nach einem genauen Schlüssel seine ›Marken‹ für Fleisch, Brot, Eier und Nährmittel zugeteilt. Es gab Bezugsscheine für Schuhe und die sogenannten Kleiderkarten, damit alles, was produziert wurde, in bestimmter, von den Ämtern genau gelenkter Weise verteilt werden und niemand sich besondere Vorteile verschaffen konnte, weil er mehr Geld oder mehr ›Beziehungen‹ hatte als andere.
Natürlich ging die Rechnung nicht auf, weil beinahe jeder etwas hatte oder etwas konnte, was für andere interessant war. So tauschte man ein, was fehlte, und spürte die Einschränkungen am Anfang des Krieges noch nicht allzu sehr. Zunächst gab es noch eine gute Portion Fett und Fleisch für jeden, aber bald wurde es weniger. Die Vorräte schmolzen. In der Vieh- und Landwirtschaft wurden die Erträge kleiner, weil die Bauern als Soldaten an der Front kämpfen mußten, statt zu Hause zu ackern. Durch den Bombenkrieg waren viele Fabriken und andere Produktionsstätten zerstört worden. Alle Menschen arbeiteten nur noch für den Krieg, und der war unersättlich. Im letzten Kriegsjahr schließlich war jeder einzelne kleine

Zuteilungspunkt eine Kostbarkeit und ein guter neuer Kleiderstoff geradezu ein Schatz.
Solch einen Schatz hatte Mutter mit auf die Flucht genommen. Und aus ihm sollte etwas werden! Nicht irgend etwas Beliebiges, sondern ein besonderes, ein wichtiges Kleid sollte aus ihm genäht werden. Wofür sonst hätte sich das Opfer der familiären Kleiderpunkte gelohnt! Anna würde in der Fremde konfirmiert werden, das war schwer genug, aber die Form, das Gewand, sie sollten wenigstens stimmen. So gehörte es sich.
Der Stoff war da. Nun fehlte die Schneiderin. Wo gab es eine, eine würdige für diesen Schatz von einem Stoff? In der Stadt, in Stavenhagen natürlich!
So wurde denn Anfang März die große Kutsche doch noch einmal angespannt, damit Tante Lucie, Mutter und ich zur Schneiderin nach Stavenhagen fahren konnten. Es war ein großes Ereignis. Meine übermäßige Vorfreude war allerdings etwas gedämpft, seit Onkel Adolf mich nach dem Mittagessen des großen Tages beiseite genommen hatte, um mich vor der Schneiderin zu warnen.
»Paß bloß auf, daß sie die Ärmel nicht vertauscht, daß sie dir nicht den linken an die rechte Seite näht und umgekehrt! Die kriegt das fertig! Und dann siehst du aus wie falsch eingeschraubt.« Er schüttelte sich vor Lachen, bis Tante Lucie sich einmischte: »Nu mach doch dem Kind keine Angst, Adsche!«
Angst war es nicht, was mir von Adsches Einflüsterungen blieb, nur die Ahnung, daß die herrlichsten Erwartungen durchaus enttäuscht werden könnten, daß eben gar nichts sicher war.

Auf der Fahrt im offenen Wagen vergingen die ›Ahnungen‹. Kutscher Rohde saß gerade und vornehm vor uns auf dem Bock, die Pferde freuten sich über die Bewegung, und Wald und Felder – mochten sie auch immer noch grau und winterlich scheinen –, sie hatten sich doch verändert. Die Chausseebäume sahen nicht mehr so steif, so ›gegen den Himmel gestrichelt‹ aus, wie eben noch. Sie standen ein bißchen aufrechter, biegsamer und lebendiger am Weg als vorgestern.

»Bäume ahnen das Frühjahr, lange ehe es kommt«, hatte Nonno oft gesagt, wenn wir früher durch die winterliche ›Waldkatze‹ spaziert waren. »Du siehst es genau, wenn du ein Auge dafür hast.«

Auf und ab, in weiten, ruhigen Schwüngen, zog das schöne Mecklenburger Land neben der Chaussee her. Die Augen gingen gerne mit über die bestellten Felder, über das kleine, dazwischengestreute Gebüsch und den großen Wald. Nach Stavenhagen hin lagen das ›Stadtholz‹ und der ›Tiergarten‹ vor uns, und schon von weither konnten wir den Kirchturm und den mächtigen Schornstein der Zuckerfabrik sehen, wo Nane mit den andern ›Tüddelfritzen‹ unterrichtet wurde.

Als Kutscher Rohde links abfuhr, waren wir schnell in der Stadt. Am kleinen Teich vorbei bog sich die Straße im Halbkreis zum Markt hin; und dort, vor dem Hotel ›Kutzbach‹, stiegen wir aus. »Laßt uns schnell noch, solange es hell ist, dem alten Fritz Reuter unsre Reverenz erweisen«, sagte Tante Lucie. »Schließlich will dein Vater dir demnächst ›Ut mine Stromtid‹ vorlesen, wie ich gehört habe. Ich bin ja mal gespannt, wieviel du davon wohl verstehen wirst!«

Immer hatte ich das Gefühl, Tante Lucie würde kleine, feine Pfeile auf mich abschießen. Es brachte mich augenblicklich in Rage.
»Was mein Vater vorliest«, sagte ich darum ziemlich schnippisch, »kann ich immer verstehen.«
Mutter zog mich energisch am Arm, aber Tante Lucie lachte gut gelaunt: »Laß nur Johanna, sie vergöttert ihn eben. Das ist so Backfischart.« Und ich fühlte mich schon wieder gepiekt!
Das Rathaus, zugleich Wohn- und Amtshaus des Bürgermeisters in früheren Zeiten, nahm eine ganze Marktseite ein. In diesem Haus war vor 135 Jahren Fritz Reuter geboren worden. Das Denkmal dicht davor gefiel mir weniger. Der bronzene Dichter war so hoch gehoben, so unnahbar. Er sah nicht aus wie ein ›Stromer‹. Als ich mich auf die steinerne Bank neben dem Denkmal setzte, sah ich den Krieg. Die gegenüberliegende Seite des Marktplatzes war von Bomben getroffen worden, die Häuser halb oder ganz ausgebrannt, niemand konnte mehr dort wohnen.
Der Weg zur Schneiderin führte durch eine enge Straße zu einem nicht besonders hübschen, mehrstöckigen Haus. Wir stiegen eine schmale Treppe hinauf in den ersten Stock und klingelten. Ein älteres, dünnes Fräulein öffnete und führte uns in das ungeheizte Wohnzimmer. Wir setzten uns, immer noch im Mantel, um den rechteckigen Tisch, während die Schneiderin die gestickte Decke mit einem Schwung von der Tischplatte zog. Das kostbare Stoffpaket lag in unsrer Mitte wie ein Patient auf dem Operationstisch. Ich dachte an die vertauschten Ärmel. Ob man ihr trauen konnte? Sie stand nun an der einen Schmalseite und beugte sich schwei-

gend über den Stoff, als wäre das ganz allein ihre Sache. Mit ihren kühlen, trocknen Händen schlug sie den feinen dunkelblauen Wollcrêpe auf, so daß sie Länge und Breite erkennen und auch beide Seiten gründlich betrachten konnte. Dann raffte sie den Stoff mit schnellen Fingern in enge Falten, ließ ihn wieder aufspringen und strich lange, in Gedanken versunken, darüber hin, bis er als eine glatte dunkelblaue Fläche zwischen uns lag. Ob vor ihren Augen schon das Bild des fertigen Kleides entstand? Wir saßen geduldig, bis sie sich schwungvoll umwandte und ein abgegriffenes Modenheft heranzog. Beim Durchblättern, auf der Suche nach einem bestimmten Modell, leckte sie, um schneller voranzukommen, jedesmal den Mittelfinger an, und jedesmal, wenn sie eine Seite weiterschob, blieb ein nasser, runder Fleck auf dem alten Papier zurück. Ich blinzelte Mutter zu, denn ›Anlecken‹ war bei uns immer streng verpönt gewesen. Aber die schien gar nichts zu merken, sondern vertiefte sich umständlich in zahllose Einzelheiten des Bildes, bei dem der nasse Finger schließlich angehalten hatte.

»Wenn es dir auch gefällt«, sagte Mutter, nachdem auch Tante Lucie zustimmend genickt hatte, »könnten wir das da wohl nehmen.«

So etwas wie ›das da‹ hatte ich noch nie getragen! Ein gerade geschnittenes, langes Oberteil fiel über einen engen Rock, und überall, oben und unten, waren schmale Biesen abgesteppt. Ich schaute ratlos auf die Zeichnung der eleganten Dame mit der blonden, hochgekämmten Frisur, die bestimmt zwanzig Jahre älter war als ich und so hochhackige Schuhe trug, daß

ich sofort protestierte. Wollte Mutter wirklich, daß ich so in die Kirche ginge! »Also lassen wir mal die Frisur und die Schuhe beiseite«, sagte Mutter. »Dies ist jedenfalls ein einfaches, feines Kleid, daß du nicht nur zur Konfirmation, sondern auch später noch zu vielen andern Gelegenheiten tragen könntest. Und es wird dir gut stehn, da bin ich mir sicher!«
Ob sie wirklich geglaubt hat, daß ich ›lange‹ etwas von diesem Gewand haben würde, daß sich viele andere ›Gelegenheiten‹ noch bieten würden? Oder war es wieder nur so eine Maßnahme, den alltäglichen Schein aufrechtzuhalten? Alle drei Frauen waren jedenfalls einer Meinung, und das entschied die Sache am Ende. Das Biesenkleid sollte es werden!
Und es wurde, gegen meine Erwartung, nicht nur ein schönes und feines Kleid, das mir tatsächlich ganz gut stand, sondern auch ein ›einmaliges‹ Gewand im wahrsten Sinn des Wortes, denn es wurde nur ein einziges Mal getragen, nur zur Konfirmation in der Borgfelder Kirche am 29. März 1945 und dann nie mehr. Dann verschwand es für alle Zeiten mit dem Koffer, den wir, kurz bevor die Russen ins Dorf kamen, hinterm Hühnerstall vergraben hatten.

Zolkendorf gehörte zum Kirchspiel Borgfeld, das ungefähr vier Kilometer entfernt nach Osten lag, wenn man den Feld- und Wiesenweg nahm. Einmal in der Woche wanderte ich mit den andern Zolkendorfer Konfirmanden zum Unterricht. Gleich rechts vom Hof weg gingen wir an der Schmiede vorbei, wo Erdmann Block arbeitete, über eine Kuhweide und zwischen Feldern hinunter zum Tüzer See. Wir wan-

derten an seinem hochgelegenen Ufer entlang, bis wir die breite Fahrstraße erreichten und endlich das Pfarrhaus, das neben der Kirche am Rande des Dorfes unter hohen Bäumen stand.
Natürlich konnte der alte Borgfelder Pastor mir gar nichts recht machen. ›Mein einziger und richtiger Pastor‹ war ja in Stolp geblieben. Wer wußte, ob er noch lebte! Er hatte sich den Nazis verdächtig gemacht und war im Gefängnis gewesen. Wer wußte, was die Russen ihm antun würden! Ich verehrte ihn. Er war mein Held.
In dem kleinen Mecklenburger Dorf aber war alles seinen ruhigen Gang gegangen. Keine Verfolgung drohte dem Pastor, Vernunft und Geduld, nicht Heldentum wurden von ihm verlangt. Ich war zu jung, zu voreingenommen und zu fremd auf dem Lande, um so etwas schon zu schätzen. Also langweilte ich mich oder alberte mit Ilse Bobzin herum, die, rund und lustig und zu jedem Unsinn aufgelegt, an meiner Seite saß.
Einmal allerdings war der geruhsame Unterrichtsfluß doch ins Strudeln und Schäumen geraten. Ja, es hätte beinah einen richtigen Aufruhr im Borgfelder Pastorhaus gegeben. Und das kam so: Gerade war die Geschichte vom ›Barmherzigen Samariter‹ aus Lukas 10 dran gewesen und von allen Konfirmanden ohne besondere Zustimmung oder Ablehnung zur Kenntnis genommen worden. Der Pastor hatte wie immer auf die Wirkung des Textes selbst gesetzt und allzu tiefschürfende Deutungen von vornherein abgeschnitten. Er mochte das Moralisieren nicht.
Alles schien auf das normale Ende des Unterrichts hinauszulaufen; es sollten nur zum Abschluß noch

die letzten fünf Verse des Kapitels vorgelesen werden.

In diesen Versen ist von zwei Schwestern die Rede, von Maria und Martha. Martha hat Jesus in ihr Haus eingeladen; sie will ihn bewirten und ärgert sich über ihre Schwester Maria, weil diese, statt in der Küche mitzuhelfen, lieber zu Füßen des Meisters sitzt und ihm zuhört.

Niemand in der Runde der Konfirmanden interessierte sich sonderlich für den Konflikt der Schwestern. Die Unterrichtszeit war vorüber, und es lag viel näher, sich zu überlegen, was für Abenteuerchancen der Heimweg bieten könnte. War es nun die Teilnahmslosigkeit seiner Schüler, die den Pastor reizte, oder etwas, das ihm beim Hören durch den Kopf gegangen war. Wie auch immer, es geschah etwas Unerwartetes! Es geschah nämlich, daß er statt des erwarteten Abschiedswortes zu guter Letzt noch eine etwas verfängliche Frage formulierte: Ob man denn nicht, fragte der Pastor, in dieser Auseinandersetzung der Schwestern auch die Position der Martha, die sich über ihre untätige Schwester ärgert, verstehen könnte, obwohl Lukas selber ja wohl eher auf Marias Seite stünde.

Die Mehrzahl der Konfirmanden träumte weiter. Ich nicht! Im Gegenteil! Begeistert ergriff ich die herrliche Gelegenheit, denn zu diesem Thema hatte ich – besonders nach meiner mißglückten Küchenzeit bei Tante Lucie – viel zu sagen.

Natürlich gab es nach meiner Auffassung aber auch gar keinen Pluspunkt für Martha. Martha tat das Falsche und forderte das Falsche! Sie hatte überhaupt die falsche Einstellung; denn in der Küche gab es nichts zu erkennen und gar nichts zu begreifen! Küche, die konnte immer noch kommen, aber lange nach den Büchern und den Reden.

Meine Emphase hatte zwei oder drei in der Runde munter gemacht und sie sofort zu ganz anderen Auffassungen gelangen lassen. Ein Mädchen, das seiner Mutter in der Küche und im Stall mehr als die andern helfen mußte, reckte sich empört und erklärte: So könnte nur jemand reden, der aus der Stadt käme und keine Ahnung hätte! Und wenn Gäste eingeladen wären, dann sei ja noch viel mehr zu tun.

»Aber darum geht es doch gar nicht!« Das beleidigte Flüchtlingsmädchen aus der Stadt war dabei, sich schrecklich aufzuregen. Der Pastor sah es und versuchte einzulenken. Umsonst!

Was denn das mit Stadt oder Land zu tun hätte, rief ich, hier ginge es doch bloß darum, ob die Frauen immer in die Küche müßten, ganz egal, was im Wohnzimmer geredet würde! Überhaupt seien die Frauen – vor meinem geistigen Auge war gerade Tante Lucies Gestalt erschienen –, überhaupt seien die Frauen die schlimmsten, sich gegenseitig zur Sklaverei zu verdonnern!

Den andern verschlug es die Sprache und dem Pastor auch. Nur Päuling, der eine kleine Vorliebe für das Stadtmädchen hatte und dazu ein sanftes Temperament, fragte nachdenklich, ob denn die Männer, also in diesem Fall die Jünger, nicht auch ein bißchen hätten mithelfen können. Dann wäre doch Martha schneller mit der Arbeit fertig gewesen, und alle zusammen hätten wieder bei Jesus sitzen können.

Ein schöner Versuch. Aber leider war nur Öl ins Feuer geflossen, denn nun fühlte sich meine ge-

mütliche Freundin Ilse wirklich auf den Fuß getreten.
»Du leiwer Gott! Wat du wol dorvon versteist, Päuling!« schrie sie aufgebracht. »Dat lat man die Frugens entscheiden, wat in de Kök passiert! Min Mudding secht ümmer: ›Manslüt rut ut de Kök! Manslüt in de Stuw! Anners sünd wi nächst Johr noch an't Wirtschaften.‹
Alles, was Ilse von ihrer lebensklugen Mutter zu diesem Thema gehört hatte, wurde nachdrücklich und genau bekannt gemacht. Parteien bildeten sich, mindestens drei verschiedene Parteien, die sich gegenseitig nicht zu Wort kommen ließen. Vernunft war schon lange nicht mehr im Spiel und das Evangelium auch nicht. Nicht auszudenken, was aus all dem noch hätte werden können, wenn nicht die Frau Pastor plötzlich unter der Tür erschienen wäre und durchdringend mitgeteilt hätte, daß draußen ein Fuhrwerk warte und die Zolkendorfer mitnehmen wolle.
Da saßen wir etwas ernüchtert auf dem Wagen, und der Fahrtwind kühlte die Backen und zerstreute die Argumente. Nur einmal noch, als die Pferde etwas bergan mußten und das Schütteln und Rütteln langsamer und leiser wurde, ergriff Ilse das Wort:
»Wat möt, dat möt!« sagte sie mit Nachdruck und sah mich voller Entschlossenheit an.

Am Gründonnerstag, am 29. März 1945, wurde ich konfirmiert.
Oft hatte ich mir in Stolp ausgemalt, wie das sein würde. Wie wir von der Hospitalstraße zu Fuß durchs Neue Tor zur Marienkirche gehen würden:

Mutter, Vater, die Geschwister und ich. Oma und Nonno und viele andere Verwandte würden schon in der Kirche auf uns warten und zuletzt, wenn die Orgel anfing zu spielen, würde Pastor Spittel uns Konfirmanden in die Kirche führen und eine wunderbare, unvergeßliche Predigt halten.

Nichts anderes hatte ich erwartet, als daß auch ich in der Kirche, in der schon Urgroßeltern, Großeltern, Vater und Mutter getauft, konfirmiert und getraut worden waren, im Frühjahr des Jahres 1945 eingesegnet werden würde. Und niemals hätte ich mir träumen lassen können, daß es so sein würde, wie es dann wirklich war.

Wir gingen nicht zu Fuß. Wir fuhren in einer Kutsche zur Kirche. An einem hellen, blanken Märzmorgen fuhren wir wahrhaftig in einer Kutsche, vor die zwei schwarze Trakehnerhengste aus dem ostpreußischen Pferdetreck gespannt waren, über die Zolkendorfer Landwege nach Borgfeld zur Kirche.

»Sie sind lustig über das gute Wetter«, sagte der ostpreußische Kutscher, der die Tiere kaum bändigen konnte. Ich saß im dunkelblauen Biesenkleid neben Mutter und hielt mich krampfhaft am Gesangbuch und dem ererbten Spitzentaschentuch fest, das damals zur selbstverständlichen Ausrüstung einer Konfirmandin gehörte. Als wir dann hinter dem alten Pastor in die Kirche eintraten, erhob sich die Gemeinde von den Plätzen, und die Orgel begann zu spielen. Zur Feier des Tages war der eiserne Ofen vorne links bei den Bänken des Kirchenvorstandes geheizt worden, so daß wir durch die noch winterkalte Kirche immer mehr in die Wärme hineingingen. Unter dem Altarbild stand geschrieben:

›Kommet her zu mir alle, die ihr mühselig und beladen seid.‹ Ich fühlte mich nicht mühselig und beladen, nur sehr verwirrt, weil es doch eigentlich falsch war, daß ich hier in diesem fremden Dorf und nicht in Stolp bei Pastor Spittel eingesegnet wurde. Vielleicht hätte ich mit Nonno, meinem frommen Großvater, darüber sprechen können; aber er war nicht da. Ich wußte nicht einmal, ob er überhaupt noch lebte.

Die Konfirmation begann mit einer Prüfung. Auch die Gemeinde sollte sich überzeugen, daß wir im Konfirmandenunterricht etwas gelernt hatten. Als die Frage an mich kam, was im Ersten Buch Mose erzählt würde, antwortete ich: »Wie Gott die Welt geschöpft hat«, und hörte meine Leute leise lachen.

»Laß die man lachen«, flüsterte neben mir Ilse Bobzin, »nu bin ich dran!« Wir hatten verabredet, daß ich ihr im Notfall vorsagen würde, weil ihr Vadding eine anständige Prüfung seiner Tochter sehen wollte.

Alles ging gut. Der Pastor fragte Ilse nach der Sintflut und nach Noah, und das war eine Geschichte, die ich genau kannte. Nur am Ende gab es wieder was zu lachen für die Gemeinde.

»Warum hat Gott damals«, fragte der Pastor, »zum Zeichen seines Bundes mit den Menschen den Regenbogen gewählt?« Das war eine unerwartete Frage!

Ilse stupste mich an, aber es half nichts, mir fiel absolut keine Antwort ein. Ein Regenbogen war wohl etwas Schönes, und gerade neulich erst hatten wir einen gesehen, der in allen herrlichen sieben Farben weit hinten im Norden aus der Erde gestiegen war, hoch über den großen Himmel seinen Bogen

geschlagen hatte, um im Süden, bei Grischow etwa, wieder zur Erde zurückzukehren; aber das war bestimmt nicht die Erklärung, die der Pastor meinte.
Plötzlich geriet Ilse neben mir in Bewegung:
»Herr Pastor, ich glaube, es ist wegen der Babys!« sagte sie. Der Pastor guckte verdutzt, und in den Gemeindebänken wurde es unruhig.
»Wie meinst du das, Ilse?« fragte er etwas zögernd.
»Über den Regenbogen rutschen doch die kleinen Kinder auf die Erde! Und min Mudding sagt immer: ›Mit so'm Lütten fängt die Welt doch immer wieder von vorne an.‹«
»Lassen wir es mal dabei«, sagte der Pastor schnell. »So kann man es schließlich auch sehen.« Und damit beendete er die Prüfung.
Später, beim Mittagessen im Zolkendorfer Gutshaus, kam Onkel Adolf natürlich auf die Prüfungsereignisse zu sprechen: »Es lebe die deutsche Sprache, die Anna so hervorragend beherrscht!« rief er und hob sein Glas. »Gott hat die Welt also nicht geschaffen – sondern ›geschöpft‹. Wie wahr! Nach der allgemein bekannten Kommißmethode hat er in der Suppe gerührt, um den dicksten Brocken zu fischen. Wißt ihr, wie das geht? Immer rum, immer rum, bis alles gut am Kreisen ist, und dann plötzlich mit einer schnellen Wendung die Kelle in die Gegenrichtung drehen. In der Regel gibt das ein dolles Ergebnis. Aber in diesen berühmten Schöpflöffel, auf den unsre sprachkundige Anna heute angespielt hat, ist ja wohl kein einziges Stück Fleisch, sondern bloß eine alte Kartoffel geraten, wenn man sich so den gegenwärtigen Erdenzustand betrachtet.«

»Nu halt man ein, Adsche!« sagte Tante Lucie lachend. »Heut ist doch Annas Festtag!«
Am Nachmittag kam Ilse vorbei und drückte mir gleich ein Geldstück in die Hand: »Mein Vadding sagt, was Recht ist, muß Recht bleiben. Er schickt dir fünfzig Pfennig, weil du mir so gut vorgesagt hast.«
Wir betrachteten unsre Komfirmationsgeschenke. Ilse bewunderte den Ring, der auf meinem Mittelfinger saß und vor vielen Jahren meiner Großmutter Margarete gehört hatte. Nur fand sie ihre Kette mit dem Kreuz daran doch passender als Perlen und Rubine. »Aber ihr müßt ja nehmen, was ihr habt«, sagte sie und verstummte ratlos.
Alle beide ahnten wir nicht, daß wir unsre Konfirmationsgeschenke gerade sieben Wochen besitzen sollten, gerade so lange, bis die Russen das Dorf plündern würden.

Leutnantsgeschichten

Während die Menschen immer unsicherer, immer ratloser wurden über das, was sie in dieser ›Endzeit‹ zu tun hätten, grünte und wuchs es auf der Erde, daß es nur so eine Pracht war.
»So einen Frühling hatten wir lange nicht«, sagten die Alten. Und das klang beinah wie ein Vorwurf.
Ende März bekam Mutter einen Brief, den sie nicht gleich vorlas, sondern in ihre Schürzentasche steckte.
»Komm, laß uns einen Spaziergang machen«, sagte sie nach dem Mittagessen.
Bei den Korbweiden, wo man einen weiten Blick auf den ›Hügeling‹ hatte, setzten wir uns an den Wegrand. Mutter holte den Brief vom Vormittag aus der Tasche, strich ihn langsam auf ihren Knien glatt und sagte ruhig: »Darin steht, daß Hans Noth bei der Verteidigung von Stolpmünde gefallen ist.«
Irgendwo in der Ferne lärmte ein Trecker, die Sonne schien, die Ameise vor meinem rechten Fuß schleppte ein weißes Etwas über eine tiefe, hartgetrocknete Wegrinne. Es war ein friedlicher Frühlingstag auf dem Lande. Vorhin war es so gewesen und gerade eben noch. Und jetzt?
Es war etwas verborgen gewesen unter all dem! Es war, als hätte Mutter ein Tuch weggezogen, ein

Tuch, das etwas Schreckliches verbarg. Unsichtbar rückte es heran. Zuerst war es nur eine Stimme, dann wurden es Worte, Worte – zuerst wie andere, wie irgendwelche, die man hört, die verschwinden, wenn neue hörbar werden. Aber diese blieben! Sie krochen herum und wiederholten immer nur das eine, wiederholten sich selber, bis sie etwas Fürchterliches, etwas Unerträgliches geworden waren.
»Immer warst du albern und aufsässig, wenn er uns besuchte, aber ich weiß schon ...«
Mutter schwieg und malte mit einem Stöckchen unlesbare Zeichen in den Sand.
Ich legte den Kopf auf die Knie und sah mit geschlossenen Augen weit hinten, in einer andern Zeit und an einem andern Ort, ein Mädchen radeln. Es trug einen roten Rock und eine grüne Strickjacke. Der Rock war aus Fahnentuch genäht. Es war der Sommer 1944. Das Mädchen radelte zum Bahnhof. Auf den freien sonnenhellen Vorplatz trat ein junger Mann in Uniform. Er lachte und winkte dem Mädchen zu.
Ich spürte noch einmal das Herzklopfen, und wie ich, obwohl ich ihn doch ganz genau gesehen hatte, so tat, als hätte ich gar nichts gesehen und, ohne aufzublicken, weitergefahren war, gefahren und gefahren, bis ich mich schließlich auf der Brüskower Chaussee wiedergefunden hatte, wo schon gar keine Häuser mehr standen.
Und dann der Nachmittag, als Mutter eine Art Tanztee veranstaltet hatte!
»Komm, ich zeig dir, wie der Foxtrott geht!« hatte Hans Noth gesagt.
Aber ich! Ich hatte mich geschämt und gesträubt:

»Nein, das kann ich nicht! So ein Blödsinn! Wenn ich doch gar nicht tanzen kann!«
Und hätte es doch so gern getan! Aber es ging nicht! Und so war ich schließlich aus dem Zimmer gerannt, während das grüne Koffergrammophon immer wieder angekurbelt wurde und immer wieder Foxtrott spielte und eine Männerstimme immer wieder sang und fragte: ›Kannst du pfeifen, Johanna?‹
Ein abscheuliches Lied!
»Nein«, schrie ich, als ich meine Zimmertür abgeschlossen hatte, »ich kann nicht pfeifen, und Foxtrott kann ich auch nicht!«
Das war vor einem halben Jahr gewesen.
Wie lange saßen Mutter und ich am Weg! Wie viele Kreise und Striche malten wir in den Sand, weil sich keine Worte finden ließen für den Schmerz über diesen Tod!
»Hast du Hans Noth auch gerngehabt, Mutter?«
»Ja«, sagte sie. »Das ging gar nicht anders.«
Noch stand die Sonne hoch überm Wald, aber ihr Bogen wies schon nach Westen. Und im Osten – da war der Himmel matt und grau. Da kam der Schrecken her. Da war unsre Stadt, waren unser Haus und der Voßberg verloren. Von da rückten die Russen heran und nun der Tod.
»Nimm es zu dem andern, was du von zu Hause bewahrst«, sagte Mutter, malte schnellere Striche in den Sand und strich sie gleich wieder quer durch, immer wieder quer durch, bis ein wirres Muster entstanden war.
»Ach!« sagte sie. »Ach! So ist das!« und schüttelte den Kopf.

Was meinte sie?
Was war so?
Der Trecker lärmte nicht mehr. Die Ameise war aus meinem Blickfeld verschwunden. Nur die Sonne stand immer noch am Himmel.
Plötzlich begann Mutter schnell zu sprechen. Als sei ihr etwas eingefallen, was jetzt unbedingt erzählt werden müßte.
»Ich war auch mal in einen Leutnant verliebt!« sagte sie. »Eigentlich war's beinah gar nichts, eine Jungmädchengeschichte eben. Aber so genau, so ganz deutlich hab' ich das alles noch in Erinnerung, als wär's nicht schon zwanzig Jahre her. Ich war verliebt, ganz von weitem natürlich, ganz heimlich, versteht sich, aber so restlos, wie es wohl nur einmal geht. Und so überzeugt war ich, daß ›er‹ genauso fühlte. Warum bloß! Weil er mich einmal angelacht und mir die Hand geküßt hatte! Weil er erklärt hatte, daß ich doch ja auf dem nächsten Ball einen Tanz für ihn freihalten sollte! Was man sich alles einbildet – mit siebzehn!«
Mutter schwieg und schien einer unhörbaren Stimme zuzuhören, die ihr wohl noch einmal diese Geschichte aus der Vergangenheit erzählte. Dann lachte sie leise und schüttelte sich: »Weißt du, was mir eben klargeworden ist?
Die Hauptperson in meinem damaligen ›Dramolettchen‹ war gar nicht ›mein Leutnant‹, wie ich immer gedacht habe. Nein, die Hauptperson war Tante Hedelchen.«
Ich sah Tante Hedelchen vor mir: klein, beweglich, mit hellen, wachen Augen und dem Muttermal, dem blauroten Blutschwamm, der beinahe die ganze linke Seite ihres Gesichtes überzog.

»Was hat sie für ein Glück gehabt, trotz dieser Entstellung einen Mann zu finden!« sagten die Leute, die sie zum erstenmal sahen. Aber wenn sie Tante Hedelchen erst kennengelernt hatten, wunderten sie sich gar nicht mehr, sondern hielten Onkel Ernst für einen klugen und glücklichen Mann, denn Warmherzigkeit und Humor und die schöne Gabe, verwickelte Geschichte zu entwirren und zu lösen, machten seine Frau sehr anziehend.
Die Geschichte, die meine Mutter aus dem Ärmel zauberte, weil sie an die Heilkraft von Geschichten glaubte, hatte nichts mit meinem Leutnant zu tun. Aber eine gute kleine Geschichte war sie doch:
Johanna, gerade siebzehn Jahre alt, hatte sich also verliebt. Alles, was sie erlebte, hatte nun allein mit ›ihm‹ zu tun. Alles wurde mit ›ihm‹ verglichen und schnitt natürlich schlecht ab. Was waren die andern gegen ›ihn‹!
Ja, natürlich! Der gute Hans B.! Natürlich war es nett von ihm, wie er ihr Komplimente machte! Natürlich war er gut erzogen. Aber mehr war's auch nicht!
Natürlich war ihr geliebter großer Bruder ein guter Reiter. Aber verglichen mit dem Leutnant!
Als der Tag des Logenballes sich näherte, schwebte Johanna auf rosa Wolken. Sie würde ›ihn‹ treffen, und wer wußte, was alles geschehen könnte!
Zum seidenen Charleston-Kleid durfte sie nach vielen – von ihrer Seite sehr listig geführten Verhandlungen – schließlich die berühmte Federboa ihrer Mutter tragen.
Sie gefiel sich! Es würde, es mußte ein herrliches Fest werden!

Aber nein! Es wurde kein herrliches Fest.

›Ihr Leutnant‹ saß weit entfernt an der gegenüberliegenden Seite des Saales und amüsierte sich, ohne auch nur einen Blick in Johannas Richtung zu schicken. Immer wieder beugte er sich zu der Dame an seiner rechten Seite, lachte und gestikulierte und tanzte beinah jeden Tanz mit ihr. Johanna sah sie elegant und scheinbar selbstvergessen über das Parkett gleiten und fühlte sich elend. Mochte Hans B. noch so aufmerksam sein und sie noch so oft zum Tanzen auffordern. Sie hatte Bleifüße und einen steifen Nacken vom Wegschauen, denn immer wieder drehte eine Riesenkraft ihren Kopf zur andern Saalseite. Sie mochte weder sitzen noch tanzen, noch wohlerzogen plaudern, und schließlich war's überhaupt nicht mehr auszuhalten in diesem Trümmerfeld.

Sie fand sich in der dunklen Ecke der Garderobe wieder, legte die Hände vors Gesicht, als die Tränen kamen, fühlte, wie die Boa zwischen ihre nassen Finger geriet, wollte die feuchten Federchen loswerden, aber die legten sich immer wieder an die nasse Haut, bis es Johanna auch egal war und die kostbare Boa immer mehr einer häßlichen Strippe glich.

Es war so, wie es immer zu sein scheint: Die ganze Welt dreht ihre schönen, leichten Kreise in heiterer Selbstzufriedenheit. Nur an einer einzigen Stelle, da ist es schwarz und stumm. Und mitten in der stummen Dunkelheit steht einer ganz allein.

Aber ehe Johanna noch den Abgrund restlos ausgemessen hatte, hörte sie einen schnellen Schritt, ein Taftrock raschelte. Kein Zweifel – auch der Laven-

delduft verriet es –, Tante Hedelchen stand neben ihr.
»Es ist unpassend, mein Kind«, sagte eine feste Stimme, »sich in eine Boa zu schnäuzen.«
›Schnäuzen!‹ Es war doch typisch, daß Tante Hede sich so süddeutsch ausdrückte und so gefühllos!
»Ich schnäuze mich, wohin ich will«, rief die Traurige erbost und nahm die Hände vom Gesicht, um wenigstens einem Menschen ihr ganzes Elend zu zeigen. Da sah sie die nasse traurige Boa zwischen ihren Fingern kleben und sah auch zwei helle, wache Augen aus einem seltsam zweigeteilten Gesicht zu ihr hochgucken.
»Laß uns zusammen gute Miene zum bösen Spiel machen«, sagte das liebe, entstellte Gesicht aus Blaurot und Rosa.
»Wir kriegen das hin! Das wäre doch gelacht!«
Als sie wieder in den Saal getreten waren, hatte Johanna an sich heruntergeschaut: »Ich hab' ja die Boa verloren!«
»Morgen kriegst du sie wieder«, hatte Tante Hedelchen ruhig bemerkt und ihre prall gewölbte Abendtasche neben ihrem Stuhl verstaut.

»Siehst du!« sagte Mutter. »So war das! Das war mein Leutnant. Und das war Tante Hedelchen.«
Sie warf das Stöckchen ins Feld und stand auf.
Wir gingen dicht nebeneinander zum Dorf zurück.

Prophezeiungen

Die Zeit lief aus dem Ruder. Wie ein Schiff, das den Wind nicht mehr fassen kann, weil er zu hoch oder zu tief weht, dümpelte sie scheinbar richtungslos auf der Stelle. Aber im wirren, ziellosen Auf und Ab ›der letzten Tage‹ wußte man doch: Ein schwerer Wind würde kommen. Sturm würde heranfegen. Und ob wir uns halten könnten, was mit uns geschehen würde – das lag im dunkeln. Die Zeit ging aus den Fugen. Aber immer noch wurde die alltägliche Ordnung der Dinge eingehalten. Was die Menschen in ihrem Innern fühlten und dachten, hielten sie sorgfältig verdeckt, wußten es vielleicht selbst nicht einmal. Nur diese eine Empfindung lag über allen, daß etwas Unvorstellbares, etwas furchtbar Fremdes näher und näher rückte. Nichts hatte man dem entgegenzusetzen als den Schein der Normalität.
Später erst, als wir zurücksahen, ließ sich erkennen, wie unaufhaltsam die alte Ordnung des Lebens in den letzten Wochen des April 1945 – schon vor dem Erscheinen der Russen – ungültig geworden war. Immer dünner wurde das Band, das die einzelnen Tage zusammenhielt. Was heute noch galt, konnte morgen schon sinnlos sein. Jeder Tag wurde immer

mehr ein einzelner, einer ganz für sich, als wäre man auf einer Expedition durch unbekanntes Land. Jeder dieser letzten Tage hatte sein eigenes Gesicht, seine eigenen Gefahren und Ängste. Umkehren oder Anhalten konnte so lebensgefährlich sein wie Weitergehen. Das Ende des Weges verbarg sich uneinsehbar hinter einer scharfen Kehre.

Auf die Gegenwart des alltäglich Vertrauten durfte man nicht mehr setzen: Würden morgen zehn oder zwanzig oder dreißig Menschen Mittagessen brauchen? Würden die Betten, die heute nicht ausreichten, morgen wieder leer stehen? Würden die Gespanne noch zur Arbeit auf die Felder fahren, oder würden sie vom zurückflutenden Militär gebraucht werden? In der Stadt waren die Läden ausgeräumt, Schulen und Ämter geschlossen. Chausseen und Landstraßen quollen über von den Fuhrwerken der großen Trecks.

»Betet, daß der Ami eher bei euch ist als der Russe!« sagten die Vorüberziehenden. Aber die Ahnung, es würden die Russen und nicht die Amerikaner unser Dorf zuerst erreichen, wurde immer unwiderlegbarer. Nirgendwo war mehr eine wahre Beschreibung der Lage zu haben, überall Vernebelung und Lüge. Man hörte die Radionachrichten mit Mißtrauen, weil sie offensichtlich das Wichtigste verschwiegen, man versuchte die Zeitungsmeldungen zwischen den Zeilen zu lesen, aber das führte nicht weit.

Es gab keine Instanz mehr, an die man sich wenden konnte, niemand war mehr zuständig für das, was geschah. Jeder mußte nun für sich allein entscheiden und allein handeln.

Ein Zug mit siebenhundert russischen Gefangenen kam durch das Dorf, begleitet von sechzig Wachsoldaten und zwei Offizieren.
»Was soll das für einen Sinn haben, die Gefangenen jetzt noch an einen anderen Platz zu bringen?« fragte jemand. Ich sah, wie einer der beiden Offiziere den Kopf hoch warf und den Frager kühl zurechtwies: »Überlegen Sie, in welche Himmelsrichtung der Zug sich bewegt!« sagte er. »Da liegt der Sinn.«
Alle, die auf dem Gutshof anhielten, wollten weiter, hatten nur eine Richtung: Alle wollten weiter nach Westen.
»Nur nicht unter die Russen geraten, wenn der Krieg zu Ende geht!« sagten sie. »Das wäre das schlimmste Ende.«
Nur einmal, spät im April, kamen zwei, die wollten nach Osten: Susi, das Arbeitsdienstmädchen, und der alte Herr Drews. Die beiden hatten sich zusammengefunden und auf den Weg gemacht, um ihre Familien in Pommern zu suchen. Das Arbeitsdienstlager war aufgelöst worden, der alte Mann wollte weg aus seiner einsamen Wohnung. Mit aller Macht zog es sie in dieser ›Endzeit‹ zu Eltern und Kindern, zu den Nächsten eben, von denen sie nichts mehr wußten, seit Hinterpommern unter russischer Besatzung lag. Sie fragten nicht, ob ein Sinn, ob Vernunft darin läge – sie wollten es einfach.
In Mecklenburg, noch 250 Kilometer von zu Hause entfernt, trafen Susi und der alte Herr Drews zusammen; eine lose Verwandtschaft mit den Inspektorsleuten hatte sie nach Zolkendorf geführt.
Es sollte ihre letzte Etappe auf dem Weg nach Hinterpommern sein.

Nun aber wurden sie energisch zurückgehalten: »Das ist Träumerei, ist Verblendung! Wer irgend etwas Menschliches von den Russen erwartet, sollte sich lieber gleich aufhängen! Bleibt hier, wartet hier auf Nachricht von euren Verwandten! Besser wäret ihr überhaupt im Westen geblieben! Vielleicht suchen sie euch dort längst!«
Diese Rede klang vernünftig, aber die beiden waren einem andern Stern gefolgt und wollten sich nicht überreden lassen.
»Warum sollten die Russen uns nicht durchlassen! Unbewaffnete Menschen, die ihre Angehörigen suchen?«
»Weil eure Logik nicht mehr gilt. Es ist Krieg – unmenschlicher Krieg! Laßt euch erzählen, wie's in Ostpreußen zugegangen ist. In Pommern wird's nicht anders gewesen sein. Hört auf, euch Illusionen zu machen!«
Die beiden – auch wenn sie sich schließlich festhalten ließen – glaubten den Unglücksspropheten nicht wirklich. Immer war es, als zöge etwas an ihnen, als zöge ein Magnet sie zurück nach Osten. Und so machten sie sich später, als die Russen Mecklenburg schon seit Wochen besetzt hatten, dann doch noch auf den Weg nach Hinterpommern. Und sie schafften es! Sie kamen bis nach Stolp. Dort herrschten Gewalt und Not – und die Seuche. Der alte Mann und die junge Susi starben zu Hause nach wenigen Wochen an der Cholera.
Obwohl nun die Front, und das war die russische Front, immer näher heranrückte, hielt Mutter an ihrem Entschluß fest, nicht weiter nach Westen zu flüchten.

»Viele Gründe sprachen für's Bleiben«, sagte sie später. »Andere sprachen dagegen, aber eigentlich habe ich instinktiv gehandelt. Natürlich wollte ich auch, wenn das Chaos losbräche, mit euch an einem Platz sein, den Vater kannte. Aber mehr noch handelte ich aus Instinkt, und ich bin fest überzeugt, daß er mich richtig geführt hat. Und dann war da bis zum Schluß diese absurde Hoffnung, es könnte im letzten Moment etwas geschehen, irgend etwas, das die Russen aufhielt. Es war töricht, wenn man's heute ansieht. Aber es war so.«
Auch alle andern, die im Inspektorhaus zu der Zeit wohnten, blieben an ihrem Platz! Auch die Ivenakker, auch der Graf und die Gräfin blieben.
Abends, am 19. April 1945, tönte Onkel Adolfs mächtige Stimme durchs Haus: »Laßt alles stehn und liegen!« rief er. »Kommt schnell, jetzt redet Goebbels zu Hitlers Geburtstag! Vielleicht hören wir etwas Genaueres über unsere Lage. Er ist schließlich der zweitwichtigste Mann in Berlin.«
Die Stimme des Reichspropagandaministers klang bewegt und einschmeichelnd ins Zolkendorfer Wohnzimmer. Fast genüßlich malte sie ein riesiges Schreckensbild vor unsre Augen: unvorstellbar finstere, teuflische Kräfte, stupider Zerstörungswahnsinn und eine diabolische Vernichtungswut, hinter der schon das Chaos lauere, würden Europa bedrohen, sagte die Stimme. Und Europa wäre längst schon dem Abgrund verfallen, wenn nicht einer, der Inbegriff aller Tugenden, Widerstand geleistet hätte. Und dieser eine, das sei ›der Führer‹! Konnte auch nur ein Deutscher daran denken, ihn zu verlassen! Wer wollte es wagen, uns einen solchen Verrat zuzumuten!

Unter der betäubend samtigen Stimme zerflatterte meine Aufmerksamkeit, halb dösend, halb wachend malte ich mir aus, wie es sein würde, wenn ›die Wunderwaffe‹ plötzlich wie ein Blitz vom Himmel führe. Oft genug hatte ich Andeutungen gehört: Nicht weit von uns, irgendwo an der Ostsee, sollte es ein verstecktes Laboratorium geben, wo die besten Wissenschaftler an der Arbeit wären. Es käme nur darauf an, hatte einer gesagt, daß der Krieg noch lange genug dauerte, damit die Geheimwaffe fertig werden könnte. Irgendein Licht mußte den Erfindern noch aufgehen. Aber dann! Dann würde eine Rakete nach Osten, eine nach Westen und eine nach Norden abgeschossen, und mit drei Schlägen wäre alles getan! Wir wären die Sieger! Die Fanfaren würden den ganzen Tag aus dem Radio tönen, alles wäre wieder gut und wir wieder zu Hause in Stolp.

Ich kannte ja solche Geschichten, die gegen alle Wahrscheinlichkeit eine herrliche Wendung genommen hatten: So war es bei David und Goliath gewesen und so bei Odysseus. Warum sollte es nicht auch in unsrer Geschichte so gehen!

Mit der Stille, die plötzlich um mich war, kehrten meine Gedanken in die Wirklichkeit zurück. Niemand sprach, aber die Gesichter der Erwachsenen sahen grau und angestrengt aus.

»Was hat er gesagt? Hat er noch was Schreckliches gesagt?«

»Nein!« sagte Mutter. »Er hat uns nur den Sieg versprochen. Er hat gesagt: Niemals wird einer behaupten können, daß das Volk seinen Führer oder daß der Führer sein Volk verließ. Das aber ist der Sieg! Das ist der Sieg! Nicht wahr, Lucie, so hat er's doch erklärt?«

Mutter zog mich aus dem Zimmer. »Komm, du kannst mir helfen, ein paar wichtige Sachen zusammenzupacken.«

Noch in derselben Nacht hob Onkel Adolf zusammen mit einem vertrauenswürdigen Mann aus dem Dorf eine tiefe Grube unter dem Mistbeet in Tante Lucies Gemüsegarten aus. Ein Koffer und zwei Riesenmilchkannen, wie sie jeden Morgen in die Molkerei geschickt wurden, versanken, vollgepackt mit Wäsche, Schmuck und Silbergerät, in der Tiefe. Am Morgen säte Tante Lucie noch einmal Salat in die gute, lockere Mistbeeterde und deckte die Glasfenster darüber.

»Ich prophezeie euch, daß sie dieses Versteck nicht finden werden!« sagte Onkel Adolf, als er in der Mittagssonne vor dem leichtgeöffneten Mistbeetfenster stand.

Er sollte recht behalten. Und auch eine zweite Prophezeiung sollte sich erfüllen: Einer der beiden Offiziere, die vor wenigen Tagen mit den Gefangenen auf dem Gutshof gewesen waren, hatte sie ausgesprochen, als wir wieder einmal über die Entwicklung der Dinge gerätselt hatten. »Wenn eines Tages eine Nachrichteneinheit im Gutshaus auftaucht«, hatte der Offizier gesagt, »dann ist das Ende nahe. Nachrichtenleute sind gewöhnlich die letzten Soldaten der zurückweichenden Front. Das ist eine alte Kommißregel.«

Am Mittwoch, den 25. April 1945, waren sie da, die Funker und Nachrichtenleute. Sie kamen mit mehreren Autos und technischen Geräten. Einer der Offiziere hatte seine Familie, seine Frau und zwei Kinder, in einem der Lastwagen mitgebracht. Darauf hatte eben noch Todesstrafe gestanden, vielleicht galt sie irgendwo immer noch, aber nicht in Zolkendorf an diesem Mittwoch. Die letzte deutsche Einquartierung war im Gutshaus angekommen. Am nächsten, spätestens am übernächsten Tag würden sie wieder fort sein.
Für den Abend hatte Tante Lucie den Major mit seiner Familie, den Hauptmann und den Leutnant zu Tisch gebeten. Sie waren Fremde, unerwartete und ungeladene Fremde, die der Krieg in das kleine Dorf geführt hatte, aber sie würden die letzten Gäste dieses Hauses sein. Der Tisch wurde genauso prächtig gedeckt wie bei meiner Konfirmation. Zum letzten Mal beleuchteten Kerzen eine weiß-damastene Tafel und eine festlich gekleidete Gesellschaft. Zum letzten Mal trug ich das karierte Taftkleid, mit Dekolleté und Wespentaille, das einmal meiner jungen Großmutter gehört hatte und so wunderbar raschelte. Mein Tischherr, der Leutnant, küßte mir die Hand und sagte: »Enchanté, Mademoiselle!« Ich errötete, geriet in höchste Verwirrung und konnte keinen vollständigen Satz mehr herausbringen, worauf der Leutnant sich bald der Haustochter zu seiner Linken zuwandte, die längst kein so schönes, raschelndes Kleid trug.
Wir saßen, tafelten und plauderten, als wäre dies ein Fest wie viele andere, die früher an diesem Tisch gefeiert worden waren. Erst als Onkel Adolf einen

Toast ›Auf die Erinnerung!‹ ausbrachte, ›Auf das Haus, aus dem uns niemand vertreiben kann!‹ wurde es stiller in der Runde. Mutter hörte ihrem Tischnachbarn überhaupt nicht mehr zu, saß einfach da, guckte geradeaus und sagte: »So ist das!« Und das war wie eine Entdeckung und ein Hinnehmen zugleich.

Aber dann hob der Major, der so gerne Komplimente machte, sein Glas. Er trank ›Auf die Jugend und das nächste Fest, das wir feiern werden!‹, und alle lachten erleichtert und redeten laut durcheinander.

Es gefiel mir nicht mehr, bei den Erwachsenen zu sitzen. Es kam mir vor, als redeten sie lauter falsche Sachen. Ich hatte keine Vision, kein Bild von dem, wie es in diesem freundlichen Zimmer nur drei Tage später aussehen würde: alles zerschlagen und verwüstet, die Menschen versprengt und ohnmächtig. Nichts davon konnte ich sehen. Und doch war es mir, als schaute ich einem Theaterstück zu, das die Großen sich selber vorspielten. Es war mir unbehaglich. Ich gab meiner Schwester ein geheimes Zeichen, und als die Haustochter in die Küche geschickt wurde, um irgend etwas zu holen, liefen wir mit aus dem stickigen Zimmer und gleich weiter durch die Diele auf den Hof. Da war es kühl unter einem sternklaren Himmel. Weiter hinten an der Mauer zur Dorfstraße standen die Autos der Funker; dort feierten die Mannschaften. Vom Pferdestall tönten ab und zu dumpfe Schläge herüber, wenn ein unruhiges Pferd mit dem Huf gegen die hölzerne Buchtwand trat.

»Ich glaube, wir werden bald in den Wald gehen«, sagte Nanes Stimme neben mir.

»Hast du Angst?«
»Ich weiß nicht ...«
Wir standen lange nebeneinander und lauschten auf die Stimmen von Menschen und Tieren, bis wir in unsern feinen, dünnen Kleidern froren und zu den andern zurückgingen.

Morgen kommen sie!

Am folgenden Tag revanchierten sich die Soldaten ihrerseits mit einer ganz besonderen Einladung: Sie wollten uns einen Film zeigen!
Es sollte wahrhaftig in der Scheune neben dem Schafstall ein Spielfilm vorgeführt werden! Eine Privatvorstellung nur für uns, für die zehn oder zwanzig Menschen im Gutshaus! Es war unglaublich!
Obwohl Nane und ich beschlossen hatten, der Vorfreude nicht zu früh zu trauen, rannten wir immer mal wieder raus auf den Hof, um zu gucken, ob zwischen den Funkerwagen und dem Schafstall schon irgend etwas im Gange wäre.
Seit Monaten waren wir nicht mehr im Kino gewesen, und überhaupt hatte Mutter es selten genug erlaubt. Ob sie nun gerade eine ansteckende Krankheit fürchtete, die sich nach ihrer Vorstellung in Kinos besonders leicht versteckte und auf ihre Kinder übersprang oder ob der Film einfach ›gar nichts für Kinder‹ war. Sie hatte meistens einen Grund gefunden, Nane und mich von den Stolper ›Kammerspielen‹ fernzuhalten.
An diesem 26. April 1945 galten die gewöhnlichen Bedenken nicht mehr. Keine Frage, wir würden in der Scheune dabei sein!

Als das Tageslicht abnahm, begannen die Soldaten endlich mit den Vorbereitungen. Sie bauten ein Gestell aus Leitern und Holzbrettern für den Vorführapparat und spannten gegenüber zwischen den Stützbalken der Scheune ein Bettlaken aus, das Tante Lucie gestiftet hatte. Dann wurden in grauen Blechkästen die Filmrollen hereingetragen, schwarze Kabel liefen über den Scheunenboden hinaus auf den Hof zu irgendeiner Stromquelle.
Während für die Erwachsenen eine Holzbank hereingetragen wurde, saßen Nane und ich längst im Stroh und ließen keinen Blick von Tante Lucies Bettlaken. Irgendwo in der Dunkelheit hinter uns surrte der Vorführapparat. Rätselhafte Lichtstreifen flackerten über die weiße Fläche, und dann, wie von Geisterhand geschrieben, wurde der Filmtitel sichtbar: ›*Der Majoratsherr*‹.
Musik war zu hören, und schon erschienen Willy Birgel, Viktoria von Ballasko, Anneliese Uhlig und wer sonst noch alles, um in schönen Kleidern und schönen Räumen eine rührende Geschichte zu beginnen.
Irgendwo draußen, gar nicht mehr weit entfernt, bewegte sich die russische Front auf unser Dorf zu; wir aber saßen in der Scheune und schauten gebannt auf Tante Lucies verzaubertes Bettlaken. Manchmal, wenn die Gefühlsausbrüche zu stark wurden, rief Onkel Adolf »Na, na!« dazwischen. Und die Schauspieler schienen das zu beachten und faßten sich wieder.
Krieg und Flucht und was sonst noch bedrückende Gegenwart war, es war entschwebt, es hatte sich in nichts aufgelöst. Nur diese Geschichte war da, diese

kitschige, gut gespielte Geschichte, die mir zeigte, wie das Leben eigentlich sei, wie es eigentlich sein müßte. Und ich glaubte ihr!

›Der Majoratsherr‹ Willy Birgel hatte, noch ehe der Film begann, durch einen Unfall seine schöne Verlobte verloren. Man konnte den Andeutungen einer Tante entnehmen, daß die ehemalige Verlobte vielleicht ein wenig zu selbständig gewesen war, vielleicht sogar etwas leichtsinnig. Aber egoistisch – wie manche kleinlichen Geister ihr vorwarfen – war sie jedenfalls höchstens aus einem überschäumenden Temperament gewesen. Kurz und gut: Die schöne Verlobte war bei einem wilden Ritt, den sie trotz der Warnungen des Majoratsherrn gewagt hatte, vom Pferd gestürzt, war tot und hatte ihren Bräutigam mit dem Problem zurückgelassen, wie er, ohne verheiratet zu sein, seinen Besitz behalten könnte; denn das Gesetz verlangte einen verheirateten Majoratsherrn. In dieser traurigen Lage hatte er sich von seinem Arztfreund überreden lassen, eine schwerkranke und natürlich ungeliebte Dame zu ehelichen, deren Tod in Kürze zu erwarten war. Alles sah recht finster aus, aber nun geschah das Wunder.

Der Zustand der armen Dame besserte sich plötzlich, der Arztfreund blickte hoffnungsvoll, und Willy Birgel blickte anders auf die Genesende als vorher auf die Kranke. Ja, er war dabei zu erkennen, was die richtige, gute Liebe sei und was das Leben eigentlich von ihm wollte.

Da, als man ein Happy-End schon herannahen sah, als der Film mit jedem Meter genußreicher wurde, da passierte es!

Es öffnete sich plötzlich die kleine Tür im großen Scheunentor, und eine Soldatenstimme übertönte die Schauspieler: »Feldtelefon aus Stavenhagen! Eine Frau Denzer!«
»Mein Gott! Das ist Evi!«
Mutter stürmte aus der Scheune. Tante Lucie hinterher. Kühle Abendluft zog herein. Alle redeten und rannten durcheinander. Nane und ich sahen das Unglück kommen. Und da war es schon! Wo eben noch der Majoratsherr nachdenklich träumerisch seiner weiß gekleideten und schon deutlich mehr geliebten Frau nachgeblickt hatte, war nur noch ein grell angestrahltes Laken zu sehen. Das köstliche Filmgeschehen war einfach weg! Aus keiner Ecke der Scheune würde es mehr hervorzulocken sein.
Die Welt hatte wieder aufgehört zu sein, wie sie eigentlich sein sollte.
Die Funker räumten ihre Geräte zusammen.
»Morgen kommen sie!« rief Mutter, als sie aus dem Funkerwagen kletterte, und ihre Augen lachten, wie schon lange nicht mehr. »Was steht ihr noch in der Scheune rum!« Sie schob uns energisch hinaus auf den Hof. «Schleunigst ins Bett! Morgen gibt's viel zu tun! Sie sind schon in Stavenhagen.«
Wir blieben trotzdem noch ein bißchen in der Nähe des Filmvorführers: Ob er nicht vielleicht uns zuliebe das Ende doch noch zeigen würde – oder überhaupt morgen den ganzen Film noch einmal?
»Ne, Mädchens, das wird nu nichts mehr! Wir sind hier weg, ehe die Sonne aufgeht. Ade, schöne Gegend! Aber hier riecht's brenzlig.«
Aus der breiten Haustür fiel Licht auf den Hof, sonst war alles verdunkelt wie immer. Wir standen vor der

verschlossenen Scheune. Aus dem Haus konnten wir Mutters und Tante Lucies Stimmen hören. Sie berieten darüber, wo Eva und ihre Kinder untergebracht werden sollten. Die Soldaten hatten ihre Autos schon beim Hoftor zur Abfahrt bereitgestellt. Vom großen Misthaufen stieg Dampf in die kühle Nacht. Eine Kuh brüllte.
»Bei Willy Birgel wäre das alles ganz anders abgelaufen!« sagte Nane. »Aber laß man, wir erzählen uns die Majorsgeschichte noch im Bett zu Ende.«
Im Haus war es unruhig. Wir setzten uns auf die dunkle Treppe und lauschten: Möbel wurden geschoben, jemand trug Bettzeug vom Boden herunter, und von einem Zimmer zum andern riefen Mutter und Tante Lucie sich kurze Sätze zu. Sie konnten sich nicht darüber beruhigen, daß Eva es wirklich geschafft hatte.
»Ein Wunder ist das! Ein reines Wunder – auf diesen Straßen!« Da auf einmal begriff ich, was morgen sein würde: Hanne und Janne würden wieder da sein. Und Eva und die Kleinen und alles, was bevorstand – und es stand etwas bevor! Immer noch verborgen hinter einem undurchsichtigen Vorhang, rückte es doch mit jeder Minute näher an uns heran. Aber alles, was bevorstand, würden wir gemeinsam erleben: Mutter mit Eva, Nane und ich mit Hanne und Janne, die Kleinen mit den Kleinen. Wir würden, wenn das Schreckliche herankäme, alle dicht beieinander sein. Und das war ein Trost.

Auf den Tag drei Monate war es her, seit wir zusammen von Stolp auf die Flucht gegangen waren. In

Mecklenburg mußten wir uns trennen, weil niemand zwölf Menschen auf einmal aufnehmen konnte. Eva mit ihren fünf Kindern war in der Nähe von Burg Stargard auf dem Gut einer Freundin geblieben. Wir fuhren weiter nach Zolkendorf.
Wir hatten auf unsrer Flucht an verschiedenen Plätzen Halt gemacht, aber das, wovor wir geflohen waren, rückte unaufhaltsam weiter vor. Auch die Mecklenburger begannen nun Trecks zusammenzustellen.
Eines Tages erklärte die Mecklenburger Freundin, sie wolle nicht bleiben und auf die Russen warten. Aber für Eva und ihre fünf Kinder wäre kein Platz mehr in den Wagen. Die Freundin schlug vor, daß Eva ihr Glück mit dem Opel versuchen sollte.
»Mit dem Auto?«
Ja, eine Tankfüllung Benzin, das sei alles, was man für sie noch tun könne. Sie müsse nun selber weitersehen.
Eva blickte den Fortziehenden nach. Sie war noch unsicher, ob sie bleiben oder tatsächlich ihr Glück mit dem Auto probieren sollte.
Da kamen die Plünderer! Deutsche waren es, die die verlassenen Räume des Hauses leerten. Das gab den Ausschlag!
Eva setzte alles auf eine Karte: Sie würde versuchen, nach Zolkendorf zu Johanna und ihren Kindern durchzukommen. Sie hatte keinen Zweifel mehr.
Daß sie aber überhaupt den Mut fand, diese eine Karte zu spielen, das lag wohl daran, daß sie sich sonderbarerweise nicht verlassen fühlte, obwohl sie doch ganz allein zu sein schien.
War es nicht, als hätte der Stolper Großvater, der

meine Mutter noch kurz vor seinem Tod auf die Flucht vorbereitet hatte, nun noch einmal seine Hand im Spiel? Es war ja sein Auto, das wir von Stolp bis nach Mecklenburg mitgeschleppt hatten. Der alte gebrechliche Mann hatte damals, im sechsten Jahr des Krieges, noch ein Auto haben dürfen, weil er immer noch Chef einer kriegswichtigen Maschinenfabrik war. Nach seinem Tod hatte man vergessen, den Opel einzuziehen. Er hatte nutzlos in einer Fabrikhalle gestanden und war am Ende aus nichts als einer vagen Eingebung ohne Benzin an das Fluchtauto angehängt worden.

Drei Monate später, als Eva, von allen Freunden verlassen, in einem fremden Gutshaus stand und sich fragte, wie es mit ihr und ihren Kindern weitergehen könnte, war der Tank von Großvaters Opel noch einmal mit Benzin gefüllt worden.

Wie weit das Benzin reichen würde, ob sie überhaupt den siebzig Kilometer langen Weg nach Zolkendorf auf den chaotischen Straßen schaffen könnte, fragte sich Eva gar nicht erst. Sie fügte sich einer Fügung.

Das Auto, das schon monatelang nicht mehr gefahren war, sprang an. Es setzte sich wahrhaftig in Bewegung. Es war restlos überladen. Aber es fuhr. Es fuhr durch das Gewühle und den Schrecken der ›Endzeitstraßen‹. Es war ein Wunder!

Eva steuerte das Auto durch die Stadt Neubrandenburg, die unter russischem Feuer lag und im Schritt über die von Trecks verstopften Straßen. Langsam, langsam kam sie voran, und ganz langsam wuchs auch die Hoffnung, daß sie durchkommen könnte.

Da hatte plötzlich der Offizier am Straßenrand gestanden! Wie aus dem Nichts war er aufgetaucht,

hatte sie rausgewinkt aus dem trägen Strom der Flüchtenden und ihr befohlen auszusteigen.
Also doch kein Wunder – aus der Traum!
Statt dessen die schneidende Frage, wie sie dazu käme, mit einem Privatauto unterwegs zu sein! Ob sie nicht wisse, daß Todesstrafe darauf stünde!
»Machen Sie, daß Sie da rauskommen!« hatte er geschrien. »Aber schnell!«
Er hatte ein Papier aus dem Ärmelaufschlag gezogen und es ihr mit eisernem Gesicht entgegengehalten.
Eva starrte auf die Buchstaben, aber lesen konnte sie gar nichts. In ihrem Kopf kreiste nur die eine einzige Frage: Wie sie sich vor diesem Menschen retten könnte!
Es durfte ja nicht geschehen, daß so ein Besessener, daß so ein lächerlicher Fetzen Papier sie im letzten Augenblick aufhielt! Was sollte werden, wenn sie ohne Auto mit den Kindern, mit dem Baby, mit ihren Koffern auf der Straße stünde!
Während sie auf das Papier starrte und zu lesen schien, fiel ihr Blick auf die Binde, auf die Armbinde mit dem Roten Kreuz. Sie hatte aus irgendeinem Grund – ja, beinah gegen ihre Absicht, denn der richtige Wintermantel war aus besserem Stoff – den Lodenmantel mit der Armbinde übergezogen, den sie in Stolp getragen hatte, wenn sie Bahnhofsdienst für das Rote Kreuz machte. Auch noch viele Jahre später, wenn Eva zu erzählen versuchte, was damals geschehen war, konnte sie es kaum erklären:
Sie hatte, ohne eigentlich zu wissen, was sie tat, ja, als handele jemand anders für sie, mit einer schnellen Bewegung ihre Arme so verschränkt, daß die Rote-Kreuz-Binde auch für den Offizier deutlich sichtbar

wurde. Beide hatten sie auf das Kreuz geblickt. Nur wenige Sekunden waren es gewesen, aber irgend etwas mußte sich in diesem Augenblick verändert haben.

»Ich kann Ihren Befehl«, hörte Eva eine Stimme sagen, die nicht ihre und doch ihre war, »ich kann Ihren Befehl nicht akzeptieren. Ich komme mit diesen Kindern bereits aus Pommern.«

Während ihre Knie nachgeben wollten, weil ihr plötzlich bewußt wurde, wie sinnlos diese Begründung in den Ohren des Offiziers klingen mußte, vollkommen sinnlos, obwohl es doch ihre einzige, ihre einzig wahre Wahrheit war! Sie war ja mit diesen Kindern aus Stolp geflohen! Und sie durfte, durfte einfach nicht an diesem Hindernis scheitern!

Der Offizier schwieg noch immer und starrte auf ihren Arm. Als er endlich den Kopf hob, war die eisige Amtsmiene einem seltsamen Ausdruck gewichen. Ob er zu verstehen meinte, sie habe den Auftrag, die Kinder irgendeines Parteibonzen in Sicherheit zu bringen?

Ob er vielleicht ihr verzweifeltes Spiel durchschaute oder einfach von der ergreifenden Wahrheit ihres wahren Satzes selber ergriffen wurde?

Man wird es niemals wissen.

Aber daß der Segen des Großvaters mitgewirkt hatte, das glaubten wir alle, wann immer wir uns diese Geschichte erzählten.

Der Offizier nämlich, als folge er einem fremden Befehl, war beiseite getreten, hatte die Hand an die Mütze gelegt und gesagt:

»Fahr'n Sie weiter, Schwester!«

»Fahr'n Sie weiter, Schwester!« hatte er gesagt! Und

das war ein Motto geworden für alles, was noch kommen sollte.

Eva reihte sich wieder ein in den Strom der Flüchtenden.

Sie fuhr weiter.

Am späten Abend des 26. April 1945 erreichte der Opel Stavenhagen. Die kleine Stadt, die eben noch eine intakte, ordentliche, kleine Stadt gewesen war, hatte sich verändert unter dem Einfluß des Unberechenbaren und Chaotischen, das wie ein fürchterlicher Vorbote vor der heranrückenden Front herlief.

Das Elektrizitätswerk, auch der Wasserturm waren zerbombt, und Flüchtlingstrecks zogen unaufhörlich von Osten herein. Nun waren auch die Plünderer unterwegs. Hanne und Janne liefen mit ihnen, als sie hörten, es gäbe irgendwo Käse zu holen. Durch ein kleines Fenster stiegen sie mit anderen in den Keller der Molkerei und erbeuteten ein großes Stück. Aber es bekam ihnen schlecht, weil sie kein Brot hatten und nichts mehr zu trinken.

Es war schon zu spät, um noch den Weg nach Zolkendorf zu suchen, und so machte sich Eva auf die Suche nach einem Telefon.

»Da werden Sie wohl kein Glück haben«, hatten die Leute in der Wirtschaft gesagt, wo sie ihre Kinder bei einer anderen Flüchtlingsfrau absetzte. »Hier gibt es keine Verbindungen mehr.«

Aber der Tag war noch einmal für ein Wunder gut: Eva fand, was sie nicht gesucht hatte, was aber doch das einzig Brauchbare war: Sie fand ein Feldtelefon und Soldaten, die ihr eine Verbindung zum Gutshof Zolkendorf herstellten, wo ›zufällig‹ eine Funkereinheit im Quartier lag.

So fuhr am frühen Morgen Großvaters Opel wieder nach Osten gegen den Strom der Flüchtlinge und zurückweichenden Soldaten. Immer wieder wurde sie angehalten und gewarnt:
»Dreht um! Seid ihr lebensmüde? Ihr lauft ja dem Russen direkt in die Arme!«
Aber der Opel fuhr unbeirrt weiter, er holperte über die alte Landstraße nach Ivenack und hatte immer noch Benzin im Tank, als er in den kaum ausgebauten Fahrweg nach Zolkendorf einbog. Erst mitten auf der Dorfstraße, keine hundert Meter vom Gutshaus, hörte der Motor auf zu arbeiten. Die amerikanischen Kriegsgefangenen, die längst als freie Menschen in einem Anbau des Gutshauses lebten, kamen angelaufen und halfen, das Auto über den Hof in die Scheune neben dem Schafstall zu schieben.

Das Waldlager

In der Erinnerung ist ein Bild stehengeblieben: Zwei junge Frauen sind eben aus der Haustür auf den Hof getreten; sie haben Mäntel um die Schultern gelegt und halten sie über der Brust mit den Händen zusammen, um sich gegen die Morgenkühle zu schützen. Fünf kleinere Kinder spielen in ihrer Nähe laut und unbeschwert ›Der Wolf kommt‹. Einer lauert als ›Wolf‹ im Hinterhalt. Die ›Schafe‹ müssen fröhlich herumspringen, bis plötzlich eines die Gefahr erkennt: »Er kommt!« ruft es heiser vor Aufregung, und alle rennen zum Schafstall. Wer die Tür nicht erreicht, wird vom Wolf weggeschleppt. Manchmal lösen die Kleinsten sich einfach von ihrer Schafherde und laufen zu den Frauen, wie um sich zu vergewissern, daß sie noch da sind. Sie drängen sich zwischen sie, schlüpfen sogar unter die Mäntel, bis sie von den andern wieder zurückgeholt werden.
Die Frauen sind unter dem Kinderansturm ruhig stehengeblieben, sie schauen auf das Tor in der niedrigen Hofmauer.
Etwas abseits, mehr zum Kuhstall hin, rackern sich die größeren Kinder mit einer Mistkarre ab. Vermutlich handelt es sich eher um eine Futterkarre,

denn sie ist sauber und trocken, aber den Vieren
gefällt der drastische Name besser. Zwei schieben
und zwei werden ›als Mistfuhre‹ geschoben und
ausgekippt. Es ist schwere Arbeit, denn die Karre
besteht aus massivem Holz.
Die beiden Frauen, Johanna und Eva, stehen immer
noch nebeneinander; sie sind nicht nervös, nicht
einmal besonders unruhig. So könnten sie auch
dastehen, wenn sie frühen Besuch erwarteten. Die
eine ist blond und schlank und dem Lachen zugetan; meine Mutter eher schwermütig, dunkel und
von schöner Fülle.
So blieb das Bild unverrückt in der Erinnerung. Nie
sehe ich den Leiterwagen, wie er um die Torecke
biegt, um uns abzuholen, nur die Kinder und die
Mütter, die einen ständig in Bewegung, still abwartend die andern.
Die beiden Frauen, so gegensätzlich im Äußeren,
ergänzten und bestärkten sich in ihrem Wesen. Sie
brauchten nicht viele Worte, sie waren in einem Einverständnis, als sei alles, was nun getan werden
mußte, seit langem festgelegt. Evas Ankunft hatte
meine Mutter in wunderbarer Weise beflügelt: Viele
Wochen war sie angestrengt darauf bedacht gewesen, die bestehende Rangordnung im Haus ja nicht
zu erschüttern, obwohl es ihrem Temperament
schwerfiel, sich passiv im Hintergrund zu halten.
Jetzt war sie wieder sie selber: mit großen Schritten
und entschiedenen Gesten, sicher und unbeirrt in
allem, was sie unternahm. Plötzlich schienen die
Rollen vertauscht. Der Hausherr, eben noch ›Herrscher aller Reussen‹ in unerschütterlicher Selbstherrlichkeit, hatte seine Sicherheit verloren. Er

hörte nun auf die Argumente der jungen Frauen und folgte ihnen sogar.

Johanna und Eva hatten dafür gestimmt, die Ankunft der Russen in einem Waldversteck abzuwarten, auch wenn die Dorfleute nicht mitgehen würden. Die Zolkendorfer hatten sich gegen einen Auszug entschieden, obwohl oder vielleicht gerade weil die Ivenacker im Tiergarten ein Lager aufschlagen wollten. Die Leute in Zolkendorf hatten schon immer ihren eigenen Willen gehabt!

»Aber die Russen! Wißt ihr denn nicht?«

»Es sind doch immer noch Menschen!« war die Antwort.

»Wir werden ihnen geben, was sie haben wollen, was sie von unsern Sachen verlangen werden. Und dann soll'n sie weiterziehen. So ist der Krieg nun mal!«

»Habt ihr denn nicht von den Greueltaten gehört?«

»Aber das war weiter hinten im Osten! Jetzt haben sie sich ausgetobt. So schlimm wird es nicht mehr werden. Wir sind keine Herrschaften, uns werden sie nichts tun. Wir bleiben in unsern Häusern. Vielleicht retten wir so noch was von unserm Zeug.«

Sie ließen sich nicht abbringen.

Wir würden also allein im Waldversteck liegen!

Könnte das nicht gerade besonders gefährlich werden?

Onkel Adolf und Tante Lucie zögerten, Johanna und Eva nicht.

Sie waren entschlossen zu tun, was gejagte und verfolgte Menschen in der äußersten Not seit ewigen Zeiten und immer wieder getan haben: Sie wollten versuchen, sich draußen zu verstecken, wollten versuchen, so tief und so vollständig wie nur möglich, mit der Natur eins zu werden, als könnten sie auf diese Weise ganz verschwinden. Unsichtbar werden und Zeit gewinnen, dem Unheil Raum geben, damit es vorüberginge, bis man schließlich wagen konnte, sich wieder unter freiem Himmel zu zeigen. Das war es.

Mitten im hohem Wald, eine gute Stunde Fußmarsch vom Dorf entfernt, gab es eine Tannenschonung. Sie war schon etwa zwei Meter hochgewachsen und trotzdem noch dicht im Unterholz. Im Herzen dieser Schonung, wo die jungen Bäume etwas lichter standen und Moos und Gräser den Boden weich gepolstert hatten, sollte ein Lager aufgeschlagen werden.

Wir hatten keine regendichten Zelte, auch keine Zeltplanen, und so wurden kleine Teppiche zwischen die dünnen Tannenstämme gespannt und genagelt, um Wände und Dächer zu bilden, bis schließlich drei Hütten gut versteckt zwischen den Bäumen standen: eine für Eva und ihre fünf Kinder, eine für Onkel Adolf, Tante Lucie, Susi und den alten Herrn Drews und eine für Mutter und uns fünf Geschwister. Wir hatten einen Vorrat an Lebensmitteln und Wasser für etwa eine Woche dort versteckt und jede Hütte, so gut es ging, mit Decken und Kissen ausstaffiert. Ein wenig abseits hatte der alte Drews eine Feuerstelle eingerichtet.

Während die einen beinah unbemerkt im Wald arbeiteten, mußten die anderen in aller Eile auf dem Gutshof noch ein Versteck für den Koffer mit Evas Wertsachen finden, denn das Mistbeet wollte man lieber nicht mehr öffnen. Am hellen Tag irgendwo draußen zu graben, war gefährlich – wer weiß, wer da zusah! Im Haus durfte er auf keinen Fall bleiben. Wohin, um alles in der Welt, mit dem Koffer? Schließlich verfiel jemand auf den Holzschuppen hinterm Hühnerstall. Da war der Boden weich und trocken, überall lagen Holzstücke und Späne herum, dort konnte man auch unbemerkt graben. Wir tarnten das frische Koffergrab mit Sägemehl und Hackspänen und schichteten die verstreuten Holzstücke sorgfältig wieder auf.

Alle waren an diesem ›letzten‹ Tag in rastloser Tätigkeit, aber immer wieder hielt einer im unermüdlichen Hin und Her plötzlich an, trat vor die Haustür und lauschte. Seit Stunden schon war der Kanonendonner nicht abgerissen. Einmal schien er mehr aus Nordosten, dann wieder direkt aus Osten zu kommen. Und er rückte immer näher!

Als der Abend kam, wurden die Kinder noch einmal zum Schlafen hingelegt. Die Erwachsenen saßen und wachten. Es war nun nichts mehr zu tun, als abzuwarten. Gegen Morgen, es war noch dunkel draußen, wurde ich von Mutter geweckt:

»Komm, es ist so weit«, sagte sie ernst. Schlaftrunken zog ich meine Kleider über, half die Kleinen fertig zu machen und die letzten Sachen einzupacken. Dann verließen wir das Haus, um den Leiterwagen zu erwarten.

Als Kinder und Erwachsene aufgestiegen waren, als der Kinderwagen, die letzten Kisten und Körbe mit Essen verstaut waren, blieb ein Wäschekorb mit verschiedenem Kram übrig.

»Dann muß er eben dableiben«, sagte Mutter. »Wir können ihn schließlich nicht hinterhertragen.«

»Aber vielleicht könnten wir ihn hinterherkarren! Wir haben doch noch die Mistkarre. Mit der bringen wir zu zweit den Korb leicht in den Wald.«
Nach kurzem Hin und Her wurde mein Vorschlag genehmigt. Janne und ich sollten mit der Karre dem Wagen zu Fuß folgen.
Ob wir absichtlich etwas gebummelt hatten oder der Pferdewagen einfach viel schneller vorankam als wir; eh wir's uns versahen, war er jedenfalls aus unserm Blickfeld entschwunden, und wir blieben allein auf der menschenleeren Dorfstraße.
Es war der 28. April 1945, ein Samstag, ein wolkenloser, warmer Frühlingstag. Hinter uns lag das stille Haus, lag der stille Hof, und auch das Dorf in beinah unnatürlicher Ruhe. Nur bei der Schnitterkaserne saßen die Polen, die ehemaligen Kriegsgefangenen, vergnügt in der Morgensonne. Und mitten unter ihnen saß Maria Zaplapp, ›unsre Ukrainerin‹, die über ein Jahr in unsrer Familie gelebt hatte und eigentlich Mutters sechstes Kind geworden zu sein schien. Aber nun, schon seit ein paar Tagen, war sie zu den Polen in die Schnitterkaserne übergegangen und wartete mit ihnen auf die russischen Soldaten.
Ob sie wohl wieder nach Hause gekommen ist? Ob sie über den langen, wüsten Weg von Mecklenburg durch Pommern und Polen zurück in die Ukraine gefunden hat? Oder wurde sie, wie so viele Russen, die den Westen und das heißt ein anderes als das kommunistische Leben kennengelernt hatten, auf Stalins Befehl gleich nach Sibirien geschickt?
An diesem Tag, als ich sie zum letzten Mal sah, saß Maria in der Sonne an der warmen Hauswand und

winkte uns nach, als wollte sie sagen: »Nun seid ihr dran. Aber ich wünsche euch nichts Böses.«
Und wir winkten zurück und hatten keine Sorge, daß sie unser Versteck an die Russen verraten könnte.
Unsre Mistkarre war ein schweres Ding. Nur mit großer Anstrengung konnten wir sie auf dem holprigen Kleefeld im Gleichgewicht halten. Die Sonne brannte beinah wie im Sommer. Der Weg zog sich in die Länge. Wir vergaßen, weshalb und wohin wir unterwegs waren, blieben stehen, um zu Atem zu kommen, setzten uns auf die Karrenholme und hörten die Lerchen überm Feld. Nur ein kurzes Stück konnten die Augen ihnen hinauf in das Himmelsblau folgen, so hell war es um uns, und so klein waren die Vögel mit der ›großen‹ Stimme.
Aber dann – war da plötzlich eine ganz andere Stimme! Raste hinterm Wald herauf, schoß noch weiter in die Höhe, bis sie genau über uns war, und stürzte sich herab aufs Kleefeld, als wollte sie sich und uns zugleich in die tiefste Erde bohren. Wir rannten los, suchten einen Graben, fanden keinen, warfen uns aufs Kleefeld, lagen zwischen dem eben heraufgewachsenen Grün fest an die Erde gepreßt und hielten die Hände an die Ohren. Die entsetzliche Stimme raste über uns hinweg, durchkreuzte und zerriß das Himmelsblau viele Male. Als wir uns wieder aufzublicken trauten, konnten wir immer noch deutlich die roten Sterne unter den Tragflächen der Tiefflieger erkennen.
Wortlos nahmen wir die schwere Karre wieder auf, rannten und rumpelten, so schnell wir konnten, übers Feld. Da verlor der Wäschekorb das Gleichgewicht: Handtücher, Kochlöffel, mehrere Päckchen

Salz und ein riesiges Knäuel Bindfaden samt einigen Weckgläsern lagen übers Feld verstreut.

Sollten wir das Zeug liegenlassen und am Feldrand im Schutz der Bäume weitergehen? Wir hätten nichts lieber getan, wollten ja nichts lieber, als endlich wieder bei den andern sein!

»Aber dann erkennen die Russen, daß hier jemand geflüchtet ist, und dann suchen sie nach uns«, sagte Janne. Und das gab den Ausschlag.

Also rannten wir, geduckt wie Kaninchen, immer zugleich lauschend und den Himmel absuchend, hin und her übers Feld, packten die verstreuten Dinge wieder in den Korb, schafften ihn unter die Bäume und liefen ein letztes Mal los, um auch die Karre noch zu holen. Da war der furchtbare Ton wieder hinterm Wald! Aber wir, wir wollten die Karre haben, und also rannten wir aufs freie Feld, als könnten wir schneller als die Flieger sein, packten die Karre, zogen und zerrten sie hinter uns her, während das Dröhnen sich wieder herunterstürzte und uns zu Boden warf. Warum bloß riskierten wir es? Warum war es so wichtig, das alte dreckige Ding von einer Mistkarre aus dem Schußfeld der Tiefflieger zu retten, die sich einen Sport daraus zu machen schienen, zwei Kinder anzugreifen?

Am Ende saßen wir neben der Karre, geschützt von Sträuchern und jungen Bäumen, saßen und schluchzten, ohne zu begreifen, was gerade mit uns geschehen war.

Ja, es war Krieg! Seit bald sechs Jahren lebten wir im Krieg. Aber er war immer ein Soldatengeschäft gewesen, eine heldenhafte Geschichte, die sich weit entfernt von uns abspielte. Das brutale und

unmenschliche Gesicht des Krieges hatten wir nicht einmal auf der Flucht gesehen. Erst hier, an diesem wunderbaren, zarten Frühlingsmorgen auf einem Kleefeld in Mecklenburg, hatte es uns von oben angestarrt, und das einzige, was wir ihm entgegensetzen konnten, war eine gerettete Mistkarre. Doch mit dem alten, rissigen Holz hatten wir auch ein Stückchen Mut und einen riesigen Zorn gerettet.
Als wir die Zweige auseinanderbogen, um nach unsern Feinden zu gucken, schien nichts als das unschuldige Kleefeld vor uns zu liegen und darüber die Sonne, die schon ihre halbe Höhe hatte, an einem wolkenlosen Himmel.
Aber dann sahen wir noch etwas anderes: Unter dem Himmel mit der leuchtenden Sonne stand auf dem grünen Klee ein Weckglas! Aufrecht, und offensichtlich ganz heil, hatte es das Feld gegen den Feind behauptet!
»Ein tapferes Weckglas!« sagte Janne staunend. »Komm, das löffeln wir jetzt zur Feier des Tages aus!«
Es entpuppte sich als ein Glas mit Tante Lucies bester Leberwurst, und man konnte so ohne Brot nicht mehr als zwei Teelöffel davon essen. Aber es stärkte uns in wunderbarer Weise!
Bald waren wir auf der Lichtung bei den andern angekommen. Die Tiefflieger zeigten sich nicht mehr. So still wie der Morgen ging der Tag vorüber, kein Ton verriet uns etwas über die Stellung oder die Bewegung der Russen. Wir versteckten unser Gepäck unter den Bäumen und tarnten unser Lager mit Tannenzweigen. Als es Abend wurde, bezogen wir die kleinen Teppichhütten.

Von solch einem Schlafplatz hatte ich früher oft geträumt. Eng aneinandergekuschelt auf der Erde zu liegen, nicht ganz unter freiem Himmel, aber auch nicht richtig mehr in einem Haus. Geschützt und versteckt vom undurchdringlichen Wald.

Nun war es so geworden. Aber nicht aus Spaß, nicht um einen Traum zu verwirklichen, sondern aus Not und Angst. Und trotzdem waren es, wie wir so dicht nebeneinander auf dem harten Boden lagen, nicht nur Not und Angst, die uns beherrschten. Es war auch ein Abenteuer und als wäre man weggezaubert aus dem normalen Leben.

Von draußen wurden in der Stille des vergehenden Tages die Waldstimmen hörbar: das Flügelschlagen eines Vogels, der mit leisen und – so schien es mir – großen Schwingen seinen Schlafplatz suchte, ein unerklärliches Knistern oder ein Geräusch von einem Fall, dem man lange nachlauschte, ohne doch zu verstehen, was da so schwer herabgefallen war. Es war wie früher, zu Hause in Voßberg: Ich hörte dem Wald zu und hatte keine Angst.

Ehe Mutter sich beim Eingang unsrer Teppichhütte auch zum Schlafen hinlegte, zog sie ein rundes, silbernes Ding aus der Tasche, ein gehämmertes Pillendöschen war es, das noch von ihrer Mutter stammte. Im Schein einer kleinen Taschenlampe durfte jedes Kind zwei Puffreiskörner ›zum Einschlafen‹ aus dem Döschen klauben. Der bunte Reis schmeckte schon ein bißchen muffig, denn er war vor Monaten, noch in Stolp, eingefüllt und für eine besondere Gelegenheit aufgehoben worden.

Meine Cousine Janne, sie war gerade dreizehn Jahre alt, hatte geglaubt, es sei Gift in dem Döschen; aber

sie nahm die Körner und aß sie wie wir andern alle auch.
»Hattest du keine Angst? Warum hast du dich nicht gewehrt?« fragten wir, als sie Jahre später davon erzählte.
»Nein, ich hatte keine Angst. Tante Jo hat mir die Körner gegeben. Da habe ich sie genommen.«

Früher, am grünen Kachelofen der Kinderzeit, hatte Nonno oft von Odysseus erzählt. Die Geschichte, wie der Held seine Gefährten und sich selber gegen den todbringenden Gesang der Sirenen schützte, hatte ich ganz besonders geliebt. Wie er ihnen die Ohren mit Wachs verschloß! Und wie sie ihn am Mast festbanden, denn einer mußte wahrnehmen, was vor sich ging! Odysseus mußte seine Ohren offenhalten. Er aber konnte der Gefahr nur widerstehen, weil er gebunden war, weil er sich hatte fesseln lassen. Johanna und Eva handelten damals, in dieser Nacht als die Russen kamen, als wären sie Schwestern von Odysseus.
Sie machten ihre Kinder taub. Sie verschlossen unsre Ohren mit einem unsichtbaren, aber wunderbar wirksamen Wachs, das aus Tatkraft und Herzensruhe gemacht war. Wir schliefen fest, als die Russen das Land um uns besetzten. Wir hörten die schrecklichen Stimmen der Verwirrung nicht. Wir fuhren – wie es bei Homer heißt – sicher über das ›graue Salz der Tiefe‹.
Sie selber aber, Johanna und Eva, waren nicht taub. Sie hörten alles. Aber sie waren mit noch viel festeren Stricken gebunden als ihr Bruder Odysseus

damals vor vielen tausend Jahren. Das rettete sie vor Hysterie und Panik.

Nicht weit von uns, im Ivenacker Wald, nahmen der Graf und die Gräfin von Maltzahn Plessen sich selbst das Leben. Wir Kinder hörten die Schüsse nicht. Das Ivenacker Lager wurde von den Russen entdeckt. Menschen schrien in dieser Nacht, und auch das Vieh, das sie mit in den Wald genommen hatten, brüllte vor Angst. Aber wir Kinder in den Waldhütten schliefen, als wären wir wirklich betäubt gewesen.

Der nächste Morgen hatte etwas Unheimliches, so totenstill lag der Wald um uns. Kam es daher, daß alle Russen nach der wüsten Nacht im Wodkarausch lagen? Oder war es so still, weil zwei von uns fehlten?

Es schien unmöglich, und doch war es so! Onkel Adolf und Tante Lucie hatten uns in der Nacht heimlich verlassen, waren ohne ein Wort fortgegangen. Wir wußten nicht warum und nicht, was geschehen war. Sie waren fort. Odysseus' Schwestern waren allein mit ihrer Schiffsladung von Kindern. Noch wagten sie nicht, einen Kundschafter ins Dorf zu schicken.

»Aber morgen muß einer losgehen!« sagte Eva. »Morgen werden wir keine Milch mehr für Brüderchen haben.«

In der zweiten Nacht flogen Gewehrkugeln direkt über unsre Lichtung hinweg. Die Russen durchkämmten den Wald und schossen aufs Geratewohl um sich. Wie durch ein Wunder fanden sie uns nicht. Sie sahen und hörten uns nicht. Die kleinsten Kinder, die vielleicht vor Schreck über das Krachen der

Schüsse hätten weinen können, schliefen fest. Es war ein Wunder! Wir andern wachten und lauschten. Kein Laut verriet uns.

Wir lagen und warteten auch am nächsten Tag im Waldversteck. Nun zündeten wir kein Feuer mehr an, denn der Rauch hätte uns verraten können. Wir lagen und warteten und wurden auf geheimnisvolle Weise in diesen drei Tagen und Nächten ›eines‹, wurden zu dem unverbrüchlich Einen aus zwölf Menschen, das wir nun für lange und zu unsrer Rettung bleiben sollten.

Als es zum drittenmal Tag wurde, als die Kälte überall hingekrochen und die Milch verbraucht war, entschloß sich der alte Drews, mit Brüderchen und Nane ins Dorf zu gehen.

Wir sahen ihnen vom Waldrand nach und konnten nicht aufhören, ihnen nachzugucken, als sie längst schon hinter unserm Horizont verschwunden waren: Wer würde zurückkommen? Freund oder Feind?

Der sorgenvolle Tag schlich voran. Gegen Abend tauchte die dürre Gestalt des alten Mannes weit hinten am Kleefeld wieder auf.

Er kam allein.

»Alles in Ordnung mit den Kindern!« rief er schon von weitem. Die beiden sind bei einer Familie im Dorf.«

Als er näher heran war, sahen wir sein müdes, graues Gesicht. Er mochte nicht sprechen. Aber aus den kurzen, abgerissenen Sätzen ließ sich doch ein Bild erkennen, ein grausiges Bild.

»Aber im Dorf leben sie alle noch«, sagte er. »Die ersten Einheiten sind schon weitergezogen. Nur ein

kleiner Trupp ist dageblieben. Die meisten sieht man auf dem Gutshof. Aber es herrscht Ruhe.«
Sollten wir darauf vertrauen, daß es so bliebe? Sollten wir uns aus unserm guten Versteck wagen? Die Sorge um das Baby und der Landregen, der schon seit Stunden von den Bäumen und durch die Teppiche tropfte, gaben den Ausschlag. Wir packten zusammen. Nun waren wir froh über die Mistkarre. Es hatte doch einen Sinn gehabt, sie vor den Tieffliegern zu retten. Wie sonst hätten wir unsre Bettsäcke ins Dorf zurückbringen können!

Die Russen

Die kleinen Teppiche blieben zwischen den Bäumen hängen, als wir am regnerischen Morgen des 1. Mai zum Dorf zurückwanderten. Leise und vorsichtig hatten wir uns von der Tannenschonung gelöst, waren noch ein Stück am Waldrand entlanggegangen, bis wir, nun ganz ungeschützt, die Abkürzung übers Kleefeld nahmen. Die Jüngsten machten den Anfang. Ihnen gefiel die freie Bahn, sie rannten und stolperten durchs unebene Feld, ließen sich lachend in die Furchen hineinfallen und warteten, wie die Rebhühner beieinander hockend, auf die großen Geschwister, die mit vereinten Kräften die hochbeladene Mistkarre vorwärtsstießen.
»Kommt doch endlich!« riefen die Kleinen.
»Kommt ihr und helft schieben!« antworteten die bei der Karre außer Atem.
Johanna und Eva, Susi und der alte Drews bildeten die Nachhut; oft blieben sie stehen, sahen zurück und rafften sich schwerfällig wieder auf wie Menschen, die Bleischuhe an den Füßen trugen. Niemand begegnete uns auf dem langen Weg. Auch auf der Dorfstraße war kein Mensch zu sehen. Aber aus den Fenstern der Schnitterkaserne guckten die Polen und winkten. Einer lief uns nach:

»Russani in Hof!« sagte er. »Frau – aufpassen!«
Wie geht man auf so einen Hof?
Und wie paßt man auf?
Johanna und Eva handelten instinktiv.
»Wir müssen uns so verhalten, als sei es das Selbstverständlichste von der Welt, daß wir hier sind«, sagten sie, als wir am Tor waren. Sie nahmen die Kleinsten an die Hand und gingen langsam, ohne ein einziges Mal anzuhalten, Schritt für Schritt durch die Toreinfahrt, über das Kopfsteinpflaster des Hofes gerade auf die Haustür zu.
»Guck nicht hin!« hörte ich Mutter leise sagen. »Geh einfach, ganz ruhig immer geradeaus, bis du im Haus bist.«
Trotzdem sah ich ›sie‹ aus den Augenwinkeln, nur mit einer knappen, herzklopfenden Wendung zur Seite. Zum erstenmal russische Soldaten! Vielleicht zehn Gestalten saßen vorm Kuhstall und hielten blutige Fleischstücke an langen Messern über ein Feuer.
Sie sind selber wie Tiere, dachte ich, und fühlte zugleich Hochmut und Schrecken. Genauso hatte die Nazikriegspropaganda die ›asiatischen Bolschewikenhorden‹ wieder und wieder beschrieben. Und so erschienen sie mir nun auch.
Das Haus war menschenleer, aber unvorstellbar verwüstet und beschmutzt. Mit einem Beil hatten die Eroberer die meisten Möbel zerhackt, auch Tante Lucies kleiner Schreibtisch mit den Bernsteinintarsien lag zersplittert in einer Ecke. Die Polstermöbel waren aufgeschlitzt, die Bilder zerbrochen, das Geschirr zerschlagen. Etwas unbegreiflich Fürchterliches hatte sich ausgetobt.

Aber der große Kohlenherd in der Küche war noch heil! Und aus der Pumpe floß noch Wasser.
»Wir können anfangen!« sagte Mutter und zog den Mantel aus.
Zwei Zimmer des verwüsteten Hauses sollten wieder bewohnbar gemacht werden. Zwei Zimmer, die man abschließen konnte.
Während Eva und Johanna die beschmutzten Böden und Wände schrubbten, wurden die Kinder ausgeschickt, um draußen nach brauchbaren Möbelteilen, nach Hockern und Matratzen, Kochtöpfen und überhaupt nach allem noch verwendbaren Hausrat zu suchen.
Wir waren auf einem Trümmerhaufen, nicht aber in einem Gefängnis angekommen. Keiner der Fleischesser vom Hof kümmerte sich um uns.
Erst als das untere Stockwerk sauber und aufgeräumt war, entdeckten wir, warum der furchtbare Gestank, der uns beim Hereinkommen empfangen hatte, noch immer nicht vergangen war: Die Russen hatten die Wandschränke im Dachgeschoß als Toiletten benutzt!
Während wir noch kratzten und schrubbten und Wassereimer schleppten, hörten wir ein Auto auf den Hof fahren. Es war ein offener Jeep, in dem vier Männer saßen: zwei Offiziere auf der hinteren Bank. Der eine, finster und mit eher asiatischem Gesichtsschnitt, hielt eine Reitpeitsche in den Händen, der andere, schmal und blaß, schien noch ein Kind zu sein. Aus dem hohen Stehkragen der Uniform guckte ein Kindergesicht, das zugleich etwas beängstigend Greisenhaftes hatte. Vorne, neben dem Fahrer saß einer, den man schwer einordnen

konnte. War er der Dolmetscher? Halb zivil und halb militärisch gekleidet schien er ein Zwischenamt zu haben. Auf seinem Schoß lag eine Tasche, wie sie Sanitäter tragen, mit dem ›Rotkreuzzeichen‹ darauf. War er vielleicht ein Arzt?

Während wir noch hinter der Gardine am Fenster standen, waren sie schon im Haus. Der seltsame Vierte kam die Treppe herauf und sagte: »Frau, alle kommen nach Kommandant!«

Im ehemaligen Wohnzimmer saß der Kommandant in einem aufgeschlitzten Sessel und schlug nervös mit der Reitpeitsche gegen seine Stiefel. Rechts neben ihm stand mit seinem angespannten Gesicht der Kindsoldat und links der undurchschaubare Vierte. Sein Gesicht hatte durch blaßblaue, weit auseinanderstehende Augen etwas von einem Frosch; aber auch etwas Anziehendes, ja Faszinierendes, weil das eine der blassen Augen ab und zu in eine andere Richtung rollte und hinter dem anfänglich Angeschauten noch etwas ganz anderes zu entdecken schien. Die Augenschwäche gab diesem Menschen etwas Unheimliches und weckte doch zugleich Sympathie.

Er übersetzte die kurzen, arroganten Anweisungen des finsteren Offiziers: Da in der Ecke sollten wir uns aufstellen! Von jetzt an würde in diesem Hause nur das geschehen, was er, der Kommandant, anordnete. Ob wir das kapiert hätten?

Es machte mich wütend, wie er sprach. Wie konnte er in diesem Ton meine Mutter anreden! Ich schlug die Arme übereinander und sah den Offizier aufmüpfig an. Er bemerkte es.

Mutter bemerkte es auch. Sie drückte mich beiseite,

so daß ich beinahe hinter ihr stand und flüsterte: »Bist du verrückt? Bleib hinter mir und mach dich klein!«

Ich war beleidigt. Warum verstand sie nicht, wie ich es gemeint hatte!

Inzwischen hatte der Kommandant begonnen, einen langen Sermon vorzulesen. Zum erstenmal hörte ich bewußt die kehligen, kratzigen Laute der russischen Sprache. Es war die Sprache der Sieger, und sie klang häßlich in meinen Ohren.

Der Froschäugige brachte die vielen fremden Sätze auf die kurze Mitteilung, daß alle Hausbewohner zwischen vierzehn und sechzig Jahren von nun an täglich auf dem Feld zu arbeiten hätten. Dafür würden sie ein ›Deputat‹ bekommen. Alle nicht Arbeitsfähigen und alle Kinder unter vierzehn bekämen ein halbes ›Deputat‹.

Wie sich herausstellen sollte, bestand ein ›Deputat‹ aus einer bestimmten Menge Brot oder Korn, aus etwas Milch und gelegentlich auch aus Fleisch.

Die Frauen, hieß es weiter, stünden unter dem Schutz der Besatzungsmacht. Plünderung und Vergewaltigung würden bestraft.

Während der Froschmann übersetzte, schlug der Offizier in regelmäßigen Abständen mit der Reitpeitsche auf den Tisch. Es war zum Fürchten. Als am Ende Stille eintrat, hob er die Peitsche, zeigte erst auf Susi, dann auf mich und erklärte dem Übersetzer, daß wir beide nicht aufs Feld müßten. Wir sollten im Hause bleiben und kochen.

Ich fühlte, wie Mutter zusammenzuckte.

Was war los? Ich konnte es nicht verstehen. Zwar würden sich die Offiziere noch über meine Kochkünste wundern, aber das brauchte doch Mutter nicht so aufzuregen! Und doch stand sie da, als hätte sie der Schlag getroffen.

Eben wollte der Offizier die Versammlung beenden, da rief jemand »Halt!« und drängte nach vorn. Es war Eva, sie hatte das Baby auf dem Arm und stand nun direkt vor dem finsteren Mann: »Ich kann nicht auf dem Feld arbeiten«, sagte sie. »Ich muß mein Kind stillen. Es ist krank. Laß mich im Haus bleiben, Kommandant!«

Der Kommandant war offensichtlich verblüfft über die unerwartete Wendung. Seine Hände griffen nach der Peitsche, während er dem Übersetzer zuhörte. Da löste sich wie durch Zauberei Mutters Erstarrung. Mit zwei langen Schritten stand sie neben Eva, sah den Finsteren mit ihren dunklen Augen an und sagte: »Ich kann kochen, Offizier. Nicht das Kind da!« und unterstrich ihre Worte mit einer abfälligen Geste in meine Richtung. »Laß ›das dumme Kind‹ auf dem Feld arbeiten. Ich werde gut für dich kochen.«

Der Russe klatschte die Peitsche leise gegen seine Stiefel und sah meine Mutter nachdenklich an. Wie sie so dastand, eine ›blühende, junge Frau‹, umgeben von ihren vielen Kindern, war es nicht schwer sich vorzustellen, daß sie etwas vom Kochen verstünde. Der Kommandant zögerte. Ganz still war es im Zimmer. Aber ich konnte spüren, daß unter der ruhigen Oberfläche etwas ganz Unruhiges, etwas wie ein Kampf, ablief. Ich sah, wie das eine Auge des ›Froschmannes‹ nach außen rollte und der Kindoffizier noch schmaler, noch böser zu werden schien. Es war wie im Theater, in einem Augenblick höchster Spannung.

Drei Männer und zwei Frauen standen sich gegenüber. Die Machtlosen waren den Mächtigen entgegengetreten. Was würde werden?
Die Stirn des Kommandanten schien sich ein wenig zu erhellen, der Froschäugige blickte beinahe voll Sympathie auf die beiden Frauen. Da beugte sich der Kindoffizier zu seinem Vorgesetzten und flüsterte ihm etwas ins Ohr. Der nickte, stand auf und ließ uns wissen: Er sei einverstanden. Johanna und Eva dürften im Haus bleiben und kochen. Aber heute abend sollten Susi und ich das Abendessen ins Offizierszimmer bringen. Die Zimmer, die wir unten im Haus schon bezogen hätten, könnten wir behalten, die Schlüssel hätten wir ihm abzuliefern.
Wir waren entlassen.

Die List

Nach der Besichtigung der ausgeplünderten Speisekammer war der Jeep mit allen vier Russen davongefahren.
»Kommandant holen für Kuchi. Frau kochen«, hatte der Dolmetscher verkündet.
Wir aber waren noch einmal allein im Haus. War nicht alles recht glimpflich abgelaufen? Wir durften unsere beiden Zimmer behalten, Mutter und Eva würden in der Küche arbeiten und die kleinen Kinder bei sich haben können. Bestimmt würde vom Russenessen auch für unsern Tisch etwas übrigbleiben. Eigentlich sah doch alles ganz gut aus.
Ich sah aber an Mutters Gesicht, daß überhaupt nichts gut war. Susi saß in einer Küchenecke und schluchzte. Mutter schob gedankenlos Küchensachen hin und her. Und Eva stand neben ihr und sagte: »Ach, Jo!«
Es schien überhaupt nichts mehr in Ordnung zu sein!
Als ich mich aus der ungemütlichen Küche wegstehlen wollte, griff Mutter nach meinem Arm und zog mich mit sich durch die Tür, die hinaus in den Garten führte. Sie blieb an der Hauswand stehen.
»Was nun?« sagte sie.

»Machst du dir Sorgen?«
»Mein Gott! Das fragst du mich! Ja, weißt du denn nicht, was das alles bedeutet?«
»Nein.«
»Na, der Kerl, der Russe! Du weißt es nicht?«
»Nein!«
»Gott im Himmel, es muß doch etwas geschehen! Es muß, es muß etwas passieren! Aber ich weiß es nicht! Ich weiß keinen Rat!« Mutter drückte sich an die Hauswand, als wollte sie die Mauer sprengen, und zog mich zugleich dicht an sich heran.
»Hör zu!« sagte sie. »Ich muß dir jetzt was erklären...«
Sie verstummte lange und begann dann langsam, langsam zu sprechen wie jemand, der selten gebrauchte Worte sucht und sie kaum finden kann. Meine Hände fühlten die kratzigen Steine im Rücken, während ihre Stimme an mir vorbeistrich. Was sie sagte, erreichte mich nicht wirklich; es zog als etwas Unbegreifliches, wie ein Angstschatten, hinter einem kaum durchsichtigen Vorhang vorüber.
Bald brachten die Russen Fleisch, Kartoffeln und Fett zum Braten. Johanna und Eva kochten das Abendessen. Susi hielt sich immer dicht in ihrer Nähe, als könnte sie von den großen Frauen beschützt werden. Aber die waren genauso ratlos wie sie. Da kam der alte Drews aus dem Dorf zurück und erzählte, daß sich in den ersten Nächten ein paar junge Mädchen bei Lehrer Davids im Taubenschlag versteckt hätten und tatsächlich nicht entdeckt worden wären.
»Aber was werden die Russen mit uns machen, wenn die Mädchen plötzlich verschwunden sind?«

Susi erörterte das Problem nicht, sondern handelte. Sie war längst verschwunden, als die andern eben anfingen, nach besseren Möglichkeiten zu suchen.
»Und wer bringt nun mit Anna das Essen ins Russenzimmer?« fragte Nane, und alle starrten mich an, als wäre ich eine mit einer ansteckenden Krankheit, vor der man sich hüten müßte.
Es muß aber gerade diese Frage gewesen sein, die den Nebel in Mutters Kopf zerriß. ›Die List‹ wurde geboren! Wie eine Eingebung kam es über sie. Sie wußte plötzlich, wie es gehen könnte:
Alle Kinder wurden zusammengerufen und beauftragt, ihre schweren Stiefel zu holen und die dicksten Wintersachen anzuziehen. Zieht euch an, als wolltet ihr Schlittenfahren.
»Aber es ist doch so warm draußen!«
»Fragt jetzt nicht! Haltet den Mund und tut, was wir sagen. Jetzt kommt es drauf an!«
Kinder sind sehr vernünftig, sehr einsichtig, wenn sie spüren, daß eine Sache ernst wird. Wir suchten in Koffern und Säcken nach den Winterklamotten, halfen den Kleinen in die dicken Stiefel und setzten die warmen Mützen auf.
Zur vorgegebenen Zeit stapfte ein sonderbarer Wintertrupp die Treppe in den oberen Stock des Hauses hinauf. Noch ehe sie uns sahen, sollten die Soldaten uns hören, sollten nicht verstehen, was für ein Stampfen und Trampeln da immer näher käme. Und wenn die Tür aufginge und sie den Anblick von zwei jungen Mädchen erwarteten ... dann!
Wir gingen hintereinander: Die Vierjährigen, Diti und Karin als arglose Vorhut; ihnen auf den Fersen die Mittleren: Helga, Ulrich und Jette mit ernsten,

aufmerksamen Gesichtern; dann die beiden Dreizehnjährigen, Janne und Nane, und zuletzt Hanne und ich als Tablettträgerinnen.

Als wäre es das Selbstverständlichste von der Welt, drängelten sich neun Kinder zwischen die beiden Russen, die rechts und links in den Betten lagen und die Augen aufrissen.

»Seid laut und lustig! Laßt euch keine Angst machen, sondern redet immerzu. Alles, was euch einfällt.« So war unsre Anweisung.

»Sagt: ›Guten Appetit!‹ und ›Mahlzeit!‹ und ›Laßt es euch schmecken!‹ – einfach reden und reden! Sie verstehen es ja sowieso nicht! Sprecht alle durcheinander, aber nicht albern und nicht frech. Setzt das Essen ab und geht alle zusammen, wie ihr gekommen seid, wieder raus.«

»Und dann?«

»Dann, dann wissen wir, ob wir gewonnen haben«, sagte Mutter. »Und nun los!«

Nie wird man erfahren, was die beiden Soldaten fühlten oder dachten, als die Schlittenfahrer in ihr Zimmer drangen. Ob sie sich selber plötzlich mit unsern Augen sahen und ihnen das peinlich war? Ob sie Hunger hatten und der Essensduft sie ablenkte? Ob sie vielleicht Sinn für Humor hatten oder an ihre eigenen Geschwister erinnert wurden? Man wird es niemals erfahren. Damals galt nur das eine: Wir hatten gewonnen!

Johanna und Eva standen unten an der Treppe, als wir gemeinsam, als wir alle zusammen das Russenzimmer verließen.

»Kommt schnell!« sagte Mutter. »Jetzt wollen wir uns ganz klein machen, damit sie uns vergessen.«

Wir verrammelten unsre Tür mit Möbelstücken und horchten mit Herzklopfen auf die Geräusche aus dem Dachgeschoß. Aber die Russen zeigten sich in dieser Nacht nicht mehr.
Odysseus' Schwestern hatten einen Sieg erlistet.
Es blieb nicht lange so. Schon in der nächsten oder übernächsten Nacht stand einer vor der Tür, klopfte hart an und rief: »Komm, Frau!« Mutter zog ihren Mantel über, schob die Kommode zur Seite und schloß die Tür hinter sich.
Die kleinen Geschwister schliefen. Ich lag da und überlegte, was sie so spät noch von Mutter wollten, und schlief darüber ein. Irgendwann wachte ich wieder auf, weil ein scharfer, ungewohnter Geruch mir in die Nase stieg, dann hörte ich Geräusche, als ob jemand etwas abwäscht. Halb schlafend, halb wachend sah ich Mutter über der Waschschüssel hocken.
»Was machst du da?«
»Schlaf weiter, Kind!« sagte sie. »Es ist noch dunkel.« Und ich schlief weiter.
Am Morgen war alles wie immer. Nur als ich am Waschtisch die Zähne putzte, sah ich, daß die Sagrotanflasche nicht an ihrem Platz stand und daß am Boden ein großer nasser Fleck war. Da kam es wieder: das Klopfen ...der Mantel ... der Geruch ... ich sah alles vor mir und begriff endlich, was in der Nacht gewesen war. Ich wollte zu Mutter!
Da stand sie hinter mir, hatte die Sagrotanflasche in der Hand und stellte sie auf die Konsole.
»Alles in Ordnung, Große!« sagte sie langsam und mit seltsam gleichmäßiger Betonung. »Komm zum Frühstück!«

Rübenverziehen

Alles war aus den Fugen, als wir am 1. Mai aus unserm Waldversteck auf den Gutshof zurückkehrten. Die Russen führten nun das Regiment im Dorf und im Inspektorhaus. Alle, die früher zum Gutshof gehört hatten, waren verschwunden: Onkel Adolf und Tante Lucie geflüchtet, die Kochlehrlinge längst wieder bei ihren Familien, die Leute aus dem Dorf, die früher auf dem Hof gearbeitet hatten, sah man nicht mehr, und die amerikanischen Kriegsgefangenen hatten sich zu Fuß nach Westen aufgemacht. Alle waren sie fort – nur wir, die Flüchtlinge aus Pommern, zwei Mütter und ihre zehn Kinder, waren immer noch da. Die russischen Besetzer hatten uns im Haus vorgefunden und zugelassen, daß wir dablieben, ohne zu fragen, was wir eigentlich mit dem Haus zu tun hätten. So lebten wir, als einzige in Zolkendorf, mit Russen unter einem Dach. Wir hatten gewissermaßen den Teufel im Haus, der uns zwar vor kleineren Teufeln schützte, aber ihm selber, seiner Willkür und Undurchschaubarkeit, waren wir doch ausgeliefert.
Die Kommandanten wechselten häufig. Es war lebenswichtig, ihre Launen und Vorlieben herauszufinden, ihren Charakter zu erkennen: Würden sie

Johannas und Evas Kochkünste mögen? Würden sie sich von den vielen kleinen Kindern nicht gestört fühlen? Und würden sie Gefallen finden an Idchen und Trudchen, die schon mit ihren Vorgängern befreundet gewesen waren?

Idchen und Trudchen, die eine schmal, spitznasig und immer ›im Trab‹, die andere von einer fülligen, gemütlichen Goldblondheit, waren auch unsre guten Freundinnen – ja, wir sahen in ihnen eine Art Schutzengel. Weil sie ins Haus kamen, waren wir in Sicherheit. Und nie kamen sie, ohne auch in der Küche einen Besuch zu machen. Dann saßen sie bei uns am Tisch und sprachen über die Zeiten, über die unberechenbaren Russen und, wenn sie Geschenke bekommen hatten, fragten sie immer, ob vielleicht etwas darunter wäre, was uns früher gehört hätte. Aber zum Glück hatten die Kommandanten dies Beutegut anderswo gefunden.

»Stellt euch das mal vor!« sagte Mutter. »Eines Tages geht die Tür auf, und hereingetrabt kommt Idchen mit meiner Federboa um die Schultern!«

Die Vorstellung hatte etwas unsagbar Komisches. Aber das Lachen verlor sich schnell und ließ einen bitteren Geschmack vom unbegreiflichen und verzweifelten Durcheinander unsres Lebens zurück.

Von Idchen und Trudchen lernten wir auch das Geheimnis, wie man die Glut im Herd die ganze Nacht über erhalten kann, um am Morgen schnell ein gutes, starkes Feuer unter den Töpfen zu haben.

Wir brauchten nicht zu hungern. Ein Schaf nach dem andern wurde geschlachtet, und die Produktion an Hammelklopsen riß nicht ab. Ob die Russen gemerkt hatten, daß ihre Küchenfrauen besonders gute Klopse braten konnten oder ob sie das Fleisch auf diese Art am liebsten mochten, war nicht herauszufinden; sie wollten jedenfalls jedes Stück Fleisch nur ›in Klopsform‹ essen. Auch Brot und Kartoffeln hatten wir meistens genug. Wir hungerten nicht, aber die Auswahl auf unserm Tisch war nicht groß; besonders morgens fehlte so ziemlich alles zu einem richtigen Frühstück; nur ein weichgekochtes Ei gab es noch ab und zu. Zwar liefen nun viel weniger braune und weiße Hennen auf dem Hof herum, aber die dem russischen Zugriff entkommenen legten ordentlich, und Johanna und Eva hatten immer noch die Schlüsselgewalt über den Hühnerstall.

Das ging so lange gut, bis der finstere Kommandant ins Haus kam und feststellte, daß diese Hühner für die Jahreszeit erstaunlich wenig Eier legten. Er ließ sich den Hühnerstallschlüssel aushändigen und erklärte, daß er von nun an persönlich die Eier aus den Nestern holen würde.

Was nun? Wir waren doppelt geschlagen: Erstens würde sich der Verdacht des Finsteren bestätigen, und zweitens – kein Sonntagsei mehr!

Das sah nicht gut aus! Aber was konnten wir tun? Gar nichts!

Die Stille, die dieser Erkenntnis folgte, wurde von einem erstaunlichen Satz unterbrochen: »Es gibt eine Hühnerklappe«, sagte Ulrich zögernd.

»Na, und! Soll'n wir vielleicht da durchkriechen? Wir sind doch keine Hühner!«

»Ich kann's«, sagte der kleine Bruder gelassen. »Hab's schon öfter getan.«

Von nun an schlüpfte frühmorgens, lange bevor der Kommandant aufgestanden war, ein kleiner Men-

schenfuchs in den Hühnerstall und sammelte vorsichtig hier und da ein Ei in sein Körbchen. Der finstere Russe, der den Schlüssel wie seinen Augapfel hütete, mußte sich, wohl oder übel, mit der bescheidenen Eierernte zufriedengeben.
Im Juni, als es wärmer wurde, begann die Fliegenplage. Überall saßen sie! Wenn der schwere Holzdeckel am Morgen vom Wasserfaß abgehoben wurde, lagen sie wie eine schwappende, grünschillernde Decke auf der Wasserfläche. Nichts war vor ihnen sicher. Sie fanden überall hinein.
Auf dem Hof war es unsauberer, ungeordneter als früher, das freute die Fliegen. Leicht fanden sie den Weg in die Küche, denn es gab keine Fliegenfenster, keine bösartig-klebrigen Fliegenfänger mehr, wie sie früher in jeder ländlichen Küche von der Decke baumelten. Alles war ihnen ausgeliefert. Selbst die Russen litten unter der Plage und lehrten uns ihre Methode der Fliegenvertreibung: Wir mußten die Küche, so gut es ging, verdunkeln bis auf ein einziges, kleines Fenster. Dann wurden die Fliegen durch Tücherwedeln in Aufruhr gebracht und flogen von selber durch das helle Viereck hinaus. Aber auch das half wenig, in kurzer Zeit waren sie alle wieder zur Stelle. Sie brachten Schmutz und Krankheiten von draußen mit. Auch das Pumpenwasser, hieß es, sei nicht mehr sauber. Wir bekamen Eiterbeulen an den Beinen, die tiefe Löcher ins Fleisch fraßen, und die Krätze breitete sich im Dorf aus. Die Sorge vor einer Seuche begann zu wachsen.
Die russischen Soldaten, mit denen wir Wand an Wand wohnten, blieben uns fremd. Sie sprachen kein Deutsch, und wir sprachen nicht Russisch.

Wohl legte Eva ein Heft an, in das alle bekannten Vokabeln eingeschrieben wurden; aber meistens verstanden die Russen ›unser Russisch‹ nicht, und so wohnten wir als sprachlose Nachbarn unter einem Dach und blieben uns fremd, unheimlich fremd.

Nur manchmal, wenn wir Kinder an einem schönen Abend draußen auf dem Hof saßen und sangen, überwanden wir diese Fremdheit. Dann sahen wir plötzlich einen Offizier unter der Haustür stehen und uns zuhören. Sein Adjutant, der jünger und meistens lustiger war, kam dazu, nahm unsre Melodie gleich auf und wiegte sich in ihrem Rhythmus. Das steckte den Älteren an, und am Ende sangen die beiden Soldaten russische Lieder für uns. Dunkel und schwermütig klangen diese Lieder, manche wild, und manchmal blitzte beim Singen in den Augen der beiden Erinnerung, ja, Rührung auf. Die Siegermaske wurde für einen Augenblick durchsichtig, und wir sahen junge Männer, die auch einmal eine Familie gehabt hatten, die selber einmal Kinder gewesen waren und vor einer Haustür mit den Frauen und Mädchen gesungen hatten.

Doch blieben es Augenblicke, seltene, glückliche Augenblicke, in denen wir solchen Frieden machten, nicht mehr nur Sieger und Besiegte waren, sondern wie ganz normale Menschen zusammensaßen – ohne Angst.

Niemals aber wurde dies flüchtige Gefühl durch ein Wort oder eine Geste bestätigt. Wir blieben in unsre Rollen gebannt und spielten ein Stück, dessen Regeln und Verlauf wir nicht kannten. ›Niemals darf es Freundschaft zwischen Russen und Deutschen

geben‹, das schien ein Gesetz zu sein. Nach diesem Gesetz wurden die Kommandanten immer schon nach sehr kurzer Zeit wieder an andere Plätze versetzt und tauchten nie wieder auf.
Eine einzige Ausnahme allerdings gab es in diesem ständigen Gehen und Kommen. Einer blieb, war mit jedem neuen Kommandanten wieder zur Stelle, so daß er schon beinah zum Haus gehörte, obwohl er nie dort wohnte. Es war der ›Froschäugige‹. Am Anfang nannten wir ihn so, weil seine Augen so auffallend weit und hervorquellend auseinanderstanden. Doch behielt er den Namen nicht lange, weil ein anderes Charakteristikum dieses seltsamen Menschen noch auffallender war: Nie sah man ihn ohne seine Rote-Kreuz-Tasche. Er war kein Soldat, auch kein Sanitäter, er trug einen Zivilanzug, und über seiner Schulter hing, wann und wo immer er auftauchte, eine Tasche aus Segeltuch mit dem Roten Kreuz darauf. Er gab uns zu verstehen, daß er einmal Medizin studiert habe; und so nannten wir ihn ›den Doktor‹, wenn auch der Zweifel, ob er wirklich einer wäre, nie ganz vergehen wollte. Er schien etwas wie Sympathie oder wenigstens Neugierde für unsre Großfamilie gefaßt zu haben. Er wollte wissen, wo wir früher gelebt hätten, was für einen Beruf unsere Väter gehabt hätten und wo sie jetzt wären. Wenn aber wir Fragen stellten, wich er aus; nur von einer Tochter war einmal die Rede. Als wir mehr wissen wollten, wurde sein sowieso sehr gebrochenes Deutsch unverständlich. Da fragten wir nicht weiter.
Ob er selber von Natur so war, ob es ›das Russische‹ war oder nur eine Art Vorsicht, die ihm geboten

schien, immer lag etwas Unbegreifliches über dieser Gestalt. Man war sich nie sicher über ihn und war nie sicher vor ihm.

Es konnte passieren, daß plötzlich die Küchentür aufgerissen wurde, ›der Doktor‹ hereingestampft kam und einen Armvoll kostbarer Lebensmittel auf den Küchentisch gleiten ließ, als hätte er gerade auf einem herrlichen Markt eingekauft. Eh wir uns noch richtig gefaßt hatten, stand er schon wieder an der Tür, rief: »Nix für Kommandant! Ist für Mutti und Kinda!« Und war schon wieder verschwunden.

Er konnte aber auch ebenso unvermutet ein Tribunal inszenieren, konnte Eva und Johanna mit unerwarteten Fragen überfallen, daß ihnen angst und bange wurde, und dann plötzlich schreien:

»Ich gutt, ich euch lieben!« Und sich ein Kind greifen, es drücken und pressen, bis es vor Schmerzen schrie.

»Vor dem ›Doktor‹ müssen wir auf der Hut sein!« sagten wir und wußten zugleich, daß er der einzige Mensch war, der uns vielleicht in einer schlimmen Situation helfen würde. Er war kein ›echter Sieger‹, gehörte aber natürlich auch nicht zu uns Verlierern. Er hatte sich in einem Feld dazwischen eingerichtet – mit Vorbehalten gegen beide Seiten. Es war auch nicht zu verstehen, warum er sich gegenüber den Offizieren gewisse Freiheiten herausnehmen durfte. Lag es an seinen Sprachkenntnissen? Oder vielleicht an der ›Roten-Kreuz-Tasche‹? War er womöglich ein Geheimdienstmann?

Es gab Gerüchte, er sei schon vor der russischen Armee in Deutschland gewesen; aber man war nicht sicher, wo und in welchem Zusammenhang. Er war einfach aufgetaucht und schien sein eigenes Spiel zu spielen.

Gerüchte waren in den ersten Wochen nach der Besetzung überhaupt unsre einzige Nachrichtenquelle, denn es gab keine Zeitung und kein Radio mehr im Dorf. Es hieß, daß der Krieg nun wirklich zu Ende sei, daß die deutsche Armee kapituliert hätte, daß Adolf Hitler tot sei. Immer hatte einer da oder da etwas gehört, ein Gemisch aus phantastischen Andeutungen und Beschreibungen von durchaus möglichen Ereignissen zog durchs Dorf wie ein Nebelschwaden. Aber das waren alles Erzählungen von einem andern Stern. Nur eines stand wirklich fest: In unserm kleinen Dorf war der Krieg tatsächlich zu Ende, und die Sieger hatten eine neue Weltordnung eingeführt, die sehr leicht zu verstehen war.

Wer arbeitet, bekommt auch was zu essen; und da alle Menschen zwischen 14 und 60 Jahren arbeiten mußten, würden auch die meisten zu essen haben. Für die Kinder, die ganz Alten und die Kranken gab es die Hälfte vom ›Deputat‹ der Arbeiter.

Dies sogenannte Deputat bestand aus Naturalien: Brot, Milch und ganz selten etwas Fleisch. Später im Herbst wurden auch kleine Mengen Getreide zugeteilt, die man in der Ivenacker Mühle zu Mehl oder Haferflocken mahlen ließ.

Geld war sinnlos geworden. Niemand wollte es, und nirgendwo hätte man dafür etwas kaufen können. In unserer Großfamilie gab es vier Arbeiter: Mutter und Eva, die für die Russen kochen und putzen mußten, während Hanne und ich zur Feldarbeit bestimmt wurden.

Jeden Morgen um sieben Uhr, wenn August Bobzin, der Statthalter, wie früher zu Onkel Adolfs Zeiten mit dem Eisenstab auf ein Blech schlug, daß es schepperte, versammelten wir uns mit den Leuten aus dem Dorf am Hoftor und wurden zur Arbeit eingeteilt. Unsere erste Landarbeit hieß: ›Rübenverziehen‹.

Das riesengroße Rübenfeld lag nicht weit hinterm Dorf. Die endlosen Reihen mit den winzigen grünen Pflanzen erinnerten mich an die Geschichten von Rübezahl. Aber wir sollten nicht zählen, sondern hacken. Und leider besaßen wir auch keine magischen Kräfte. Wir hatten nur eine kleine Hacke in der Hand. Lächerlich klein war sie angesichts der unzähligen Pflanzen, die wir nun teilweise weghakken sollten, so daß immer nur jede siebte etwa stehenblieb, um auf ihrem freien Platz groß und dick zu werden. ›Gehen, bücken, hacken‹, das war unser Rhythmus; ›gehen, bücken, hacken‹ für viele Stunden. Es war eine ungewohnte und schwere Arbeit. Der Kopf wurde schwindelig dabei und das Kreuz lahm. Dazu schien die Maisonne erbarmungslos, und nirgendwo gab es den kleinsten Schattenplatz.

Als der erste Arbeitstag vorbei war, hatte ich starke Kopfschmerzen, und als der zweite zu Ende ging, hohes Fieber und viele rote Flecken am Körper. Die Kopfschmerzen hatte Mutter nicht ernst genommen, die roten Flecken machten ihr Sorgen. Als am nächsten Tag Fieber und Flecken immer noch blühten, sagte sie: »Das Kind muß zum Arzt!«

Wie sollte ›das Kind‹ aber zum Arzt? Sollte es sieben Kilometer zu Fuß nach Stavenhagen laufen? Es gab kein Fuhrwerk mehr im Dorf, das ein Deutscher pri-

vat hätte benutzen dürfen. Und dann, gab es überhaupt noch einen Arzt in der Stadt?
»Ich brauche aber einen Doktor!« sagte Mutter dickköpfig und verstummte beklommen, denn es war ihr eingefallen, daß ›der Doktor‹ ja angeblich auch ein Doktor sein sollte.
Es wurde immer schlimmer mit mir, und als am nächsten Abend ›der Doktor‹ wie immer überraschend und wie immer mit seiner berühmten Tasche ausgerüstet, erschien, bat sie ihn um Hilfe. Alle meine Geschwister und Mutter standen um das Bett, als der Doktor meine roten Flecke besichtigte. Ich sah sein eines Auge wieder einmal aus der Bahn rollen und hatte große Schmerzen, als er mir auf den Bauch drückte. Regungslos wie eine Maske hing das Gesicht mit den weitstehenden Augen über mir. Es schien trotz der Nähe weit entfernt.
»Ich geben Salbe und Tropfen.« Der Doktor öffnete die berühmte Tasche, kramte und holte ein Fläschchen und eine angebrochene Tube ohne Aufschrift hervor.
»Nicht im Leben würde ich Anna auch nur einen Tropfen von dem Zeug geben!« rief Eva aufgeregt, als ›der Doktor‹ das Zimmer verlassen hatte – und war sich einig mit meiner Mutter.
Aber dann, in der dritten Nacht – es war so schlimm mit mir geworden, daß etwas geschehen mußte – nahm ich die Tropfen und salbte die Stellen, die am meisten schmerzten.
Die Schmerzen schwanden, die roten Flecken wurden heller, und alles wurde zusehends besser. Ob er doch ein ›richtiger Doktor‹ war?

Die einen und die andern

»Das Mecklenburger Jahr war ein furchtbares Jahr!« sagt Nane heute, die 1945 dreizehn war. »Ich kann einfach nicht vergessen, wie das mit den Hähnchen gewesen ist!«
Die gleichaltrige Janne, die dasselbe erlebte, erinnert sich an nichts Furchtbares.
»Aber alles erscheint so verschwommen, so als wenn einer an der Schultafel ein Kreidebild mit einem Tuch verwischt hat. Man sieht noch, was gemalt war, aber nicht mehr so richtig – nichts mehr genau. Nur wie das warme Blut über meine Hände lief, das fühle ich immer noch.«
Immer hatte zum Gutshof auch ein Geflügelhof gehört; abgesehen vom Hühnerstall, wo von den würdigen braunen und weißen Hennen Eier gelegt wurden, wo mindestens ein stolzer Hahn residierte, wo Suppenhühner heranalterten und diese unsäglichen Geräusche zu hören waren, die Hühner hervorbringen, wenn sie langsam, langsam über einen sonnigen Hof spazieren.
Von diesen echten Hofhühnern abgesehen, hatte es hinter dem großen Gemüsegarten immer Stall und Auslauf für viele weiße Hähnchen und Hühnchen gegeben, lauter kurzlebige Sonntagsbraten, die sich

dort drängten und versorgt sein wollten. Früher, zu Tante Lucies Zeiten, hatten sich die Hauswirtschaftslehrlinge um den Geflügelhof gekümmert, und wenn Hühnerfleisch in der Küche gebraucht wurde, war der Hühnerschlächter aus dem Dorf gerufen worden. Denn damit sollten die jungen Mädchen nichts zu tun haben! Nun aber kriegten die viel jüngeren Mädchen Janne und Nane schrecklich damit zu tun.

»Ihr nix Feldarbeit – ihr Huhnarbeit!« hatte der Kommandant bestimmt, obwohl sie eigentlich noch nicht im Arbeitsalter waren. Im Grunde war das Angebot gar nicht schlecht, denn die beiden hatten Lust, selber etwas zu tun, und höchstwahrscheinlich würde doch auf diese Art auch mal ein Hähnchen in unsern Topf geraten! So fütterten Janne und Nane die vielen weißen Hühnerchen, die im März noch winzige Kücken gewesen waren, und das war eine schöne Arbeit. Den Stall und die Futtertröge zu putzen, war harte Arbeit für so ungeübte Kräfte, aber dann – wurde es eben ›furchtbar‹! Und das war an dem Tag, als der Hühnerschlächter sagte: »So, nun müßt ihr auch das noch lernen, damit ihr alleine klarkommt, wenn ich nächste Woche nach Tützen gehe.«

Sie lernten, mit einem spitzen Messer die Halsschlagader zu treffen und das Tier so lange zu halten, bis all das warme Blut ganz und gar herausgelaufen war.

»Damals«, sagt Nane, »war ich fest entschlossen, später einmal Geflügelzüchterin zu werden. Alle Hühner auf der Welt, die mir übern Weg laufen würden, wollte ich am Leben erhalten! Und nie mehr eines töten müssen.«

Warum hatten Janne und Nane damals nicht rebelliert? Warum nicht wenigstens von dem Schrecken geredet?
»Weil es unsre Arbeit war!« sagten sie später.

Anders die drei Mittleren und die beiden Dreijährigen. Sie lebten auf dem großen Hof in unbeschwerter Freiheit. Sie wußten nichts von den Sorgen der Erwachsenen, sie vertrauten ihrer kleinen Welt in der sicheren Entfernung zur Küche, wo immer eine der Mütter arbeitete. Sie hatten ›Große Ferien auf dem Lande‹, die wunderbarerweise kein Ende nahmen. Sie standen dabei, wenn die Pferde angespannt wurden und die schweren Wagen den Hof verließen, sie sahen den Dorffrauen beim Melken zu und wie die Schafherde abends in die alte Scheune einzog. Und sie hatten den Garten – Tante Lucies großen Gemüsegarten, der langsam verwilderte, weil niemand mehr für ihn zuständig war. Weil aber noch im Frühjahr alles, wie es sich gehörte, eingesät und eingepflanzt worden war, bescherte der Garten beinah täglich etwas Neues. Aus den kaum noch erkennbaren Beeten wuchs zum Entzücken der Kinder Ungeahntes und Unerwartetes empor: Löwenmäulchen und Studentenblumen, aber auch Mohrrüben, Schnittlauch und Zuckererbsen und ab und zu ein Salatkopf.
Die Kinder hatten einen Zaubergarten! Sie ernteten, was sie nicht gesät hatten, und weil sie jeden Tag etwas Wunderbares zu finden erwarteten, geschah auch beinah jeden Tag ein kleines oder größeres Wunder! Oder ist es etwa kein Wunder, wenn in der

Küche die letzte Zwiebel vom letzten Jahr verbraucht wurde. Und was nun? Was soll nun aus den Hammelklopsen werden? Kann sich jemand Hammelklopse ohne Zwiebeln vorstellen? Und gab es irgendeinen Menschen im Gutshaus, der nicht wußte, wie unmittelbar die Qualität der Hammelklopse mit der Laune des Kommandanten verknüpft war?
Johanna und Eva suchten verzweifelt nach einem Zwiebelersatz und fanden keinen. Es sah übel aus!
Aber da waren, wie vom Himmel geschickt, die ›Kleinen‹ im Triumphzug aus ihrem Garten gekommen:
»Sind das nicht welche?« hatte Jette gefragt und zwei Zwiebeln an ihren langen grünen Blättern herumgeschwenkt, daß die Erdkrümel durch die Küche flogen.
»Ich habe sie aber zuerst gefunden, weil sie neben meiner Butterblume rausgekommen sind«, sagte Diti aufgeregt, und seine Augen waren so rund und groß, als sähen sie noch viele wunderbare Dinge neben seiner Butterblume aus der Erde wachsen.
Ja, es war so: Die ›Kleinen‹ hatten einen Zaubergarten.

Hanne und ich, die ›Backfische‹, wie man damals die Teenager nannte, waren richtige Landarbeiterinnen geworden. Es war harte, ungewohnte Arbeit für uns. Aber während wir schwitzten und schufteten, sangen wir auch, fanden immer was zu lachen und hielten heimlich Ausschau nach etwas, das wir auf uns zukommen fühlten.

Es gab noch etwas anderes, etwas Zukünftiges, etwas Hoffnungsvolles – mochte es jetzt unerreichbar sein –, es lag doch in der Luft! Es war da, wenn wir morgens mit den Frauen und Mädchen aus dem Dorf hinaus zu den Wiesen fuhren. Ein langer, vermutlich auch sehr heißer Tag stand bevor, und trotzdem fühlten wir uns so vergnügt, als ginge es zu einem Fest.

Unter einem Baum am Bach legten wir unsre Frühstückstaschen ab, banden die Kopftücher um und verteilten uns über die Wiese, auf der das schon Tage zuvor gemähte und gewendete Heu ausgebreitet lag. Wir sollten es zusammenrechen zu größeren Heuhaufen, und die würden dann von den Männern auf den Wagen gepackt werden.

Anders geht man über eine Wiese als über ein furchiges Rübenfeld, und wieder anders würden wir bald das stoppelige Roggenfeld unter uns fühlen. Mit großen und leichten Schritten konnten wir uns auf der Wiese bewegen, weit ausholen mit den Rechen und das trockene Gras zu uns heranziehen. Es raschelte und knisterte, die Nase fühlte kitzligen Staub und Duft, aber es war eine ›aufrechte Arbeit‹.

Beim Heumachen konnte man singen. Am liebsten – da waren wir uns mit den Dorffrauen einig – sangen wir die schaurig-traurige Ballade vom ›Verlassenen Mägdlein‹, die wir gerade von ihnen gelernt hatten. Nichts paßte weniger zu so einem klaren, sonnigen Morgen auf der großen Wiese. Vielleicht sangen wir das Lied deshalb so gern!

*›Ein Mädchen so hold wie ein Engel
saß weinend am Ufer der See,
ihr Liebster, der hat sie verlassen,
drum tut ihr das Herze so weh.‹*

*Ein Jüngling mit schwarzbraunen Augen,
der hat sie geküßt über Nacht.
Er hat sie ins Dunkel geführet,
er hat sie ins Unglück gebracht.*

*Ein Kindchen mit golblonden Locken,
das hält sie verzückt an der Brust.
Wir beide, wir sterben zusammen,
mein Kleiner, mein Süßer du bist.*

Die Melodie bewegte sich in einem weiten Schaukelrhythmus hin...und...her – und...her...und...hin. Der Rechen fuhr weit hinaus und zog eine breite Spur über die Wiese; fuhr wieder aus und wieder her: ›Er...haat...sie...ins...Duun...kel...gefüh...ret‹ – und jetzt kamen viele kurze Rechenbewegungen mit dem einen wehmütigen Schluchzer dazwischen: ›Er hat sie ins Uun...glück gebracht!‹ Beim Singen wiegten sich die Gefühle im Rhythmus der Melodie, und wir genossen es!
Statt das Elend des Mägdeleins zu beklagen, wurden wir immer vergnügter. Wir lachten und sangen und guckten uns heimlich die großen Jungen an, wenn sie mit den Pferdewagen vorüberfuhren.
Am Abend standen Hanne und ich auf dem langsam hochwachsenden Leiterwagen, nahmen die Heubüschel ab, die mit den langen Heugabeln zu uns heraufgespießt wurden, und packten sie – wie wir es gelernt hatten – fest und gleichmäßig übereinander,

damit die Fuhre in der Balance blieb. Unten auf der abgemähten Wiese standen Hans, Heinz und Willi und blinzelten etwas verlegen durch den Heustaub herauf, wenn wir das traurige Lied und besonders die zweite Strophe, wo von dem treulosen Jüngling die Rede ist, zweistimmig und sehr gefühlvoll zu ihnen heruntersangen.

Wir ließen uns, während die Pferde gemächlich zum nächsten Aufladeplatz trotteten, lachend in das federnde, duftende Heu fallen. Wir hatten den Tag und hatten das Leben gern – und weiter keinen Gedanken.

Eva und Johanna, die, hinter häßlichen Sackschürzen und schwarzen Kopftüchern versteckt, als scheinbar alte Frauen für die Russen in der Küche arbeiteten, die ihre kleinen Kinder hüteten und die Sorge um das kranke Baby teilten – sie hielten einfach still. Sie nahmen, was der Tag brachte, und waren niemals uneins über irgendeine Maßnahme. Sie handelten wie aus einem Herzen und aus einem Verstand, obwohl sie doch im Wesen und in der Erscheinung so verschieden waren.

Eva, 36jährig, war in einem kultivierten großbürgerlichen Elternhaus aufgewachsen, hatte schon mit 21 Jahren geheiratet. Ihr sechstes Kind wurde geboren, kurz bevor wir auf die Flucht gingen. In vielem verkörperte sie den Idealtyp der Frau der dreißiger Jahre: Sie war hübsch, intelligent und sehr sportlich. Wenn sie im roten Samtkostüm auf der Stolper Schlittschuhbahn erschien, gab es Applaus. Früher mochte es nicht verwunderlich gewesen sein, daß die junge Eva Optimismus und Lebensfreude ausstrahlte; sie lebte in angenehmen und angesehenen Verhältnissen und war glücklich in ihrer Familie. Aber sie rettete diese Gaben auch in die dunkle, schwere Zeit der Flucht und gewann daraus die Kraft, in scheinbar ausweglosen Situationen noch an einen Ausweg zu glauben.

Auch Johanna, meine Mutter, war wohlbehütet in einem wohlhabenden Elternhaus zwischen zwei Brüdern aufgewachsen; aber im Gegensatz zu der lebhaften, drei Jahre jüngeren Eva wirkte sie eher ruhig und verschlossen. Obwohl sie ihre Brüder liebte, war sie doch als kleines Mädchen eher mit sich allein gewesen. Sie war nicht ›jungenhaft‹ geworden, sondern eigen und eigenwillig; nicht leicht von Lehrern und Lehren zu gewinnen. Nicht leicht auch ließ sie jemanden nah an sich herankommen.

Aber so sehr äußerlich Ruhe und Gelassenheit charakteristisch für sie waren, mitten in ihr, das habe ich immer gefühlt, gab es eine stürmische Kraft, die sich nur selten den Weg nach außen brach. Gerade aus dieser ›gebändigten Mischung‹ kam wohl eine starke persönliche Ausstrahlung. Wenn sie irgendwo erschien, dann sah man sie auch! Sie verfügte in ihrem Wesen über viele Register, aber als junge Mutter zeigte sie mir eher die strengen und fordernden. Sie stellte Ansprüche, und diese Ansprüche zu enttäuschen, war keine kleine Sache.

»Du weißt genau, was du zu tun hast«, konnte sie sagen.

Und ich wußte es, wenn ich mich nicht selbst betrügen wollte. Sentimentalität war ihr abscheulich und Treue ein Herzensbedürfnis. Sie hielt auf Abstand. Aber wenn ich mich wirklich fürchtete, wenn der Boden unter mir nicht mehr zu halten schien, dann konnte sie trösten und mich ihre Kraft wie einen starken, warmen Strom fühlen lassen, der auch meine Angst vertrieb.

Meine Mutter hatte einen schönen, warmen Mezzosopran. Als ich klein war, lernte ich Kinder- und Schubertlieder zugleich singen und erst später, die Volkslieder von den Kunstliedern zu unterscheiden.

Meine Mutter hatte die Angewohnheit, wenn sie durch die Straßen unsrer Stadt ging, vor sich hin zu singen. Sie sang so laut, daß es auffiel und die Leute sich nach uns umdrehten. Ich schämte mich entsetzlich und wollte wenigstens von ihrer Hand los, damit die andern doch sähen, daß ich mit diesem Singen nichts zu tun hatte! Aber sie ließ mich nicht los, sondern lachte nur über die Leute und über mich.

Meine Mutter trug, als wir in einer Januarnacht auf die Flucht gingen, den Schlittenpelz ihres Vaters, und wenn sie in all dem kläglichen Gewühle der verzagten und übermüdeten Menschen groß und aufrecht dastand, dann folgten ihr alle, weil sie gern glaubten, daß diese Frau den richtigen Weg zeigte.

In ihrem Alter nannten wir sie ›die Großfürstin‹. Sie hatte eine Art, sich niemals gehenzulassen und die harten Schläge und Verluste ihres Lebens nicht nur zu ertragen, sondern ihnen mit offnen Augen zu begegnen, als erfüllte sie einen Vorsatz, ein Versprechen, daß sie sich selbst schon ganz früh gegeben hatte.

Diese beiden so verschiedenen Frauen, die von ihrem gemeinsamen Bruder Odysseus die Kraft zum Aushalten, den erfindungsreichen Mut und die listenreiche Phantasie geerbt hatten, sie handelten in diesem Mecklenburger Jahr aus einem wunderbaren Einverständnis und gaben so dem seltsamen Wesen, das wir alle zwölf gemeinsam bildeten, tief innen eine kraftvolle Ruhe, obwohl jeder Tag von Willkür und Gemeinheit bedroht war.

Es scheint mir heute, daß die beiden Frauen sich Selbstmitleid oder Sentimentalität, diese gefährlichen, verführerischen Kräuter, mit denen wir so leicht unsre alltägliche Suppe würzen, ein für allemal verboten hatten.

Nur wenn es Abend wurde, ließen sie die Erinnerung manchmal zu, und meistens kam sie beim Singen. Das Singen war damals den Menschen eine liebe und notwendige Beschäftigung zur Unterhaltung und zum Trost oder damit eine Arbeit leichter und schneller lief. Es gab ja kein Radio, keinen Plattenspieler und natürlich keine Musikinstrumente.

Johanna und Eva sangen ihren Kindern Melodien vor, nach denen sie früher gefeiert und getanzt hatten. Mit den Morgen- und Abendliedern, mit den Jäger- und Studentenliedern kamen Erinnerungen zurück und führten uns eine Welt vor Augen, die gerade untergegangen, ein für allemal vorüber war.

Erinnerung aber bringt nicht nur Vergangenes zurück, sondern wirkt auch, bildet auch. Oft ging das Singen ins Erzählen über. Bilder und Vorstellungen wurden lebendig und blieben haften. Anstand und Haltung, Tischsitten und Gesellschaft der Menschen im engen und weiten Sinn spielten eine Rolle

in den Liedern und Geschichten. Beim Abendessen, nach einem langen Tag auf dem Roggenfeld, wenn wir um den kleinen Tisch saßen, galt immer noch, was unter ganz anderen Verhältnissen zu Hause gegolten hatte:
»Und wenn du noch so müde bist, Anna, du wirst den Ellbogen beim Essen nicht auf den Tisch legen! Es gehört sich nicht!« Und ich folgte, denn es fiel mir wunderbarerweise nicht schwer zu glauben, daß ›es sich nicht gehörte‹.
Was wurde gerettet bei solchen Lektionen? Nur eine alte Gewohnheit oder die Freiheit, die aus einer selbst auferlegten Beschränkung kommt? Jedenfalls, daran gab es keinen Zweifel, bedeutete es etwas, nicht nachzugeben und nicht den noch so müden Arm auf den Tisch zu stützen.
Mit den Studentenliedern öffnete sich eine andere Tür, da zeigte sich – und war's auch nur durch einen schmalen Spalt – eine Welt, für die ich mich bis dahin noch gar nicht interessiert hatte. Jetzt aber.
O ja! Davon ließ sich herrlich träumen! Wenn wir am Abend die Küche gescheuert und das Wasserfaß mit vielen Eimern Wasser von der Pumpe, draußen vom Hof, gefüllt hatten, wenn das letzte Geschirr abgewaschen wurde und alle Glieder so müde waren, daß man sich am liebsten gar nicht mehr bewegt hätte, dann sangen wir immer noch begeistert, das Lied von den Studenten zur ›Veilchenblütenzeit‹, in dem es am Ende heißt:

›Student sein,
wenn die weißen Schleier
am blauen Himmel grüßend wehn!
Das ist des Lebens schönste Feier!
Herr, laß sie nie zu Ende gehn!‹

Was für ein Bild! Ich war entzückt! Sah junge Mädchen in wehenden Kleidern zu einem Fest laufen, sah Kavaliere ohne Gesichter sich verneigen und sie zum Tanz führen. Alles schwebte und wehte, unter den weißen Schleiern. Die Zolkendorfer Küche wurde ein Ballsaal voller Licht und Musik. Etwas schien von weither herüberzulachen, herüberzulächeln. Wenn es sich doch hätte festhalten lassen!
Aber immer blieben die Ohren wach für Geräusche, die nicht gleich zu erklären waren: Ging da eine Tür? Kamen die Russen nach Hause? Waren sie betrunken? Kamen viele? Mußte man sich verstekken?
Traum und Wirklichkeit lagen weit voneinander.

Eine halbe Geschichte

Im Juli war die Wintergerste reif. Die Saat war gesät worden, als ich Zolkendorf und seine Felder überhaupt noch nicht kannte. Damals hatten wir noch in Stolp, in unserm alten Leben, gelebt. Es war Winter gewesen, der sechste Winter des Zweiten Weltkrieges.
Die deutschen Soldaten, verfolgt von der sowjetischen Armee, waren auf dem Rückzug durch das eisige Rußland. Schon lange waren keine Siegesmeldungen mehr durchs Radio gekommen. Wenn wir abends die Nachrichten hörten und auf der Landkarte die Namen suchten, wo – wie es hieß – ein Brückenkopf verteidigt wurde oder die Front sich von da nach da verschoben hatte, dann sah ich wohl an Mutters Gesicht, daß es böse Nachrichten waren, und sah es auch an meinem Finger, der den neuen Namen immer ein Stück weiter nach Westen auf der Landkarte fand als am Tag vorher.
Damals, als der letzte Kriegswinter begann, war gesät worden. Unberührt von dem Treiben der Menschen war die Saat aufgegangen, waren die Halme gewachsen und die Ähren gereift. Der Sommer des Jahres 1945 wurde ein üppiger, herrlicher Sommer, so wie das Frühjahr es versprochen hatte. Es war, als

wollte die Natur vergessen machen, was die Menschen der Erde und sich selber in sechs Kriegsjahren angetan hatten. Eine reiche Heuernte war in die Scheunen gebracht worden, nun gingen die Frauen schon hinter der Mähmaschine her und banden die Garben. Hanne und ich folgten den Frauen und stellten die Garben zu kleinen Hüttchen, die man Hokken nannte, gegeneinander, damit der Wind hindurchwehn und die Körner und die Halme trocknen könnte. Schließlich lernten wir auch, selber Garben zu binden, und das war eine Kunst, denn die Halme wurden mit sich selbst gebunden; man brauchte gar nichts Fremdes dazu. Aus einer Handvoll Getreidehalmen, die gleichmäßig geteilt und dicht unterhalb der Ähren gegeneinandergelegt wurden, drehte man mit ganz genau festgelegten Bewegungen eine Art ›Strohwickelband‹.
Während der Strohwickel fest in der einen Hand lag, hob man mit beiden Armen eine gut gemessene Menge der gemähten Halme hoch und schlang den Wickel wie einen Gürtel um die Halme. Wenn man es nicht schaffte, die richtige Spannung in das Gebilde zu bringen, fiel alles wie Plunder in sich zusammen.
»Eine richtig gebundene Garbe steht von selbst, da brauchst du nicht mal die andern dazu!«, sagte Mutter Block. »Siehst du, so – und so – und jetzt herum und den Knoten nicht zu fest und nicht zu lasch ... und da steht sie!«
Sie kniff die Augen zusammen, legte den Kopf ein bißchen auf die Seite und lachte zufrieden.
Mutter Block hatte immer ein Auge auf uns Stadtmädchen und machte sich nie lustig, wenn wir uns

dumm anstellten. Nun lernten wir nicht mehr Englisch, Mathematik und was sonst noch die Oberschule anbot – wir lernten Garben binden und Heu stapeln und noch vieles bei dieser freundlichen Lehrerin.

Als es Zeit war, den Roggen zu mähen, kam August Bobzin eines Abends ins Inspektorhaus, um mir mitzuteilen, daß ich am nächsten Morgen mit Willi ›zum Anmähen‹ aufs Roggenfeld gehen sollte. ›Anmähen‹ hieß, einen etwa zwei Meter breiten Streifen mit der Sense freizuschneiden, damit die Mähmaschine Platz hatte anzusetzen. Willi sollte also mähen, und ich sollte die Garben binden.

Am Abendbrottisch spitzten sie die Ohren, als Hanne verkündete, daß Anna morgen mit einem Jüngling verabredet sei. Das war ja interessant!

»Also eine Verabredung! Nun pack mal aus, Annaken! Was hast du denn da hinter unserm Rücken angezettelt!«

Schon bei dem Wort ›Jüngling‹ war ich über die Maßen errötet. Aber ich wußte, daß mir Schlimmeres bevorstand, denn ich kannte die Spottlust und die spitzen Zungen dieser Tafelrunde. Die Großen und die Kleinen hatten eine ziemliche Virtuosität darin entwickelt, das alte und das neue Leben ganz unsentimental gegeneinander auszuspielen und daraus lauten oder leisen und manchmal höllischen Spaß zu ziehen.

Ob denn wohl der ›Jüngling‹ genug Anstand haben würde, Anna mit einem Blumensträußchen abzuholen? So hatten das doch früher die Tanzstundenherren gemacht! Ob er sich denn wohl auch bei Mutter mit einem artigen Handkuß bedanken würde, daß

sie dem Ausgang zugestimmt hatte? Auch das sollte sich doch so gehört haben! Sollte Anna vielleicht den sehr flotten neuen Rock zu dieser Gelegenheit ausführen?
»Keine Angst, Annaken, wir sagen dem Jüngling nicht, daß du ihn gerade erst aus dem alten Bettbezug von Mutter Block genäht hast! Du kannst dich auf deine Familie verlassen, das weißt du doch!«
Oder wäre das sportliche Modell mit ›Sackschürze‹, das noch aus der letzten Saison stammte, kleidsamer?
Die Wogen wogten immer höher.
»Noch eins!« Nane hob die Stimme theatralisch. »Du gehst ohne uns. Sei auf der Hut, und komm ja nicht zu spät nach Hause! Wir schicken sofort die Kleinen als Suchtrupp aus, dann könnt ihr was erleben!«
Ich fühlte mich ziemlich mißhandelt; aber hinter der gerechten Empörung kroch ein Unbehagen in mir hoch, das mich noch mehr beschäftigte als das Familiengehänsel.
Hatte es nicht wirklich etwas richtig Unheimliches, mit so einem großen Jungen allein zur Arbeit aufs Feld zu gehen! Keine Hanne, keine Dorffrauen würden in der Nähe sein! Wie würde das werden? Würde ich es können? Oder sollte ich vielleicht Hanne vorschlagen, an meiner Stelle zu gehen? Sie würde sich bestimmt nicht davor fürchten! Aber ich fragte sie nicht.
Es war noch kühl und mich fröstelte, als ich Willi am nächsten Morgen an der Dorfstraße beim Gutstor traf. Er trug die Sense über der Schulter und bekam gerade die letzten Anweisungen vom Statt-

halter. Der dunstig verschleierte Himmel und das taufeuchte Gras verhießen einen sehr warmen Tag. Schweigend lief ich hinter Willi her. Die andern blieben zurück. Die Wege wurden schmaler und sandiger. Über meiner Schulter baumelte die alte Soldatentasche, in der ich Brot, Hammelklopse und eine kleine Flasche Wasser trug.
Bald lag das Roggenfeld vor uns, ein großer Schlag, der leicht nach Südosten abfiel. Wir blieben stehen und betrachteten unsern Arbeitsplatz. Willi hob den Sensenstiel ein bißchen gegen das Feld und sagte:
»So was wird's hier auch nicht mehr lange geben. Lieber Gott, wenn die erst anfangen, jedem Hans und Franz ein Stück Land zu schenken! Stell dir das mal vor – solchen Leuten wie euch! Es ist doch unfaßbar!
Wollt ihr hier etwa siedeln? Euren Roggen selber säen und ernten?«
Ich starrte auf das Feld, das eben noch so schön und tauig im Morgenlicht geglitzert hatte. Auf einmal war alles anders; das Licht, der Wind, das Feld – alles in kleine Stückchen zerrissen. Würde es so werden?
Aber zugleich ärgerte ich mich, daß Willi uns nicht zutraute, ein Stück Land zu bearbeiten. Ich konnte mir meine Mutter sehr wohl als Bäuerin vorstellen! Sie hatte immer alles gekonnt; warum sollte sie nicht auch einen Hof bewirtschaften können? Nur etwas mehr als ein abgerissenes Stückchen Land müßte es schon sein. Es mußte ein anständiges Stück Land sein. Kleinkram paßte einfach nicht zu ihr! Einmal, als jemand hämisch bemerkt hatte: »Ja, ja, die feinen Flüchtlinge, nun müssen sie auch mal ›kleine Brötchen‹ backen!«, hatte Mutter geantwor-

tet: »Wir backen keine kleinen Brötchen. Wir essen lieber großes Schwarzbrot.«
Ich mußte lachen, als ich daran dachte.
»Ja, du lachst!« hörte ich Willis Stimme neben mir. »Du kannst leicht lachen, denn ihr werdet über kurz oder lang hier verschwinden. Aber wir, wir müssen es ausbaden!«
Ich konnte ihm nicht erklären, was mich eben zum Lachen gebracht hatte. Es war zu kompliziert.
»Also denn!« sagte Willi, nahm die Sense von der Schulter und probierte ein paar Schwünge.
»Hör mal!« rief er plötzlich. »Bleib mir ja vom Leibe, sonst geht's dir schlecht!«
Ich starrte ihn entgeistert an und wäre am liebsten weggelaufen. Was bildete sich der dumme Kerl ein! Aber der stand lachend am Feldrand und hielt die Sense mit beiden Händen hoch: »War ja nicht so gemeint, Anning! Du sollst mich bloß mal ein Stück solo mähen lassen, eh du mit dem Binden anfängst. Das hier ist ein gefährliches Instrument!«
Ich blieb auf dem Weg stehen und sah ihm zu. Er bewegte die Sense nicht so leicht und selbstverständlich, wie ich es bei den Männern im Dorf gesehen hatte. Wie der alte Sadenwater das konnte! Als wäre die Sense ein Teil von ihm selber! Sein Oberkörper hatte sich hin- und hergedreht, die Arme hatten schwingend die Drehungen nach außen geführt, und noch viel weiter war die Sense herausgeschwungen. Ein feiner zischender Ton hatte das Drehn und Schwingen begleitet, und hinter dem ruhig vorwärtsgehenden Mann waren die Halme gefallen und hatten sich in schönen Mustern auf die Erde gelegt.

Willi bewegte sich ruckartiger und unruhiger. Manchmal hakte die Sensenspitze in der Erde fest, oder sie fuhr viel zu hoch durch die Halme. »Anfänger!« hörte ich ihn sich selber schimpfen und dachte: Hoffentlich guckt er sich nicht um, wenn ich meine erste Garbe binde!
Leise wiederholte ich, was Frau Block gesagt hatte: »Wickel drehen – nicht zu fest und nicht zu locker – Halme in die Arme nehmen – und die Taille schnüren!«
Da stand meine erste Garbe – zu dünn und sehr schief, aber sie hielt sich. Nach der siebten hatte ich den Bogen beinah raus. Schön gespannt und fest umfaßte das Wickelband die Garbenmitte. Auch Willi, ein Stückchen weiter vor mir auf dem Feld, hatte seinen Rhythmus gefunden. Das Geräusch von Schneiden und Fallen begleitete unsre Arbeit. Sonnenwärme breitete sich aus, aber noch war es nicht heiß. Immer noch lag etwas Morgenkühle in der Luft. Gern mochte ich das Korn riechen und fühlen, wenn ich es aufhob, obwohl es manchmal piekte.
Vor lauter Wohlgefühl fing ich an, mit den Garben zu sprechen und zu summen, und schließlich hatte ich ein ›Garbenbindelied‹ gedichtet. Es ging so:

> ›Garbe, ich binde dich.
> Noch ist es Morgen.
> Fallende stellen sich,
> sei ohne Sorgen.
>
> Bald wird ein Haus aus dir
> für Fuchs und Hase.
> Garbe stellt Garbe auf,
> liegt nicht im Grase.

Das Lied gefiel mir. Ich sang es auf eine etwas abgewandelte Kirchenmelodie und war so zufrieden, daß ich gar nicht aufhören konnte. Ob Willi wohl wußte, daß ›Garbe‹ mein Familienname war? Er wußte es nicht, sondern fragte nur, was das denn für ein komischer ›Song‹ wäre. »Wohl ein ›Landliedchen aus der Stadt‹?«
Zwei Stunden später, als wir schon ein gutes Stück geschafft hatten, tauchte eine Gestalt oben am Weg auf: »Macht man langsam Frühstück!« rief Bobzin im Näherkommen. »Es ist Zeit!«
Mit kritisch zusammengekniffenen Augen blieb er neben Willi stehen: »Kannst ja noch mähen, Jung! Gelernt ist gelernt, was?«
Und dann kam er zu mir, hob eine Garbe hoch und warf sie derb wieder auf die Erde. Aber mein Schnürwerk überstand die Prüfung. »Na, denn Stadtmamselling! Denn man tau! Frühstückstid! – Aber tritt der Dame nicht zu nahe. Hörst du, Willi! Immer Kavalier bleiben!«
Er grinste, drehte uns den Rücken zu und stapfte den Weg zurück. Ich war wütend! Natürlich war ich puterrot geworden, und natürlich hatten es die Männer bemerkt! Ich wandte mich ab und tat, als würde ich August Bobzin nachgucken, wie er mit seinen kurzen Beinen in den Knobelbechern zum Dorf zurückstiefelte. Sein Rücken sah zufrieden aus.
Der 29. März fiel mir wieder ein, als ich zusammen mit seiner Tochter Ilse in der Kirche von Borgfeld konfirmiert wurde. Damals hätte er sich nicht getraut, so über mich zu sprechen! Damals hatte er sich sogar bei mir bedankt, weil ich in der Prüfung vor der Gemeinde seiner Tochter so gut vorgesagt hatte.

»Also, gehn wir frühstücken!«, hörte ich Willi sagen, während er seine Sense vorsichtig an ein dünnes Bäumchen lehnte. »Komm, wir gehn runter zu dem kleinen Tümpel. Da ist es noch ein bißchen kühl, und Schatten gibt's auch.«
Wie ein Spiegel lag der Teich unter der Sonne auf der fetten Erde und traf die Augen beinah schmerzhaft mit seinem Glitzern. »Ob sich da was zusammenbraut?« fragte Willi und sah sich nach allen Himmelsrichtungen um, eh er sich ziemlich dicht neben mir niederließ.
Du meine Güte! Und wenn sich da was ›zusammenbraute‹? Was sollte dann werden? Ich allein auf weiter Flur mit diesem ›Jüngling‹! Und vielleicht noch ein Gewitter und Regengüsse! Was für eine Bescherung! Wenn doch bloß Hanne da wäre! Oder überhaupt irgendeine Menschenseele!
»Hast du etwa keinen Hunger?« hörte ich Willi neben mir. »Du starrst ja auf den armen Tümpel, als hättest du da irgendwo eine Wasserleiche entdeckt.«
»Ach wo!« Ich gab meiner Stimme den festesten Ton, den ich nur rausbringen konnte: »Es sind nur die ewigen Hammelklopse. Die gibt's bei uns morgens, mittags und abends.«
Willi hielt mir eine von seinen Wurststullen hin: »Probier mal, selbstgeschlachtete Wurst. Da geht nichts drüber!« Es schmeckte wunderbar und erleichterte mein Herz etwas.
»Früher«, sagte Willi und schaute mit zusammengekniffenen Augen auf das Wasser, »haben wir hier immer Steine springen lassen. Wann war das eigentlich? Kommt mir vor, als sei's eine Ewigkeit her. Damals war ich noch ein Schuljunge.«

Er rutschte nah ans Wasser heran, fand einen Stein und ließ ihn mit einer kurzen, kräftigen Bewegung über das Wasser fliegen. Zweimal berührte der Stein die helle Fläche, hob sich wie ein Schatten nocheinmal und versank ziemlich weit draußen.
»Willst du auch mal versuchen?« fragte Willi.
Ich versuchte, aber mein Stein platschte aufs Wasser und war weg. Willi erklärte mir seine Technik umständlich: »So, aus dem Handgelenk muß er kommen. Aber den Arm mußt du natürlich auch richtig einsetzen – kurz, aber kräftig! Und guck nicht auf den Stein, sondern auf die Bahn, die er nehmen soll. Vor-aus-schauen nennt man so was!«
Er lachte, schaute ›vor-aus‹, und sein Stein hüpfte wie aufgezogen übers Wasser. Meiner dagegen brachte höchstens einen kläglichen Hopser zustande, als hätte ich keinen Kiesel, sondern eine Bleikugel in der Hand.
»Daß ich noch mal an meinem Kindertümpel sitzen würde, das hätt' ich mir vor zwei Monaten nicht träumen lassen«, sagte Willi, während er den letzten Ringen auf der Wasserfläche nachsah. Er drehte einen besonders flachen, rosa-schwarzen Stein zwischen den Fingern und tat, als wollte er werfen. Aber der Stein blieb in seiner Hand.
»Damals, als der Krieg zu Ende ging, da hatte ich auch etwas mit einem Stein zu tun. Das war eine Geschichte für sich!
Da hat mich einer ... Na ja, ein Stein hat mich plötzlich angeguckt, als wollte er mit mir sprechen. Es hört sich blödsinnig an und ist doch wahr.«
Willi steckte den schönen Stein in die Tasche und sah vor sich hin.

»Bist du noch ein richtiger Soldat gewesen?« fragte ich.

»Das kann man wohl sagen!« Willi erzählte, daß er gerne Flieger hatte werden wollen und mit siebzehn Jahren, nach dem berühmten ›Notabitur‹, auch noch zur Grundausbildung nach Dänemark geschickt worden wäre. Aber dann war's schon bald vorbeigewesen mit der Fliegerei, weil es keine Flugzeuge mehr gab. Gegen Kriegsende waren die Fliegerjungen dann zur Infanterie geschickt worden, um die Russen an der Oder aufzuhalten. Die Stadt, von der aus sie eingesetzt werden sollten, hieß Wriezen.

»Wenn ich damals schon geahnt hätte, wenn ich nur ein bißchen hätte voraussehen können, ich hätte mir die Stadt sehr genau angeguckt«, sagte Willi. »Aber damals ... Kaum waren wir angekommen, da begann auch schon der Rückzug aus der Stadt Wriezen. Das waren irre Zeiten! Hin und her wurden die Menschen gejagt, man konnte förmlich riechen, daß die ›da oben‹ schon längst nicht mehr einig waren über die richtige Kriegführung. ›Alles zurück zur Verteidigung von Berlin!‹ hieß die Order.«

Der Rückzug geriet in Unordnung. Am Ende, als sie in Berlin-Lichterfelde ankamen, waren nur noch drei Mann von der alten Einheit beieinander, und so allmählich dämmerte es den Dreien, daß es nicht mehr darum ging, noch irgend etwas zu verteidigen, sondern nur noch darum, sich von der Truppe ›abzusetzen‹, so leise wie möglich und möglichst Richtung Heimat – ehe die Russen sie fangen würden.

Als es Abend wurde, fanden sie sich todmüde nach ziellosem Herummarschieren in der Nähe einer Feuerwehrgarage, deren Tor offensichtlich nicht

abgeschlossen war. Sie sahen sich an, waren drin, eh noch ein Wort gesprochen war, folgten dem Geruch der Strohsäcke, die da irgendwo liegen mußten, ließen sich fallen und fühlten sich im Paradies. Sollten sie es geschafft haben? Sollten sie so einfach dem Kommiß entkommen sein?
Oh, nein! – Höchstens im Traum gab es so was!
Eh sie noch angefangen hatten, ihrem Glück zu trauen, hörten sie vor dem Tor einen harten Schritt: So klang nur ein Feldwebelschritt! Er trieb sie mit vorgehaltenem Gewehr heraus: »Erschießen sollte man euch, ihr Feiglinge!«
Aber zu ihrem Glück war unvermutet ein Leutnant aufgetaucht, der Soldaten sammelte. Er hatte Befehl, den Bahnhof ›Gesundbrunnen‹ zu verteidigen.
»Ich glaube beinah«, sagte Willi, »es war der Name ›Gesundbrunnen‹, der dem Leutnant die Absurdität seines Auftrages zum Bewußtsein brachte. Jedenfalls war er plötzlich mitten auf der Straße stehngeblieben, hatte sich zu den wenigen Soldaten umgedreht und gerufen: »Macht, daß ihr in Deckung kommt!«
»Ich weiß nicht mehr, wie ich in den Bombentrichter geraten bin«, sagte Willi und holte den schwarzrosa Stein wieder aus der Tasche, drehte ihn zwischen den Fingern und starrte auf die glitzernde Wasserfläche. Er schwieg.
»Und dann?« fragte ich.
Willi drückte den Stein so heftig zwischen beiden Handflächen, als wollte er ihn zerquetschen. »Keine drei Sekunden war ich in dem Erdloch drin«, sagte er, »da schlug neben mir eine Granate ein. Und als ich nach einer Ewigkeit vorsichtig meinen Kopf hob,

sah ich dicht neben meiner rechten Schläfe, wo vorher nichts als Erde gewesen war, den Stein – einen großen, grauen Feldstein. Den hatte die Granate von irgendwoher herangetrieben, und da war er stehengeblieben, als hätte mein Kopf ihn aufgehalten.
Du denkst so oft vorher , du würdest alles schon wissen, was dir im Feld passieren kann, würdest es längst kennen aus den Erzählungen der Kameraden oder aus deiner eigenen Phantasie. Aber nein! Einmal erwischt es dich – und ist ganz neu! Da erlebst du es selbst! Und nichts davon hast du vorher gewußt oder gefühlt. Todesangst kannst du dir nicht erzählen lassen. Das ist etwas ganz anderes.
Ich hab' da gehockt und wie ein Toter den lebendigen Stein angesehen. Und ich habe mit ihm – oder mit wem sonst – gesprochen. Wie lange das ging – Stunden oder Sekunden –, keine Ahnung! Erst als ich hörte, wie über mir einer sagte: ›Da unten hat's auch einen erwischt. Soll'n wir ihn holen?‹ Da erst kam ich zu mir, kroch heraus aus meinem Trichter und fand den Leutnant wieder. Das Unternehmen ›Gesundbrunnen‹ war längst abgeblasen.
Als es dunkel wurde, ließen wir uns einfach in eine Mulde neben der Straße fallen und schliefen, noch ehe wir richtig lagen. Wir hörten und sahen nicht, was in dieser Nacht passierte. Erst das fremde Gesicht, das gar nicht unfreundlich auf mich heruntersah, als ich im Morgendämmern wieder zu mir kam, brachte es mit einem Schlag an den Tag. Da stand einer über mir, hatte die Arme ausgebreitet, als gäbe es etwas zu umarmen, und rief in russisch gebrochenem Deutsch:

›Krieg aus! Du nach Matka! Ich nach Matka! Versteh?‹
So was denkt sich ein kleiner Soldat, der gesiegt hat! Und ich, der besiegt war, hätte es ihm beinah geglaubt. Aber wieder kamen die Feldwebel dazwischen! Diesmal waren es die russischen. Sie trieben zusammen, was an deutschen Soldaten zu sehen war, entwaffneten uns, und schon waren wir wieder auf der Straße nach Osten: Ein endlos langer Zug schien es zu sein, links und rechts von russischen Maschinengewehren bewacht. Wer ausbrach, wurde erschossen, wer nur hinfiel – auch.
Na ja, und so weiter und so weiter ...«, sagte Willi und warf den rosa-schwarzen Stein mit einer zornigen Bewegung aufs Wasser. Aber diesmal sprang er nicht. »Komm, Stadtmamselling, wir müssen fertig machen, sonst kriegen wir was von August Bobzin zu hören.«
»Aber da war noch was mit Wriezen! Das mußt du noch erzählen!« rief ich, während ich hinter ihm den Hügel raufrannte.
Willi stand schon oben am Weg und griff nach der Sense: »Zu viel für eine Frühstückspause«, sagte er. »Wenn wir mal wieder zum Anmähen gehn, erzähle ich meine Geschichte zu Ende.«

Am Abend fragte niemand aus der Tischrunde nach meinen Erlebnissen mit ›dem Jüngling‹. Beunruhigende Nachrichten von einer Ablösung unsres Kommandanten Toni hatten sich plötzlich verbreitet. Was für ein Mensch würde ›der Neue‹ sein? Würde er mit dem alten Arrangement im Hause einverstanden sein? Würde er erlauben, daß wir im Haus blieben?

Was ich beim Anmähen erlebt hatte, das war längst unwichtig geworden für die andern. Aber ich lag in dieser Nacht lange wach. Das Bild der hellen, ruhigen Oberfläche des kleinen Tümpels, die der fliegende, springende Stein berührt hatte, tauchte immer wieder auf. Etwas, das sich nicht in Worte fassen ließ, war gewesen und vergangen. Nein, es hatte sich nichts ›zusammengebraut‹. Trotzdem war es ein ganz anderer als die andern Arbeitstage gewesen.

Willi und ich wurden nicht wieder zum Anmähen eingeteilt. Wir trafen uns nicht mehr bei der Arbeit und sahen uns kaum noch von weitem. Die halbe Geschichte eines jungen Soldaten wurde nicht mehr zu Ende erzählt in diesem Sommer. Es gab keine Zeit mehr für Geschichten. Die Gegenwart rückte uns bedrohlich auf den Leib. Wir hatten Not, mit ihr fertigzuwerden.

Der Sommer endete im Schrecken.

Vergrabene Schätze

Tante Lucies schöner Garten sah ungepflegt aus. Niemand hatte mehr Zeit, sich darum zu kümmern. Nicht einmal aus dem Mistbeet, das nahe beim hinteren Küchenausgang lag, waren die jungen Pflänzchen ordentlich ausgesetzt worden.

»Es ist eine Schande!« sagten Johanna und Eva, wenn sie vor dem Mistbeet standen, und schienen den trübseligen Anblick zu bedauern. Aber in Wahrheit meinten sie gar nicht die vergessene Saat, sondern das, was darunterlag und auch nicht wieder hochzubringen war.

Wie – um alles in der Welt – konnte man bloß an die so gut verborgenen Sachen herankommen!

Als damals in der Aprilnacht nach der Goebbelsrede der Entschluß gefaßt worden war, einige wichtige und wertvolle Dinge in der Erde zu vergraben, war vom Ausgraben nicht die Rede gewesen. Seither lagen ein Koffer und zwei große Milchkannen gut verborgen unter dem Mistbeet im Küchengarten, und unter einem Berg von Brennholz war im Holzschuppen Evas Koffergrab versteckt. Unsere Schätze waren ›wohlverwahrt‹. Aber auf ewig wohlverwahrte Schätze sind so sinnlos, als hätte man sie gar nicht.

Zwei Monate waren seit der Besetzung des Dorfes vergangen. Die Verhältnisse hatten sich normalisiert, und das Leben unter der russischen Besatzung war einigermaßen berechenbar geworden. Reine Willkür wurde nur noch selten geübt. So begannen wir, kaum dem ersten Schrecken entkommen, schon darüber nachzudenken, wie es mit uns weitergehen könnte. Solange man Flüchtling ist, muß man weiter!
Wenn Vater sich aus der Gefangenschaft zurückmelden würde, das stand fest, dann wollten wir alles daransetzen, sofort zu ihm in den Westen zu kommen. Dann würden die Papiere, der Schmuck, ganz besonders die Urkunden, dringend gebraucht werden. Aber da lagen sie nun: ganz nah und zugleich unerreichbar. Es war zum Lachen und war zum Heulen! Sollten wir spät in der Nacht vielleicht versuchen, sie heimlich auszugraben! Wahnsinn! Selbst wenn wir unentdeckt blieben, wir hätten die schweren Stücke niemals allein aus der Erde heben können.
Am Ende war klar, daß unser gutes Versteck von uns selbst den Russen preisgegeben werden mußte. Wir saßen in einer Falle! Und die konnte nur von außen geöffnet werden. Johanna und Eva zögerten lange. Die Sachen waren wichtig für uns, jedes einzelne Stück. Mochten sie unerreichbar sein, sie waren immerhin noch in unsrer Nähe, noch nicht kassiert!
Eines Tages geisterte ein Gerücht durchs Dorf: Es sei der Befehl ausgegeben worden, Dörfer und Gutshäuser noch einmal gründlichst nach vergrabenen Dingen abzusuchen. Als schon bald hinterm Hühnerstall, wo wir damals die letzten Sachen eilig und viel zu oberflächlich in der Erde versteckt hatten, ein

wildes, erfolgloses Wühlen begann, konnte man noch gelassen zugucken. Der Platz war längst von irgendwelchen Plünderern ausgeräumt. Als sie aber gefährlich nah am Holzschuppen herumstocherten und die Erde nach Hohlräumen abhörten, wurde die Sache bedenklicher. Wie gut mochten sie im Stöbern sein? Wieviel Phantasie hatten sie, sich in unsre Lage damals zu versetzen? Wir ließen ›die Wühlmäuse‹ nicht mehr aus den Augen. Aber dann kam eines Morgens der Doktor in die Küche gestampft und sprach mit ernstem Gesicht: »Ihr noch was in Erde gegraben? Raus, sofort – sonst ...« Seine schwere Hand fuhr schneidend an Mutters Hals entlang.
»Sie werden es nicht finden!« Davon war Mutter noch immer überzeugt. »Wir brauchen uns keine Sorgen zu machen über die Halsabschneider.«
»Aber wenn wir uns beim Kommandanten melden«, wandte Eva ein, »könnten wir wenigstens etwas – etwas doch wenigstens – wiederbekommen! Schließlich können wir nachweisen, daß es unser Eigentum ist. Denkt doch nur, alles, was wir so dringend brauchen werden, wenn wir unser Leben noch einmal aufbauen wollen, ist da unten drin!«
Damals hieß unser Kommandant Toni. Hieß er wirklich so? Oder hatte nur Trudchen ihm diesen Namen gegeben? Toni jedenfalls war der umgänglichste von allen Offizieren, die wir bisher gehabt hatten. Sollten wir ihm unser gutes Versteck preisgeben? Konnte man ihm zutrauen, daß er großzügig handeln würde?
Noch einen langen Tag schoben Johanna und Eva die Argumente hin und her. Dann gingen sie zu Toni.

Holzschuppen und Mistbeet gaben ihre wohlgehüteten Geheimnisse preis. Ein Tisch wurde draußen vor die Küchentür gestellt und der Inhalt von zwei riesigen Milchkannen und zwei Koffern nach und nach unter der Sonne ausgebreitet. Toni stand wie der Engel des Jüngsten Gerichts daneben, als das Berliner Porzellan – alt war's und kostbar und schon bald hundert Jahre in der Familie! –, als das reich verzierte Silber und viele glänzende, damastene Tischtücher und Bettbezüge auf den Tisch gelegt wurden. Er blickte, ohne eine Miene zu verziehen, auf die einzelnen Pakete und schickte sie mit einer Handbewegung entweder nach links – und das hieß: ›Dies behält der Kommandant!‹ – oder nach rechts. Und die rechte Seite war unsre!

»Er ist genauso anständig, wie wir gehofft hatten«, flüsterte Eva und sah hoffnungsvoll zu Mutter hinüber, als der rechte Berg erfreulich anwuchs. Toni überließ uns das Porzellan, die Silberbestecke und die Wäsche. Aber dann kam der Schmuck ans Tageslicht und wanderte auf die linke Seite – bis auf die Bernsteinkette!

Immer passierte mit dieser Kette etwas anderes, als man erwartete. Ob Toni sie nun für ein ›Leichtgewicht‹ hielt, mit dem er sich nicht weiter befassen wollte, oder ob der Bernstein selbst – man sagt ihm ja besondere Kräfte nach – dem Russen ›nahelegte‹ zu tun, was er dann tat. Wer will das wissen!

Er behielt die Kette in der Hand, betrachtete sie eingehend und sagte schließlich, während er sie über seinem Zeigefinger langsam hin- und herschaukelte: »Nix schwer, Frau!« Und als Mutter ratlos die Schultern hob, was ›ja‹ und ›nein‹ oder noch etwas

ganz anderes bedeuten mochte, hatte er ihr die Kette einfach umgehängt.
Aber die Urkundenmappen mit den wichtigen Dokumenten, die wanderten nach links. Großvaters ehrwürdige alte Aktentasche mit 30000 Reichsmark und einigen Wertpapieren darin wurde pietätlos ausgeschüttet, und der Kommandant legte seine Hand auf den Inhalt. Das sah nicht gut aus! Aber die Katastrophe, die geschah ganz zuletzt; ganz unten am Koferboden hatte sie gelauert. Als hätte ein böser Troll sich's ausgedacht, wurden vor unsern entgeisterten Blicken die Kanone und der Soldat, der, auf dem Bauch liegend, ein Gewehr im Anschlag hielt, ans Licht befördert.
Als letzte Stücke unsres vergrabenen Schatzes stiegen sie herauf, und es war, als wäre eine echte Kanone auf Toni gerichtet worden und als läge da neben dem Mistbeet wirklich einer im Anschlag. Der Kommandant geriet bei dem unerwarteten Anblick in eine furchtbare Wut, schrie und schlug mit den Fäusten auf die Urkundenmappen, schleuderte das Tuch, in das der Schmuck eingeknüpft war, auf die Erde, ließ die Sachen wieder einsammeln, klemmte zornbebend alles unter den Arm und verschwand im Haus, gefolgt vom ›Doktor‹, der die Ausgrabung aus dem Hintergrund beobachtet hatte.
Alles schien verloren. Wir würden den Schmuck und die Papiere niemals wiedersehen!
Der Tag verging. Wir grübelten immer wieder fassungslos über diesen unglückseligen Zufall. Es war doch Kinderkram! Der achtjährige Bruder hatte an jenem Aprilabend, als die Sachen vergraben wurden, irgend jemanden sagen hören: »Das soll den Russen nicht in die Hände fallen!«

Und weil er auch etwas besaß, was er retten wollte, hatte er heimlich seine Spielzeugkanone und den liegenden Soldaten in den Koffer geschoben. »Ob ich's ihm verboten hätte, wenn ich dazu gekommen wäre? Ich weiß es nicht einmal!« rief Mutter verzweifelt. »Muß man sich denn so furchtbar darüber aufregen! Hält Toni uns wirklich für unverbesserliche Militaristen? Warum sollen Kinder im Krieg nicht mit Kriegsspielzeug spielen! Tun es die russischen Kinder etwa nicht! Einfach lächerlich, deswegen so aus der Fassung zu geraten! So eine alberne kleine Kanone! Ist es möglich, daß sie tatsächlich etwas für diesen russischen Offizier bedeutet?«
»Ich glaube es ihm jedenfalls nicht!« sagte Eva. »Das ist doch einfach absurd! Typisch russisch!«
Wir waren uns alle einig. Nur Helga, die sich schon als kleines Mädchen nie von allgemeinen Gedankengängen einnehmen ließ, fragte nachdenklich: »Und wenn doch?«
»Was – und wenn doch? Was soll das heißen?«
»Na, wenn er es doch ernst meint mit der Kanone?«
»Ach, wo!« Mutter ließ den schweren Deckel auf den eisernen Kartoffelkochtopf fallen: »Wir haben einfach verloren! Wir haben wieder mal verloren! Ja, richtig, ich habe die Bernsteinkette zurückbekommen! Wenn ihr denkt, ich wäre darüber besonders glücklich, dann täuscht ihr euch! Der andere Schmuck ist ja viel wertvoller; aber den hat er mir natürlich nicht umgehängt, den hat er sorgfältig in das Tuch gebunden! Nichts davon werde ich wiedersehen: meine Armbänder und Ringe, die Rubinnadel, das goldene Zigarettenetui und Vaters Taschen-

uhr, alles ist hin! Nur die liebe, dicke Bernsteinkette, die bleibt mir.«
Nane und ich waren über diese Sache ganz anderer Ansicht. Wir wußten einfach, daß die Sache von größter Bedeutung war, daß die Kette eben bei uns bleiben sollte. Natürlich wurde die ›liebe, dicke Kette‹ nach der ersten, ungerechten Enttäuschung auch von Mutter voller Rührung betrachtet und befühlt und schließlich in einem guten Versteck unterm Dach verstaut.
»Sie ist mir viel treuer, als ich ihr je sein wollte«, sagte Mutter kopfschüttelnd. »Ich wollte sie zu Hause lassen, aber meine Tochter dachte anders darüber. Und nun bleibt sie mir womöglich als einziges Stück von all meinen Schmucksachen. Das ist wirklich seltsam!«
Viel später am Abend, als es schon dunkel werden wollte, kam Toni noch einmal in die Küche. Er war allein. Er gab Mutter das Tuch mit dem Schmuck und Eva die Papiere und das Geld. Alles geschah so überraschend, kam ihnen so unwirklich vor, daß sie nichts zu sagen wußten. Dafür begann Toni zu sprechen, schnell und eindringlich, und natürlich in der fremden unbegreiflichen Sprache. Sie verstanden kein Wort und wußten doch genau, wovon die Rede war.
Ja, es war nicht gleichgültig, womit Kinder spielten. Und die, die's ihnen gaben, die hatten sich Gedanken zu machen über das Spielzeug! Ja, genau darauf kam es an!
»Was für ein Tag!« sagte Mutter.
Und dann verbrannte sie, eh die Herdglut für die Nacht zugedeckt wurde, eine Spielzeugkanone und einen Spielzeugsoldaten bis auf den letzten Rest.

Der Kommandant hatte angeordnet, daß Geld und Bankpapiere umgehend in Stavenhagen auf die Sparkasse gebracht werden müßten. Gab es so etwas noch in Stavenhagen? Aber ja! Und selbstverständlich konnte man auch noch ein Konto einrichten. Mutter stand am Schalter, füllte Formulare aus und schob Geldscheine über den Tisch, als wäre kein Krieg verloren und keine Flucht gewesen. Der Bankbeamte nahm alles unbewegt entgegen. Unterschriften und Stempel wurden unter Papiere gesetzt, als gäbe es diesen Staat noch, zu dem das Geld einmal gehört hatte, und als wäre es noch von Wert.

»Ich fühlte mich wie in einem Theaterstück!« sagte Mutter. »Es war ja wie zu Hause in Stolp! Der Schaltermann und ich, wir taten beide so, als wickelten wir einen ganz normalen Vorgang ab. Und dabei wußten er und ich doch genau, daß für diese Scheine aber auch gar nichts mehr zu kaufen war.«

Ob sie denn die ganze Summe auf einmal abheben könnte, wenn sie das Geld schnell brauchen sollte, hatte Mutter ›amtlich‹ gefragt, und der Schalterbeamte hatte ebenso geschäftsmäßig geantwortet: »Also im Augenblick unterliegen wir da einer gewissen Beschränkung. Aber wir rechnen sehr bald mit neuen Erlassen.«

»Also, nun mal von Mensch zu Mensch!« hatte Mutter erklärt, weil ihr das ganze Theater langsam zu dumm wurde. »Wenn ich eine Ausreisegenehmigung bekomme und mit dem nächsten Transport hier weg möchte und dieser Transport sehr schnell zusammengestellt wird, dann brauche ich das Geld womöglich sofort.«

Da hatte der Bankbeamte freundlich geguckt und geantwortet: »Von Mensch zu Mensch, wir werden das regeln. Ich habe nämlich auch jemanden ›drüben‹, zu dem ich gern hinmöchte.«

Von der Bank war Mutter zum Bahnhof gegangen, einfach mal schauen, ob schon wieder Züge nach Westen fuhren. Während sie noch versuchte, irgendeine brauchbare Information aus dem brummigen Bahnhofsvorsteher herauszulocken, war ein geschlossener Güterzug, ohne anzuhalten, durch den Bahnhof gerattert.

»Was ist da denn drin?« hatte Mutter gefragt.

»Sei'n Se man froh, daß Sie da nich mit müssen«, hatte der Beamte erklärt.

»Warum?«

»Da sind Vertriebene aus Pommern drin.«

»Ich bin auch aus Pommern!« hatte Mutter gesagt.

»Na und? Denn sind Sie besser dran als die da! Die sind an der Grenze restlos ausgeplündert worden.«

»Aber nun, nun werden sie nach dem Westen gebracht.«

»Ja, ja, irgendwohin in den Westen.«

Mehr hatte Mutter ihm nicht entlocken können.

Sie war auch auf dem Rathaus gewesen. Vielleicht ließe sich dort etwas über Ausreisemöglichkeiten erfahren.

»Noch is' es nich soweit«, hatte der Beamte gesagt, der ein bißchen gesprächiger gewesen war als sein Kollege von der Bahn. »Aber eines Tages werden auch wieder Züge fahren, und vielleicht, wenn Sie dann eine Genehmigung bekommen, werden Sie auch nach Westen ausreisen dürfen, junge Frau! Sie werden aber eine Wohnung und eine Aufenthaltsgenehmigung dort drüben nachweisen müssen, soweit ich weiß. Aber womöglich bleiben Sie doch noch lieber in Mecklenburg. Man spricht ja davon, daß das Land aufgeteilt werden soll. Stellen Sie sich mal vor, da werden wir alle Selbstversorger und ernten unser eigenes Getreide und unsre eigenen Kartoffeln auf unserm eigenen Land, wie die großen Herren früher! Ist das nichts? Im Westen, da hungern die Leute. Und wenn der Winter kommt, können wir noch Holz sammeln gehn. Aber in den kaputten Großstädten, da wird es schlimm werden!«

Mutter kam niedergeschlagen wieder nach Zolkendorf zurück. Gegen alle Vernunft war sie wohl doch mit der Hoffnung losgezogen, daß es wenigstens hin und wieder mal einen Zug geben würde, für den man Billetts kaufen und in den man einfach einsteigen könnte. Wenigstens eine Möglichkeit, eine noch so schwache Aussicht, an die man in all der Ungewißheit manchmal denken konnte.

Obwohl immer noch jede Nachricht von Vater fehlte, obwohl es keinen einzigen Menschen im Westen gab, der uns erwartete, und erst recht keine Ausreisegenehmigung und keine Wohnung im britischen Sektor – es war so eine verwegene Hoffnung gewesen.

»Damit ist es nichts, aber auch gar nichts!« sagte Mutter und band die Sackschürze um. »Noch stekken wir ganz tief hier drin.«

Ebereschenzeit

Schon röteten sich die Vogelbeeren. Das Sommerland breitete sich vielfarbig um unser Dorf. Zwischen Morgen und Abend, zwischen Aufbruch zur Arbeit und der müden Heimkehr gingen die Tage im Gleichmaß, als wäre alles gut. Das Schreckensgesicht der Zeit schien sich in diesen ersten Augusttagen anderswohin gewendet zu haben. Wenn Mutter am Morgen das Fenster aufstieß und die frische Luft einsog, spürte ich Hoffnung. Wir lassen uns nicht unterkriegen, dachte ich und wickelte mich noch einmal fest in die warme Decke. Mit geschlossenen Augen sah ich Mutter zwischen mir und *Dem-da-draußen* stehen. Es war alles gut.
Aber dann schlug das Wetter plötzlich um. Es wurde kalt und regnerisch. Schwerer und mühseliger wurde auch die Arbeit auf den Feldern. Wir sangen nicht mehr. Der neue russische Kommandant brütete mürrisch am leeren Schreibtisch. Wir wußten nicht, woran wir mit ihm waren. Den ›Doktor‹ schien der Erdboden verschluckt zu haben. Es gab keinen erkennbaren Grund, und doch fühlten wir, daß etwas Feindseliges in der Luft lag. *Irgend etwas* schien sich vorzubereiten. Ob es aber mit uns zu tun haben würde? Die Hoffnung, wir könnten uns

getäuscht haben, zerstob, als eines Morgens ganz überraschend die Dolmetscherin ins Haus kam. Sie war nur für amtliche Ereignisse zuständig, sonst verständigte man sich mit Händen und Füßen oder mit den wenigen Brocken Russisch, die wir inzwischen gelernt hatten.

›Es‹ war da! Der Kopf mit den Schreckensaugen, der abgewendet schien, drehte sich langsam, bis sein voller Blick uns traf. In dürren Worten hörten wir von der Dolmetscherin unsere Katastrophe: Wir hätten das Haus so schnell wie möglich – spätestens aber morgen – zu verlassen. Wir würden in ein anderes Dorf gebracht werden und dort ein anderes Quartier bekommen.

Es gab keine Begründung. Keine Nachfrage war möglich. Kein Einwand wurde angehört. Es war ein vollkommen unerwarteter Schlag, unter dem wir schwankend, beinah betäubt dastanden.

Wer konnte ihn veranlaßt haben? Wir suchten einen Schuldigen, als wäre der Schlag leichter zu ertragen gewesen, wenn wir den Grund gekannt hätten! Hatte der Kommandant etwas gegen uns gehabt? Hatte die deutsche Familie, die im Anbau des Gutshauses lebte, uns bei ihm angeschwärzt? Saß im Dorf ein Feind? Oder war es nichts als Laune, nichts als Willkür, daß ein junger russischer Offizier zwölf Menschen, die ihm nichts getan hatten, von heut auf morgen aus dem Haus trieb?

Von nun an würden wir zu den namenlosen, viel zu vielen Flüchtlingen gehören, die niemand haben wollte. Auch für die Menschen in Zolkendorf waren wir Flüchtlinge gewesen, mit denen sie wenig verband; aber sie kannten uns noch aus der ›alten Zeit‹.

Wir hatten einen Namen, eine Herkunft. Und im Dorf wohnte Mutter Block, die es gut mit uns meinte.
Am Abend, als das meiste zusammengepackt war, trafen wir uns noch einmal in der Laube, am Rande des Gartens, wo wir ungestört sprechen konnten. Wir saßen alle nebeneinander auf der rissigen Holzbank, zwischen alten, kaputten Körben, zwischen Hacken und Harken und vergessenem Krempel wie in einem absonderlichen Wartesaal, wie Leute eben, die auf etwas Schreckliches warteten.
»Sie behandeln uns, als ob wir Tiere wären!« sagte Eva. »Aber warum bloß? Wir haben ihnen doch nichts getan! Es ist und bleibt unbegreiflich.«
»O nein! Ich verstehe es sehr gut!« Mutters Stimme klang fremd und hart. »Das ist doch ganz einfach! Uns ist es ja immer noch viel zu gut gegangen. Wir sind noch nicht da, wo wir hin sollen!« Sie griff nach einer der kurzen Hacken, die unter der Bank lagen, und schlug auf den Bretterboden, daß er splitterte.
»Wir haben ja bloß unser Zuhause verloren! Na und? Wir sind Flüchtlinge geworden! Was tut's? Wir wissen nicht, wo unsre Männer sind! Was soll's?«
Mit jeder Antwort hackte sie auf den Boden ein, daß man sich fürchtete.
»Ob sie noch leben, unsre Männer! Wen kümmert's! Wir haben es gut gehabt! Wir durften in diesem Haus bleiben. Sechs Leute in einem Zimmer! Das war doch beinah wie in Stolp! Wir sind die Dienstmägde der Kommandanten geworden. Es hätte schlimmer kommen können. Sie haben uns mißhandelt! Aber wir leben ja noch!
Oh, nein! Wir sind noch lange nicht angekommen, wo wir hin sollen!«

Schneller und wütender, immer noch schneller und wütender schlug die Hacke auf den Boden und zerriß ihn. Mutter war außer sich.

Eva ließ den Harkenstiel los, den sie mit beiden Händen gepackt hatte, als könnte er Halt geben. Er krachte gegen die Wand.

»Johanna, um alles in der Welt!« rief sie. »Hör auf damit!« Aber Mutter konnte nicht, wollte nicht aufhören. Sie wollte nur noch hacken und schreien.

Am Ende fiel ihr die Hacke aus der Hand. Sie richtete sich auf, sah mit leeren Augen um sich und trat aus der Laube.

Vor ihr an der Hausmauer stand die Regentonne. Sie stützte sich auf den Rand und beugte sich tief hinunter. Was wollte sie tun?

Die beiden kleinen Brüder liefen ihr nach und standen wie zwei Wachtposten neben der Tonne. Mutter sah sie und sah zugleich ihr eigenes Gesicht im Wasserspiegel. Ihr Oberkörper wiegte sich ein wenig vor und zurück.

Wollte sie das Faß umwerfen? Oder wurde ihr schwindlig? Plötzlich streckte sie beide Arme vor, tauchte die Hände ein und schöpfte Wasser. Sie warf sich das Wasser ins Gesicht, beugte sich wieder vor und schöpfte Wasser, schöpfte und schöpfte, stand mittendrin in einer sprühenden, spritzenden Wasserwand. Die kleinen Brüder waren erschreckt zurückgewichen, aber Eva hatte den Harkenstiel wieder gefaßt und schaute Mutter zu, als täte sie das einzig Richtige.

Mutters Haare waren ganz naß, auch ihre Bluse und die Schürze tropften. Sie sah blaß aus, aber nicht mehr fremd, als sie sich zu uns umwandte:

»Kommt!« rief sie. »Wir packen den letzten Kram! Und das sage ich euch: Uns soll keiner unterkriegen!«

Es war trübes Wetter, und der Himmel sah nach Regen aus, als am nächsten Tag der alte Kutscher Prehn mit einem kleinen Leiterwagen auf den Hof gefahren kam. Wir verstauten sechs Bettgestelle, zwei Tische, sieben Stühle, unsern kostbaren, immer noch viel zu kleinen Besitz an Messern, Gabeln und Löffeln, die restlichen Koffer, die Bettsäcke und setzten die fünf Kleinen, die noch nicht so weit zu Fuß gehen konnten, ganz oben auf die Fuhre.
Die vage Hoffnung, der ›Doktor‹ würde vielleicht doch noch in letzter Minute auftauchen und unser Schicksal umwenden, hatte sich nicht erfüllt. Nur Mutter Block hatte versprochen, dem Postboten, falls er einmal etwas für uns hätte, Bescheid zu sagen. Wir verließen das Dorf, in dem wir ein halbes Jahr gelebt hatten, und wanderten hinter dem Fuhrwerk her, ohne zu wissen, wohin wir gebracht wurden. Wir hatten nur einen Namen.
»Kennen Sie Fahrenholz?« fragten wir den alten Prehn. Er nickte.
»Was ist das für ein Dorf?«
Er zuckte die Achseln. Da fragten wir nicht mehr.
Es begann zu regnen. Der Wind blies heftiger und schließlich so stürmisch, daß Eva und Mutter den Kinderwagen gemeinsam auf dem holprigen Weg vorwärtsdrücken mußten.
Hanne und ich gingen als letzte, dicht nebeneinander und mit gesenkten Köpfen, um uns gegen den

Regen zu schützen. Ich sah nichts als die Wagenspuren im nassen Sand und lief zwischen ihnen, als hätte ich selbst einen Wagen zu ziehen. Wäre ich nicht über einen Stein gestolpert und lang hingefallen, hätte ich vielleicht gar nicht bemerkt, was mir nun, als ich beim Aufstehen nach oben guckte, plötzlich wie hingezaubert erschien: Der ganze, lange Feldweg, hinter uns und vor uns, war von Ebereschenbäumen gesäumt. Der Wind zauste die gefiederten Blätter, und der Regen ließ die vollen Beerenbüschel wie korallenfarbene Troddeln glänzen.
Von nun an guckte ich ab und zu nach der schönen Farbe, die unsern langen Weg begleitete. Alles war trübselig, war zum Verzweifeln. Aber die Ebereschen waren schön.
Im Kinderwagen lag Brüderchen, Evas jüngstes Kind. Es ging ihm nicht gut und war ihm eigentlich noch nie so richtig gut gegangen. Nicht immer hatte es genug Milch gehabt und nicht immer genug Wärme. Und natürlich gab es seit Monaten schon keinen Arzt mehr, der für uns erreichbar gewesen wäre, keine Apotheke und keine Medizin. So gut es ging, war der Wagen mit Kissen und Tüchern gegen Kälte und Nässe geschützt worden. Aber man sah es: Das Kindchen fror, und sein Gesicht wurde immer durchsichtiger.

Fahrenholz war kein unfreundliches Dorf, aber da, wo wir nun leben sollten, da war es so häßlich, daß es uns grauste. Die Schnitterkaserne stand am Eingang des Dorfes, etwas abgetrennt von den anderen Häusern, auf einer kleinen Erhebung über der

Straße. Kein Garten war da, kein Strauch, keine Blume, so, als sollte das Haus von allen Seiten beobachtet werden können.

Früher hatten in diesem Haus Menschen gewohnt, die nur zeitweise auf dem Gut arbeiteten. Oft waren es Polen gewesen, die sich in der Erntezeit gegen einen Tage- oder Akkordlohn verdingten. Sie zogen von einem Platz zum andern – zivile Landsknechte mit geringem Sold – und verschwanden bald wieder. Die Schnitterkaserne war nur zum Schlafen und zum Kochen da, war niemals ein Zuhause gewesen.

Im Krieg hatte man Zwangsarbeiter und Kriegsgefangene dort untergebracht. In solchen Häusern nistet sich Ungeziefer ein, und die Wände haben die schmutzige, trostlose Farbe der Gleichgültigkeit.

Aus dem Inspektorhaus in die Schnitterkaserne – das war ein Abstieg! Wenn wir zuletzt auch nur in der äußersten Einschränkung unter dem großen Dach hatten wohnen dürfen, es war noch immer etwas von der früheren Atmosphäre zu spüren gewesen, wir hatten noch in einer vertrauten Welt gelebt.

In Fahrenholz, in der Schnitterkaserne, wurden wir uns selber fremd und fühlten uns hilflos. Wir konnten uns mit den andern Flüchtlingen, die schon länger in dem häßlichen Haus lebten, nicht verständigen. Sie betrachteten uns als verdächtige Eindringlinge, die nichts als Durcheinander brachten und ihnen womöglich gerade erst erworbene Rechte streitig machen könnten.

»Was sucht ihr denn hier?« fragte eine schlesische Frau aus dem oberen Geschoß der Kaserne mißtrauisch. »Mit euch muß ja wohl was nicht in Ordnung sein, daß sie euch hier ›so Knall und Fall‹ reinstekken! Oben bei uns habt ihr jedenfalls nischt zu suchen, damit das klar ist! Und um elf Uhr sind wir auf dem Herd. Ihr kommt erst nach uns dran.«

Wir wußten nicht, wie viele Zimmer es oben im Haus gab, wie viele Menschen da oben lebten; sie mieden uns, als ob wir Verbrecher wären. Aber kochen mußten wir alle auf dem einen großen Herd in der Küche, die einen Ausgang nach draußen hatte, eine Tür zur Treppe nach oben und eine Tür, die direkt in unsere beiden kleinen Zimmer führte.

In der Nacht fielen die Wanzen über uns her. Am Morgen stellten wir die Bettfüße in kleine Behälter mit Petroleum. Das roch furchtbar, aber es sollte helfen.

Am Tag nach unsrer Ankunft, der plötzlich drückend heißes Wetter brachte, am 12. August 1945, starb Brüderchen.

In der Küche hantierten und redeten fremde Menschen. Sie merkten nichts oder wollten nichts merken. Sie waren gleichgültig. Aber im anschließenden Zimmer bildeten wir eine Barriere gegen die Unruhe, gegen die Küchengeräusche und die schrillen Stimmen. Sie drangen wohl durch die dünne Tür zu uns herein, aber nicht weiter. Wir hatten ohne Verabredung zu summen und zu singen begonnen, was uns gerade einfiel, es war das einzige, was wir tun konnten.

Eva saß mit ihren beiden großen Töchtern bei Brüderchen im Zimmer hinter dieser Barriere und hielt das Kind in ihrer eigenen Wärme. Es war die einzige Medizin, die sie hatte.

Wieder, wie schon einmal, wie in jener gefährlichen Stunde damals im Wald, als die Schüsse fielen, wurden wir auf geheimnisvolle Weise ein einziges Gemeinsames und wußten ohne ein Wort der Verständigung: Wer sich jetzt ein egoistisches Gefühl, wer sich Selbstmitleid erlaubt, der wird nicht nur selber verloren sein, sondern das Ganze, das uns alle hält, zerstören. In meiner Erinnerung liegt Stille über diesem Sterbetag wie ein dunkles Tuch.

Der Tischler hatte einen kleinen Sarg gemacht. Der Pastor war aus Borgfeld einen weiten Weg zu Fuß gekommen. Sein staubiger Talar blähte sich im heißen Wind des Augusttages, als er unsern kurzen Zug zum Friedhof anführte. Die vier großen Kinder trugen Brüderchens Sarg, die fünf Kleinen gingen mit Eva und Mutter hinterher. Niemand aus dem Dorf begleitete die Fremden.

Der Sarg war dicht bedeckt mit vielen korallenroten Ebereschendolden und dem zarten Grün dieser Bäume. Es war, als führte die Ebereschenstraße, die wir vor zwei Tagen von Zolkendorf zur Schnitterkaserne gewandert waren, nun bis auf den hochgelegnen Friedhof von Fahrenholz.

Der Geburtstag

Vom frühen Morgen bis spät in den Abend, solange es noch hell genug war, arbeitete die Dreschmaschine auf dem Gutshof. Von den Feldern fuhren die hochgepackten Wagen, so nah wie möglich, an das Ungetüm heran, um es zu bedienen und zu füttern. Über ein Förderband wurden unablässig fest gebündelte Garben auf die Maschine geschickt, wo immer zwei Frauen standen und mit einem scharfen Messer den Bindfaden durchschnitten, der die Getreidehalme zusammenhielt. Die aufgeschnittene Garbe versank schließlich durch eine Art Rüttelrost im gewaltigen Maschinenbauch.
Bücken – greifen – schneiden; bücken – greifen – schneiden das war unsere Arbeit. Es war keine schwere Arbeit, aber die Grannen flogen überall herum und blieben an der schweißnassen Haut kleben. Es staubte, daß die Augen brannten, und unaufhörlich lärmte die Maschine und faßte und rüttelte den Menschen durch, von oben bis unten, als wäre er ein Teil von ihr.
Auch am 17. August, an meinem 15. Geburtstag, erwartete mich die Dreschmaschine. Als ich kurz vor sieben Uhr die noch taufeuchte Dorfstraße entlang zum Gutshof lief, hatte ich trotz allem ›das

Geburtstagsgefühl‹, das ich so gut von früher kannte. Ein Prickeln und Lachen irgendwo mitten in mir, das mich nicht zweifeln ließ: Es mußte ein schöner und guter Tag werden! So waren Geburtstage nun einmal! Und so hatte er ja auch schon begonnen.

Eh ich zur Arbeit ging, hatte Mutter mir mein Geschenk gegeben und dabei einen Kindervers gesprochen, der schon früher zu unseren Geburtstagsspielen gehört hatte: »Versteck, versteck, was ich dir geb!« hatte sie mit geheimnisvoller Stimme gesagt. »Halte dichte, dichte zu!«

Und dabei war aus ihren aneinandergelegten Händen in meine Hände der Drehbleistift geglitten – der ungewöhnlich kurze, ungewöhnlich dicke, einzigartige, korallenrote Drehbleistift aus Bakelit, den Mutter von zu Hause mitgebracht und sehr gehütet hatte, denn sie liebte ihn genauso wie ich.

»Nein Mutter, das geht nicht!«

»Doch, natürlich! Es ist ja dein Geburtstagsgeschenk!«

Ich verwahrte den wunderbaren Stift sorgfältig in meiner Hosentasche und nahm ihn mit auf die Dreschmaschine. Aus dem taufrischen Morgen wurde ein heißer Tag. Die Wärme verwandelte sich schnell in Schwüle, kein Windchen wehte. Zum Staub und den Roggengrannen, die von der Maschine hochwirbelten, kamen die Fliegen und quälten die Menschen mit ihrer unsäglichen Unermüdlichkeit. Ein Gewitter schien sich anzukündigen; und ich wünschte es mir sehnlichst als ein Geburtstagsgeschenk des Himmels. Aber die gefährliche dicke Wolke kam nicht voran. Es wurde nur immer schwüler.

Mir gegenüber, auf der anderen Seite des Förderbandes, arbeitete eine ältere Frau. Ich kannte sie nicht. Wir sprachen kein Wort miteinander. Sie war wie ich mit Bücken, Greifen und Schneiden beschäftigt und schien mich überhaupt nicht zu bemerken. Ich konnte nicht einmal daran denken, ihr von meinem Geburtstag zu erzählen. Und dabei hatte ich früher immer geglaubt, daß dieser wunderbare Tag auch für alle andern Menschen um mich herum ein wunderbarer Tag sein müßte. Ich tastete nach dem Drehbleistift in meiner Hosentasche, fühlte die sechs Ecken und die spitze Spitze. Es war trotz allem Geburtstag!
Wenn ich mich lang machte, konnte ich zwischen Stall und Scheune auf die Felder und weit hinaus bis zum Horizont gucken. Da hinten, irgendwo nach Westen zu, mußte es eine Straße geben, auf der wir eines Tages fortgehen würden, weg von dieser Maschine aus diesem Hof und aus der abscheulichen Schnitterkaserne. Es würde so kommen, daran zweifelte ich nicht. Nur wann? Und wie?
Immer wieder suchten die Augen den Horizont zwischen Stall und Scheune, und so passierte dann das Unglück: Ich übersah eine der Garben, die das Förderband zu mir herantrug, und ließ sie unaufgeschnitten durchlaufen. Fest gebündelt und geschnürt fuhr sie vor meinen entsetzten Augen hinab in den rüttelnden, schüttelnden Bauch der Maschine. Gleich würde es knirschen und krachen, irgend etwas Entsetzliches würde passieren, wie es der Vorarbeiter prophezeit hatte, als er mich strengstens verwarnte, ja keine einzige Garbe unaufgeschnitten durchzulassen.

»Laß dir das gesagt sein!« hatte er im Weggehen noch mal gerufen.
Und nun war es geschehen!
Ich drehte den Kopf, ob nicht irgend jemand da wäre, der helfen könnte ... und erstarrte. Neben mir stand der Vorarbeiter! Er hatte alles mit angesehen.
»Entschuldigung«, sagte ich, »ich hab die Garbe so schnell nicht kommen sehen.«
»Ach ne, so schnell nicht kommen sehen – was! Wozu bist du denn da oben? Zum Träumen? Zum Rumgucken? Zum Arbeiten bist du da, merk dir das! Bildest dir wohl ein, du wärest was Besseres? Nur mal so Ferien machen auf der Dreschmaschine – was? Du bist gar nichts mehr! Merk dir das! Kannst froh sein, daß ich dich nicht ganz woanders hingeschickt habe, wo wirklich was zu arbeiten ist!«
Obwohl die Maschine sich nicht an meiner festen Garbe verschluckt hatte, hörte der Mann nicht auf zu toben und zu schimpfen. Ich war wie betäubt, aber hinter der Betäubung stieg langsam die heiße Empörung auf. Wenn ich nur etwas – etwas tun könnte, um mich gegen ihn zu wehren! So ein gemeiner, fieser Kerl! Aber es gab nichts, gar nichts! Ich wußte es ja!
Wenn er wenigstens weggegangen wäre! Aber nein, er stand eisern neben mir und beobachtete mich. Ohne aufzugucken arbeitete ich tief gebückt weiter, aber gleich würde es soweit sein, ich würde mich aufrichten müssen, um die Tränen abzuwischen. Es half alles nichts.
Doch – etwas ganz anderes, ganz Unerwartetes half!
Die fremde Frau mir gegenüber auf der anderen Seite des Bandes hatte bis jetzt weitergearbeitet, als ginge

sie das alles gar nichts an. Nun richtete sie sich plötzlich mit einem Schwung auf, verschränkte die Arme und blieb so stehen. Sie rührte sich nicht mehr. Rührte wahrhaftig keine Hand, als die nächste Garbe auf dem Band erschien.
»Hol din Mul, Korl!« sagte sie und sah dem Vorarbeiter mitten ins Gesicht: »Dorvon geit di Welt nich ünner.« Und ließ die fest gebündelte Garbe einfach durchlaufen.
Die Wirkung war herrlich: Mein Peiniger verstummte, sah die Frau an und hielt ihrem Blick nicht stand. Er drehte sich um, stieg ohne ein Wort die Leiter runter und verschwand hinter der Scheune.
Wir arbeiteten weiter: bücken – greifen – schneiden.
Der Schweiß lief, und die Grannen piekten.
Aber es war Geburtstag!

Müde, dreckig und leichten Herzens wanderte ich am Abend zurück in die Schnitterkaserne. Ja, es war ein häßliches Haus mit Wanzen und unangenehmen Menschen drin, aber auch meine Leute wohnten dort, und bestimmt würde Mutter sich noch irgend etwas Schönes für mich ausgedacht haben.
Da kamen mir die Kleinen entgegengelaufen: »Sie ist umgekippt!« riefen sie. »Auf einmal lag sie da!«
Ich rannte mit ihnen, so schnell ich konnte. Mutter stand vor der Tür: »Kein Geburtstag mehr, Große!« sagte sie. »Kümmere dich mal um die Kleinen, Eva muß jetzt in Ruhe gelassen werden.«

Dachte Mutter schon an Typhus? Sie sagte nichts, aber sie sorgte dafür, daß Eva allein blieb.

Am nächsten Morgen gab es keinen Zweifel, daß die Kranke einen Arzt brauchte. Gestützt von der dreizehnjährigen Janne wanderte Eva den Ebereschenweg – sechs lange Kilometer – zurück nach Zolkendorf, wo Mutter Block sie aufnahm und über Nacht behielt, bis Eva am nächsten Morgen mit dem Milchwagen nach Stavenhagen in die Stadt fahren konnte.

Dort ging es Odysseus' kleiner Schwester immer schlechter. Sie hatte keine Kraft mehr, sich gegen die Krankheit zu wehren.

Die Apothekersfrau war der einzige Mensch, den sie in Stavenhagen kannte. Das war ein Glück im Unglück. Gäbe es eine Liste, die die Namen der Menschen verzeichnet, die in schlimmen Zeiten über die eigene Not noch die der andern sehen konnten und zu helfen versuchten, Frau Mester aus Stavenhagen wäre dort eingeschrieben wie auch Helene Block aus Zolkendorf.

Die Apothekersfrau wußte längst, daß die Seuche sich ausbreitete. Wie eine Welle war sie hochgestiegen, und die Kranken hatten das Seuchenlazarett in Stavenhagen überschwemmt. Es gab keinen freien Platz mehr.

Frau Mester, die selber mit ihren kleinen Kindern auf engstem Raum lebte, versorgte Eva mit Medikamenten und brachte sie zu Bekannten, die ihr Haus trotz der Russenbesatzung noch ganz für sich bewohnen durften.

»Laßt die Frau eine Weile in Frieden bei euch wohnen; es besteht immer noch eine Chance, daß die Infektion vorübergeht.«

Die Leute sagten nicht ›nein‹, aber ›ja‹ sagten sie auch

nicht. Eva wurde im abgelegensten Zimmer des großen Hauses untergebracht, am Abend fand sie ein Tablett mit Essen vor ihrer Tür. Niemand sprach ein Wort mit ihr, als könnte schon das Sprechen ansteckend wirken. Eva fühlte sich wie eine Aussätzige.
In der Nacht wuchs die Angst der Hausbewohner vor der Fremden so sehr, daß sie beschlossen, sich von ihr zu befreien. Die Lösung schien ganz einfach und beinah menschenfreundlich: Sie besorgten ihr ein Zimmer im Hotel am Markt.
Ob sie wußten, wohin sie die Kranke gebracht hatten? Es war ein fürchterlicher Ort, eine Hölle für einen empfindlichen, fiebernden Menschen: In den Gaststuben und auf den Fluren lärmten und tranken die Russen. Tag und Nacht schienen Schritte, schienen unzählige schwere und leichte, schnelle und langsame Füße Evas Bett zu umkreisen. Odysseus' kleine Schwester fühlte sich todesmatt. Immer größer wurde die Verlockung, einfach aufzugeben. Nicht mehr kämpfen! Einfach nachgeben, dem süßen Gesang der Sirenen lauschen und alles vergessen.
Niemand weiß, warum Frau Mester, die Apothekerin, plötzlich im Hotel erschien. Aber sie war da, fand die Kranke im Delirium und handelte. Zwei Männer trugen Eva auf einer Bahre vom Markt durch die ganze Stadt zum Seuchenlazarett.
Es hätte, so erzählte Eva später, in all dem quälenden Hin und Her einen wunderbaren Augenblick gegeben, da hätte sie gewußt: Jetzt darf ich mich fallenlassen.
Es muß der Augenblick gewesen sein, als die Männer sie ins Krankenbett legten. Sie ließ sich fallen und fiel in eine tagelange Bewußtlosigkeit.

Wir in der Schnitterkaserne wußten von all dem nichts. Johanna sorgte nun für neun Kinder und hoffte, daß irgendein Fuhrwerk vielleicht eine Nachricht aus der Stadt bringen würde.
Die Nachricht blieb aus, aber eine Woche später stand plötzlich der Einspänner ›des Doktors‹ vor der Schnitterkaserne. »Ich euch suchen und finden!« sagte er zufrieden.
Wir erzählten ihm von der Ausweisung, von Brüderchens Tod und Evas Fieber. »Denkst du, daß es Typhus ist?« fragten wir. Er zuckte die Achseln, während seine Augen wie immer in verschiedene Richtungen auseinander liefen. Sah er mich an oder Hanne neben mir? Es war nicht zu erkennen. Schließlich schien aber das eine Auge vor Mutters Gesicht haltzumachen: »Du auch krank, Frau!« sagte er. »Wenn morgen früh nix gut, du nach Schloß. Versteh? Ich holen.« Und verließ uns ohne weitere Erklärungen.
Wir hatten genau verstanden: Auch Mutter war unter Typhusverdacht, und wenn nicht ein Wunder geschähe, würde ›der Doktor‹ sie morgen in das Krankenhaus bringen, das er im Ivenacker Schloß eingerichtet hatte.
Mutter packte ihre Tasche noch in der Nacht. Als gegen Mittag der Einspänner vor der Schnitterkaserne hielt, konnte sie sich kaum noch aufrechthalten. Neun ratlose Kinder sahen zu, wie sie zum ›Doktor‹ in den Wagen stieg. Sie ließ sich nicht gehen. Sie versuchte zu lachen, drehte sich noch einmal zur Seite und sagte: »Anna und Hanne bestimmen jetzt, wie's gemacht wird. Ich verlaß mich auf euch.«
Und ließ sich fortbringen.

Allein

Die Kinder blieben allein in der Fahrenholzer Schnitterkaserne zurück. Die Mütter hatten wenig Zeit gehabt – nur eine kurze Woche war es gewesen –, das Leben am neuen Platz einzurichten. Nun lagen sie beide weit entfernt an verschiedenen Orten im Krankenhaus. Wie sollte es weitergehen?
Die Kinder hatten keine Vorräte, und natürlich gab es kein Geschäft im Dorf, in dem man irgend etwas zu essen hätte kaufen können; ganz zu schweigen davon, daß für Geld eigentlich nichts mehr zu haben war. Seit dem Kriegsende, seit drei Monaten also, war es einfach zu nichts mehr nütze! Für das Lebensnotwendige, dafür brauchte man einen Garten, eine Kuh, geheime Vorräte von der letzten Schlachtung, die irgendwo hinterm Schornstein versteckt waren, und Hühner, die fortliefen, wenn die Russen sie greifen wollten. Niemand im Dorf besaß noch alle diese ›Lebensmittel‹, aber das eine oder andere hatte man doch und konnte sich helfen.
Wir waren fremd in Fahrenholz. Es gab da überhaupt keinen Menschen, der ein Interesse an uns hätte haben können. Am besten kannten wir unsre Feinde: Das waren die Wanzen und die Menschen, die mit uns in der Kaserne wohnten; auch den Vorar-

beiter, der mich auf der Dreschmaschine beschimpft hatte, rechnete ich dazu. Ihm wenigstens waren Hanne und ich nun entkommen, weil wir als Ersatzmütter der kleinen Geschwister nicht mehr auf dem Feld arbeiten mußten. Aber wovon sollten wir leben?
Eigentlich war unsre Lage verzweifelt, hoffnungslos nach allen Richtungen des Himmels! Aber wir verzweifelten nicht. Und wir waren nicht hoffnungslos. Warum blieben wir verschont von all dem? Es wäre doch Grund genug gewesen! Das läßt sich nicht sagen. Es war eben so und gehört zu den geheimnisvollen Rettungen, die wir ›hinterher‹ bestaunen.
Ob es für die Gefährten des Odysseus einmal eine Situation gegeben hat, in der sie, von dem Erfindungsreichen verlassen, allein den Weg über ›das graue Salz der Tiefe‹ finden mußten. Vielleicht taten sie damals instinktiv das gleiche wie diese neun Kinder, die sich, ohne es eigentlich zu merken, zu etwas Neuem, Eigenem zusammenschlossen und damit Kraft und Zuversicht herbeiriefen. Wohl nicht jede, nicht irgendeine beliebig zusammengeratene Kinderschar hätte es so gekonnt. Diese neun aber hatten Talent zum ›Einigsein‹. Und das Gefühl der Bedrohung war längst nicht so stark wie das einer abenteuerlichen Herausforderung.
Nichts von allem war uns bewußt, wir handelten instinktiv, und niemals fühlten wir uns besonders schwach oder besonders hilfsbedürftig. Im Gegenteil, wir machten Pläne und setzten uns, kaum daß Mutter fort war, zwei Ziele, das eine ganz naheliegend und lebensnotwendig, das andere kühn und

ziemlich phantastisch: Wir brauchten etwas zu essen
– das war das nächste. Und wir wollten mit geradezu himmelstürmender Entschlossenheit auch das
andere: Weg von den Wanzen und den Menschen in
der Schnitterkaserne. Wir wollten zurück nach Zolkendorf ins Inspektorhaus! Gegen alle Vernunft
und jedem Wetter ausgeliefert, vertrauten wir darauf, daß unser Schiff uns auch über das schwarze
Wasser sicher hinwegtragen würde. Wohl kamen
manches Mal vor dem Einschlafen Gedanken ange-
krochen, die mir angst machen wollten; aber ich
konnte sie wegwischen mit Geschichten, immer
glücklich endenden Geschichten, die ich mir aus-
dachte. Und niemals verlor ich die Zuversicht, daß
die Kranken gesund werden, daß sie zurückkehren
würden.
Wir neun waren in ein einzigartiges Abenteuer geraten. Und das wollten wir bestehen!
Aber auch das ist wahr: Ohne die beiden Freunde,
die sich in dieser Zeit einfanden, wären wir wohl
doch verloren gewesen. Der Schnitterkaserne schräg
gegenüber wohnte eine Arbeiterfrau mit ihrer Familie, die wir ›die Kleine‹ nannten – nicht so sehr
wegen ihrer Gestalt, sondern weil ihr Gesicht, in
dem alles eng zusammengerückt war, so klein
wirkte, noch kleiner durch das Kopftuch, das sie tief
in die Stirn band. ›Die Kleine‹ lachte nie und tat,
wenn wir uns trafen, eher abweisend, aber sie war
aufmerksam, sie merkte, wenn es ganz schlimm um
uns stand, und dann mischte sie sich ein. Sie gab uns
manchmal etwas aus ihrem Garten, sie hatte Mutter
auch den ersten Sauerteig geschenkt und ihr gezeigt,
wie man Brot backt; denn in Fahrenholz wurde statt

Brot Mehl zugeteilt, und wer vom Brotbacken nichts verstand, war arm dran.

Trotzdem überlegten wir es uns dreimal, eh wir ›die Kleine‹ um Hilfe baten, weil wir instinktiv fühlten, daß sie Abstand halten wollte. Aber sie war da. Und das war schon viel.

Mächtiger, aber auch ungewisser, war der andere Freund, ›der russische Doktor‹. Er hatte erkannt, daß Mutter krank war und hatte sie fortgebracht. Hatte er sich nur wichtig gemacht, oder konnte er ihr wirklich helfen? Würde er, wie er versprochen hatte, noch einmal nach uns sehen? Es war nicht vorauszusagen! Er konnte es plötzlich wollen, wenn es ihm Spaß machte, aber genauso gut konnte er plötzlich die Lust daran verlieren und sich unerreichbar machen. So war er eben!

Wir mußten uns einrichten und das nächste tun. Janne und Nane wurden die Brotbäckerinnen, Hanne und ich, die Ältesten, versuchten draußen etwas zu essen zu finden. Kartoffeln, Kohl und Rüben durften wir, soviel wir wollten, aus den großen Wintermieten in der Nähe des Gutshofes holen. Diese sogenannten Mieten waren eine Art oberirdisch angelegte Keller. Im Herbst wurden dort die winterharten Feldfrüchte in oft meterlangen, nicht sehr breiten und nicht sehr hohen Wällen aufgehäuft und mit Erde, Stallmist, Stroh und wieder Erde bedeckt, so daß der Frost ihnen nichts tun konnte. Auf diese Weise bewahrte man einen großen Vorrat für die knappe Zeit vor der nächsten Ernte für Tiere und Menschen auf.

Wir holten uns also Kartoffeln und Kohl und kochten Mittagessen daraus. Es schmeckte fürchterlich.

»Ihr habt noch was zu lernen!« erklärte Nane kühl. Und die Kleinen wollten ›das Zeug‹ lieber nicht essen, die Köchinnen auch nicht. Wir wußten noch nicht, daß man eigentlich ohne Fett kein gutes Kohlgericht kochen kann, aber selbst wenn wir's gewußt hätten – es wäre kein Gramm Fett dagewesen!

Bald ging der Brotvorrat, den Mutter gebacken hatte, zu Ende. Janne und Nane, die beiden Bäckerinnen, machten sich ans Werk. Sie schickten die Mittleren zum Holzsammeln aus und besorgten sich von der ›Kleinen‹ den Backtrog und Sauerteig und ließen sich ein letztes Mal instruieren.

»Also, so und so«, hatte ›die Kleine‹ gesagt, »alles gut vermischen, ehe ihr schlafen geht, und warm zugedeckt in der Küche stehen lassen. Morgen früh arbeitet ihr den Teig mit aller Kraft durch und durch und durch, und wenn ihr denkt: ›Nu is' er gut‹, komm ich mal gucken. Und auf keinen Fall dürft ihr vergessen, den Ofen anzuheizen! Mindestens drei Stunden, eh ihr backen wollt, muß eine Riesenglut dasein!«

Hinter der Schnitterkaserne stand der gemauerte Backofen, als wäre er aus Frau Holles Brunnenreich direkt dorthin versetzt worden. Vor der eisernen Ofentür war die Erde schwarz verbrannt, aber sonst wuchsen Sträucher und hohes Gras um ihn herum, auch zerschlagenes Geschirr, das schon halb in die Erde eingesunken war, konnte man dort finden.

Die Mittleren, Jette, Ulrich und Helga, hatten den Ofen mit trockenem Strauchzeug vollgestopft und malten sich aus, wie sie morgen früh ein gewaltiges Feuer entfachen würden.

In der Küche beim Herd stand der Holztrog mit dem kostbaren Teig: Salz, Mehl, Wasser und Sauerteig

lagen locker vermischt unter unserm größten Badetuch und sollten sich ›entwickeln‹. Am Morgen begannen vier dünne Arme das Knetwerk. Der schwere, zähe Brotteig klebte und riß, und es schien unwahrscheinlich, daß aus ihm jemals eine geschmeidige Masse werden würde. Aber zuletzt, als alle neun Armpaare endlos lange gewirkt hatten, konnte unsre Freundin von gegenüber doch zur Beurteilung geholt werden. Sie war zufrieden.
»Jetzt formt ihr schöne große Brote, deckt sie wieder sachte zu und wartet. Und dann braucht ihr das da!«
Und damit übergab sie Janne den Brotschieber. Das war eine komplizierte Übergabe, denn der Schieber hatte einen etwa zwei Meter langen Stiel, der an einem ovalen Holzbrett angeschraubt war. Mit diesem Gerät konnte man tief in den glutheißen Ofen fahren und die Brote hineinlegen und nach dem Bakken wieder herausziehen.
»Habt ihr gut angeheizt?« fragte die Kleine. Die Mittleren nickten ernst und führten sie zum Ofen.
»Also, dann holt die Asche raus!«
Ulrich schob mit einem Holzstück den Riegel hoch und drückte die Tür auf. Es war, als hätte ein Untier sein gräßliches Maul aufgerissen, um mit unwiderstehlichem Feueratem zu verderben, was ihm in den Weg kam. Die Mittleren drückten sich erschrocken hinter ihre Lehrmeisterin und starrten in die rot glühende Ofenhöhle. Da lag graue und weiße Asche mit Glutstücken vermengt, und die Luft vor ihren Augen flimmerte in der Hitze.
»Na, holt's raus, damit das Brot rein kann!« sagte ›die Kleine‹ erbarmungslos.
Die Mittleren standen starr. Auf ihren Gesichtern

war deutlich zu lesen, was sie nicht sagten. Sie hätten Holz und Sträucher gesammelt, sie hätten dem Ofen das Maul gestopft und ein herrliches Feuer und eine riesige Glut erzeugt; aber das da, das Höllenzeug, würden sie nicht aus dem Ofen holen!

»Also, dann nehmt dies dazu!« Und damit kriegte Ulrich den Glutkratzer in die Hand, den unsre Freundin schon hinterm Ofen versteckt hatte. Der Kratzer hatte etwas Ähnlichkeit mit dem Brotschieber, nur war er dreckig, zeigte Brandspuren und hatte vorn, wie eine Gartenhacke, ein Blechstück angesetzt, mit dem man Asche und Glut herausholen konnte, ohne sich die Hände zu verbrennen.

Bald lagen sieben Brotlaibe im Ofen und taten, was sie tun sollten. Es wurde ein ›Brotfest‹, als endlich die Ofentür wieder geöffnet werden durfte. Und wir verdarben uns nicht einmal den Magen an dem ersten noch warmen Brot, das wir draußen vor Frau Holles Ofen verspeisten.

Morgens und abends hatten wir jedenfalls immer Brot zu essen; nun mußte der Kohleintopf verbessert werden. »Was kochen Sie heute?« fragten wir ›die Kleine‹ eines Morgens.

»Wurzeln und Kartoffeln!« sagte sie.

»Und essen ihre Leute das gern?«

»Na klar doch!« Aber von dem Schinkenknochen unten in ihrem Topf sagte sie nichts.

Dieses wunderbare Gericht wollten wir auch kochen! Nur woher die Wurzeln nehmen? »Zappzarapp!« sagten die Mittleren fröhlich, was nach unsern Russischkenntnissen ›klauen‹ hieß. Wir Großen hatten nichts dagegen, nur im Dorf, das stand fest, war nichts zu machen. Jeder Garten war gut umzäunt und von mindestens einem schrecklichen Hund bewacht. Aber vielleicht weiter draußen, auf den Feldern! Das wäre noch dazu kein echter Diebstahl gewesen, wenn wir die Wurzeln sozusagen nur den Russen wegnehmen würden. Irgendwo hatte irgend jemand auch mal ein Kraut gesehen, das ganz nach Mohrrübengrün ausgesehen hatte. Also wurden die Mittleren ausgeschickt, das fragliche Feld zu untersuchen. Sie kehrten mit einer etwas undurchsichtigen Botschaft zurück: Wohl hatten sie ein ganzes Feld mit Mohrrüben gefunden, aber die allerbesten schienen es nicht zu sein, denn sie waren gelb und sehr dünn und sollten ›nur etwas‹ nach dem gesuchten Gemüse schmecken.

»Und außerdem ist der Haken dabei«, bemerkte Jette zögernd, »daß man nur über die Kuhweide zum Gemüsefeld kommt. Und wir wissen nicht, ob es Bullen sind.«

»Kann man denn nicht außen rum?«

»Ausgeschlossen! Neben dem Weidezaun ist nur ein ganz bißchen Erde und dann gleich der Wassergraben.«

»Und wie habt ihr das gemacht?«

»Wir doch nicht!« sagten Jette und Helga, geradezu empört über die Zumutung. »Das haben wir Ulrich machen lassen.«

Wir sahen unsern Bruder vor uns, wie er, Schlange und Kaninchen zugleich, durch die Drähte schlüpfte, in den Graben rutschte, wieder hochkroch und in seinem berüchtigten, fixen Zick-Zack-Kurs den zweifelhaften ›Kühen‹ ein Schnippchen schlug.

Aber wie würde das mit uns, mit Hanne und mir, werden! Zwar konnten wir auch gut rennen, aber

wir würden Körbe tragen, und schlechte Sicht haben, denn tagsüber trauten wir uns nicht zu den Mohrrüben.
Begleitet von guten Wünschen machten wir uns, als es zu dunkeln begann, auf den Weg zum Wurzelfeld. Die Mittleren hatten recht: Da konnte man nicht außen rum! Entweder mutig über die Kuhweide oder ohne Gemüse wieder nach Hause.
»Vielleicht sehen die Viecher uns ja nicht!« meinte die optimistische Hanne. »Ich glaube, sie sind gerade mit sich beschäftigt.« Ich glaubte das auch, und also beschlossen wir, so schnell wie möglich quer über die Weide zur Mohrrübenfeldseite zu rennen. Gesagt – getan!
Die Kühe oder Bullen guckten verblüfft hoch, als da zwei fremde Wesen über ihre Weide trampelten. Es blieb aber nicht bei der Verblüffung. Vielmehr kam Bewegung in die Herde! Da und dort schlug ein Tier eine schnellere Gangart ein, bis zu unserm Entsetzen allesamt liefen, trampelten, hinter uns herrannten und natürlich viel schneller vorankamen als wir.
»Hanne, weg hier!«
Und schon lagen wir flach am Boden, schoben uns unterm Drahtzaun durch, hörten die vorausgeworfenen Körbe in den Graben platschen und spürten viele warme, feuchte Kuhmäuler über uns.
Es war eine unbeschreibliche Erleichterung, sicher hinterm Zaun auf dem Gras zu liegen und die ohnmächtigen Verfolger auf der anderen Seite zu betrachten. Zwar sagte mir zugleich eine innere Stimme, daß diese freundlichen, ein bißchen stumpfen Augen da über mir keine Bullenaugen sein könnten, aber ich behielt die Erkenntnis für mich; noch

einmal den Weg über die Weide zu versuchen, das war absolut ausgeschlossen!

Ein paar Tage später fuhr wahrhaftig der Einspänner vor! ›Der Doktor‹ kam hereingepoltert:
»Mutta krank, aber gutt!« sagte er und stellte ein Säckchen mit Mehl und eine Tüte Haferflocken auf den Tisch.
»Wo ist Mutter? Können wir sie besuchen?«
»Ist in Teehaus«, sagte der Doktor zufrieden, »ist bestes Zimmer für Dame. Mutta dünn, aber gutt.«
Mutter war also nicht im Ivenacker Schloß untergebracht, sondern in dem kleinen Teehaus, das für sich im Park lag. Der Doktor hatte für sie gesorgt, und er hatte uns nicht fallenlassen. Jetzt kam alles darauf an, daß wir ihn für unsern andern, für unsern großen, phantastischen Plan gewannen: Zurück nach Zolkendorf!
Es hatte mit Vernunft und Gerechtigkeit nichts zu tun gehabt, daß wir von einem Tag auf den andern aus dem Inspektorhaus geworfen wurden; und so lag unsre naive Hoffnung darin, daß wir genauso grundlos wieder dorthin zurückgeschickt werden könnten. Wir wußten nicht, ob unser mächtiger Freund dazu mächtig genug sein würde. Nur daß er jedenfalls unsre einzige Hoffnung war, das wußten wir.
Wir hatten einen, wie wir glaubten, fabelhaften Plan, ja, eine Art Theaterstück ausgedacht, um den ›Doktor‹ zu gewinnen. Auf den glücklichen Anfang, das war uns klar, kam alles an und auf eine kluge Verteilung der Rollen.

Die beiden Kleinsten sollten als erste auftreten. ›Lieber Doktor!‹ sollten sie sagen. ›Wir möchten so gern zurück nach Zolkendorf!‹ Der Text war nicht besonders genial, aber deutlich, und außerdem kam es bei den Vierjährigen nicht so sehr aufs Sprechen, sondern aufs ›Angucken‹ an. Gegen Ditis unverwandten, braun-samtigen Blick gab es eigentlich keinen Widerstand, und Karins lustige, graue Augen strahlten soviel zuversichtliches Vertrauen aus, daß nur ein gefühlloser Mensch – und das war ›der Doktor‹ nicht – unbewegt bleiben konnte. Die drei Mittleren sollten zunächst einen stummen Chor bilden und nur im Notfall den Text der Kleinen verstärken, damit ›der Doktor‹ nicht zu viele Stimmen auf einmal um sich hätte. Die beiden Dreizehnjährigen, Janne und Nane, würden ihn nach seinen eigenen Kindern fragen – wir wußten, daß er wenigstens eine Tochter hatte –, und Hanne und ich schließlich wollten die Genesung der Mütter vorbringen: Wie sollten sie in der Fahrenholzer Schnitterkaserne je wieder richtig gesund werden!

Immer wieder probierten wir unser Stück. Eine mußte den ›Doktor‹ spielen, die anderen redeten, liefen herum, fragten nach dem Bild der Kinder, beugten sich über ein imaginäres Foto, bis der Doktorspieler erklärte: So was würde ihn niemals überzeugen. »Es ist sowieso ein schlechtes Stück«, sagte Jette, »und ein ziemlich hinterlistiges dazu. Ich finde das richtig gemein, wie wir den Doktor ausnutzen!«

»Wollen wir hier raus oder nicht?« fragte ihre praktische große Schwester und beseitigte alle Skrupel.

Nun war der entscheidende Augenblick da. Jetzt

oder nie hatten wir eine Chance. Wir mußten unser Glück versuchen, auch wenn unser Plan seine Schwächen hatte.

Die Kleinen machten ihre Sache besser als auf der Probe, die Mittleren hielten sich zurück, Janne und Nane fragten nach den russischen Kindern. Und der Doktor? Er spielte tatsächlich mit! Er setzte sich, obwohl er schon beim Fortgehen war, noch einmal hin und holte aus der inneren Jackentasche einen braunen Umschlag, in dem ein Brief in russischer Schrift lag und, in den Brief eingelegt, ein Bild. Es war das Foto seiner Tochter Nadja.

Vor einem gemalten Birkenwäldchen stand ein Mädchen. Es lächelte, so wie große Mädchen lächeln, wenn sie fotografiert werden und sich schön fühlen. Von einem Blumendiadem fielen lange Bänder auf ihre weiße, bestickte Bluse, um den Hals lag ein breiter Schmuck, über dem kurzen Rock trug sie eine weiße, reich bestickte Schürze mit einem breiten Taillenband. Ihre Beine steckten in langen Kosakenstiefeln und waren so gestellt, als wollten sie gleich lostanzen. Es war wirklich ein hübsches Bild.

»Wie lange hast du Nadja nicht gesehen?« fragte jemand.

Der Doktor schien die Frage gar nicht zu hören. Er hielt das Bild mit beiden Händen und guckte und guckte, und wir alle neun hatten unsere Rollen, hatten unsern lebenswichtigen Plan vergessen und guckten auch.

»Wie lange hast du Nadja nicht gesehen?«

Da hob er zwei Finger.

»Zwei Jahre?«

Er nickte.

Ich dachte daran, daß es erst sechs Monate her war, seit Vater uns besucht hatte, und wie elend lange es mir vorkam! Niemand wußte mehr etwas zu sagen.
»So ist Krieg.«
Mit diesen Worten stand ›der Doktor‹ auf und verstaute Nadjas Bild wieder in seiner Brusttasche. Er wandte sich zur Tür. Was nun? Wir hatten unsre Chance verpaßt. Der Doktor war traurig und mit seinen Gedanken ganz woanders. Nein, unser Stück war kein Erfolg gewesen.
Wir begleiteten ihn nach draußen. Der leichte Wagen wippte, als er sich in den Sitz fallen ließ, die Sanitätertasche sorgfältig neben sich legte und die Decke über die Knie zog. Ehe er den Pferden die Zügel gab, sah er noch einmal auf uns zurück; irgend etwas an unserm Anblick mußte ihn bewegt haben:
»Nu arme Kinda keine Mutta und keine Vata mehr haben«, sagte er. »Nu ich Pappa.« Und fuhr davon.
In dieser Nacht entkam ich den angstvollen Gedanken nicht.
Was war wirklich mit meiner Mutter und was mit meinem Vater? Ich wollte keinen ›russischen Pappa‹! Aber ich wollte wissen und mußte es nun selber herausbekommen, wie es mit Mutter stand. Morgen schon würde ich nach Ivenack gehen. Es war nicht ganz ungefährlich, weil man immer noch auf russische Soldaten treffen konnte. Aber ich würde schon aufpassen.

Im Ivenacker Teehaus

Die Vögel hatten schon viele Beeren gefressen, als ich die Ebereschenstraße zurück nach Zolkendorf wanderte. Das Laub hatte sein tiefes Grün verloren. Unter dem trüben Himmel und nach allem, was inzwischen geschehen war, erschien mir die Straße noch trauriger als damals im Regen. Ab und zu stand ich still und suchte den Horizont nach gefährlichen Erscheinungen ab.
Aber nirgends war ein Mensch, nirgends ein Fuhrwerk zu sehen. Da wanderten meine Gedanken zu freundlicheren Vorstellungen: Wenn jetzt ein Brief, wenigstens eine Postkarte, von Vater in Zolkendorf an Frau Blocks Küchenschrank stecken würde! dachte ich. Wenn ich Mutter einen Brief mitbringen könnte. Das wäre was! Im Gehen malte ich mir den wunderbaren Brief aus, der alles zum Guten wenden konnte: ›Ich lebe‹, würde Vater schreiben. ›Ich bin da! Und ich habe eine Wohnung für euch. Laßt alles stehn und liegen und versucht über die ›Grüne Grenze‹ nach Westen zu kommen. Wenn ihr erst hier seid, wenn wir erst wieder zusammen sind, wird alles gut werden – wie früher.‹
Meine Gedanken blieben an der ›Grünen Grenze‹ hängen. Was war mit ihr? Was meinten die Leute

mit diesem Ausdruck? Ab und zu, mehr heimlich als öffentlich, wenn davon die Rede war, wie man von der russischen in die englische Zone kommen könnte, hatte jemand das Wort gebraucht. Es schien sich um etwas Gefährliches und zugleich Hoffnungsvolles zu handeln, über das man besser nicht zu oft und nicht zu laut sprach.

In meinem Kopf war ein phantastisches Bild dieser unheimlichen Grenze entstanden: Ich sah einen Streifen Land vor mir mit besonders grünen Bäumen, unter denen hellgrüne Sträucher und hohe, zartgrüne Gräser wuchsen. In diesem grünen Gelände glaubte ich Menschen zu sehen, die sich unter die Bäume duckten oder zwischen den Sträuchern versteckten. Nach allen Seiten spähten sie unruhig. Sie waren offensichtlich auf dem Sprung, trauten sich aber nicht loszurennen, obwohl sie doch mit ein paar Schritten nur das andere Land, die englische Zone, hätten erreichen können! Was hinderte sie?

Ab und zu aber fehlte in meinem Phantasiebild ein Mensch, der eben noch bewegungslos in all dem Grün gestanden hatte. War er gerettet? Hatte er den Sprung geschafft? Oder hatten ihn die Feinde, die da überall lauerten, gefangen? Ich verbannte die ›Grüne Grenze‹ wieder aus meinen Gedanken; es war und blieb ein unheimliches Gebiet.

In Zolkendorf gab es keine Nachricht von Vater. Mutter Block stellte mir eine Tasse heißen Kaffee hin und fragte nach der Schnitterkaserne.

»Da gibt's Wanzen!« sagte ich.

Ihr Gesicht, in dem die Haut fast zu straff über die breiten Backenknochen gespannt war, blieb ruhig, nur in ihren Augen sah ich Teilnahme. Nicht dies

Mitleid, das so leicht in Sentimentalität oder Jammern übergehen kann, sondern Teilnahme, die wie immer gut tat. Mutter Block konnte schon durch Zuhören trösten.
»Zeig mal deinen Kopf her!« sagte sie nun. Und wie damals, als Mutter in Panik war, daß ihre Kinder Läuse haben könnten, suchte sie mit schnellen, festen Griffen, die so wohltaten, meinen Kopf ab.
»Wir haben die Bettfüße in Petroleumtöpfchen gestellt«, sagte ich, und der blaugraue Schürzenstoff dicht vor meinem Gesicht bewegte sich ein bißchen unter meinen Atemzügen.
»Das habt ihr gut gemacht.« Mutter Block hob meinen Kopf zwischen beiden Händen hoch: »Läuse gibt es jedenfalls nicht in eurer Kaserne«, sagte sie mit fester Stimme wie ein Doktor, der seinen Patienten für gesund erklärt.
Aber mir war, als hätte sie gesagt: »Es wird wieder werden mit euch. Es wird wieder bergauf gehen. Daran glaub du man.« Da erzählte ich ihr von unserem Plan mit dem ›Doktor‹. »Ja«, sagte sie, »in diesen Zeiten kann viel passieren. Man muß sich rühren und auf Gott vertrauen. Das muß man auch, weißt du!«
Der Kaffee war schon ein bißchen abgekühlt, immer wieder flog eine aufgeregte Fliege gegen das Fenster, es roch nach Milch und Hühnerfutter. Die Sonne wärmte meinen Rücken.
»Die Russen werden langsam weniger, und die Deutschen haben wieder das Sagen. Aber natürlich andere als früher.« Mutter Blocks Stimme klang nachdenklich.
»Sind es keine guten Leute?«

»Ach, was soll man sagen. Es ist jetzt eine neue Zeit! Und ich bin noch aus der alten. Jetzt sagen sie: Wir sollen selber bestimmen, und alles soll allen gehören, und nicht mehr der eine Herr und der andre Knecht sein.«

Mir gefiel diese Idee, aber Frau Block schien den Leuten, die sie verkündeten, nicht zu trauen.

»Wie soll das gehen? Es muß doch alles seine Ordnung haben. Jetzt redet der eine ›hü‹ und der andere ›hott‹ und denkt sich wunder was und ist doch nicht ein bißchen schlauer, als er früher war. Ach, was weiß ich! Ich arbeite, wie ich mein ganzes Leben immer schon gearbeitet habe. Da hat sich gar nichts geändert. Und wenn Feierabend ist, dann hole ich mir manchmal eins von den Büchern da oben.«

Sie zeigte vergnügt auf einen kleinen Bücherberg oben auf ihrem Küchenschrank. »Da stehen die alten Geschichten drin, die ich früher schon gern hatte.«

Sie verstummte und guckte aus dem Fenster. Aber die Dorfstraße sah sie wohl nicht, irgend etwas Erfreulicheres mußte es sein. »Weißt du«, sagte sie mit einem kleinen Seufzer, »ich habe mit der neuen Weltordnung nicht viel im Sinn. Am liebsten lese ich immer noch solche Geschichten ... wie von unsrer Frau Gräfin und mit Liebe verbunden.«

Das Teehaus im Ivenacker Schloßpark sah aus, als könnte da einer von den Romanen, die Frau Block so gerne hatte, spielen. Natürlich störten die Mülleimer vor der Tür, überhaupt lag viel Abfall herum. Die Gardinen fehlten, und es roch durchdringend

nach Lysol. Aber wenn das alles nicht gewesen wäre! Das nicht sehr große, rosagrau verputzte Haus besaß Leichtigkeit und Eleganz und wirkte zugleich anmutig und einladend durch die weißgestrichenen, vielsprossigen Fenster. Das alles hätte schon den Schauplatz für einen Liebesroman abgeben können. Nun aber war es eine Seuchenstation geworden. Und meine Mutter lag typhuskrank hinter einem der schönen Fenster.
Mit Herzklopfen öffnete ich die Tür zu ihrem Zimmer. Es wirkte unbewohnt. Hinter den vielen Fensterscheiben zeigten sich Rasenstücke und Teile von großen Bäumen, auch ein kleines Stückchen See war darunter. An der einzig geschlossenen Wand stand ein Feldbett.
Ich sah meine Mutter. Ganz abgemagert, aber streng und schön lag sie da. Unter der grauen Decke bildeten die Schultern und die Knie kleine spitze Erhöhungen, als sollten sie die harte Decke vom Körper weghalten. Meine Schritte klapperten viel zu laut auf dem Parkett. Mutter öffnete die Augen nicht.
»Weißt du, wer da ist?« fragte ich leise. Da ging ein ganz kleines Lachen über ihr Gesicht, und ich hörte mich, obwohl sie stumm blieb, mit meinem Namen angesprochen und fühlte plötzlich eine große Sehnsucht. Alles, was ich vermißt hatte in dieser Zeit ohne Mutter, überschwemmte mich, daß ich am liebsten zu ihr unter die graue Decke gekrochen wäre. Und sie hätte wieder das Kommando gehabt und gewußt, wie alles gehen mußte. Aber das Lächeln verging so leicht, wie es gekommen war, und ich stand immer noch allein mitten im Teehauszimmer.

»Komm mir nur nicht zu nahe«, sagte Mutter plötzlich, als hätte sie meine Gedanken gelesen, »ich bin nämlich giftig!«
»Hast du Fieber?«
»Weiß nicht. Hier gibt's kein Fieberthermometer. Aber oft bin ich nicht so richtig bei mir. Dann geh'n mir die tollsten Sachen durch den Kopf ... sind wohl doch Fieberträume.«
Ihre Augen waren noch so dunkel wie immer, aber stumpf und müde, als hätte sie lange nicht geschlafen.
»Kriegst du Medizin?«
»Ja! Morgens, mittags und abends einen Teller Wassersuppe. ›Ist sich bestes Medizin für krankes Frau!‹ sagt der Doktor.«
Während ich vom Brotbacken und Kohleintopf erzählte und von der vergeblichen Mohrrübenjagd, schien Mutter wieder eingeschlafen zu sein. Ich setzte mich auf das Fensterbrett und sah, wenn der Wind seine Oberfläche berührte, den See durch hohes Schilfgras blitzen. Große Weidenbäume hingen ihre Zweige übers Ufer, weit draußen schwammen Wildenten. Ob auch Menschen in diesem See badeten?
»Heute nacht habe ich einen seltsamen Traum gehabt«, hörte ich plötzlich Mutter hinter mir sagen. Sie lag immer noch mit geschlossenen Augen da.
»Ist doch komisch: Hier in diesem Zimmer, wo die Frau Gräfin in andern Zeiten den Tee servieren ließ, habe ich von der Boa geträumt. Erinnerst du dich noch an Rosel?« fragte sie unvermittelt.
Ich fühlte die kühle Fensterscheibe an meiner Stirn und dachte: Was für eine Frage! Wie sollte ich nicht! So ungeschützt hingebungsvoll und glühend hatte ich für sie geschwärmt, wie es nur geschehen kann,

wenn man's zum erstenmal tut. Rosel war für mich die Schönste und die Heiterste – und war es nicht nur für mich, das spürte ich. Sie erschien, und alle und alles verwandelte sich, wurde ein bißchen munterer, ein bißchen lichter und freudiger, abgelenkt und zufrieden durch ihre Erscheinung.
Wie sie sich bewegte – wie sie ihre Kleider trug – wie sie duftete – alles entzückte mich! Sie war der helle Gegensatz zu dem Schweren und Schwermütigen, das zu mir und den Menschen um mich gehörte. Sie war anders. Sie schien anderswo herzukommen als die gewöhnlichen Menschen. Wie gut ich mich erinnerte!
Und wie brennend ich wünschte, Mutter würde weitersprechen! Aber sie blieb stumm, lag wie schlafend da und schien weit fort von mir. Ob sie wohl das Gutshaus Klein Borkow im hintersten Hinterpommern vor sich sah?
Dorthin war ich mit meiner Mutter im Sommer 1944 gefahren, um einen Trauerbesuch zu machen. Rosel war tot. Sie sei in Berlin von einem Lastwagen überfahren worden, hieß es. Wir wollten Rosels Mutter besuchen, in dem schönen, behaglichen Gutshaus, nicht weit von der Ostsee und nicht weit von der Stadt Lauenburg. Kein größerer Gegensatz war denkbar zwischen zwei Frauen: die eine, die Tochter, groß und schön, strahlend und lebensfreudig und immer in der Erwartung, daß das Leben ihr Wunderbares in den Schoß legen würde; die andere, die Mutter, streng und herrisch und entschlossen, dem Schicksal die Stirn zu bieten, was immer es bringen würde. Wenn sie über die Felder ritt, arbeiteten die Leute schneller und sorgfältiger, denn sie

würde jede Schlampigkeit bemerken und keinen Fehler übersehen. So wie ihre kühlen, blauen Augen hatte ich mir immer die von Fridericus Rex, dem Preußenkönig, vorgestellt.

Es war eine umständliche Reise. Erst mit dem Zug von Stolp nach Lauenburg, dann noch ein Stückchen mit der Kleinbahn nach Norden, bis zur Station Stresow, wo uns Rosels Mutter, Maria, mit der Kutsche erwartete.

»Sie wird es uns nicht schwermachen«, hatte Mutter schon im Zug gesagt. »Sie ist eine Tapfere.«

Und so war es. Mutter Maria ließ die Pferde schnell laufen, konzentrierte sich aufs Fahren und auf den Weg, der Löcher und weiche Stellen hatte. Manchmal kniff sie die Augen zusammen, zeigte mit der Peitsche, die sie zugleich mit den Zügeln in den Händen hielt, nach rechts oder links und erklärte Mutter, welches Stück Land zu welchem Gut gehörte. Sie sprach mit keinem Wort von Rosel, erzählte nur Alltägliches: wie sie jeden Sonnabend in Lauenburg auf dem Markt stünde, um Gemüse und Obst zu verkaufen, weil sie keine Leute mehr dafür übrighätte. »Die Männer sind bei den Soldaten«, sagte sie, »und die Mädchen haben so viel Arbeit auf den Feldern und im Haus; die kann ich nicht schicken.«

Das Gutshaus Klein Borkow war kein altes Schloß, sondern ein behaglich und breit daliegendes, einstöckiges Haus mit einem tief herabgezogenen, orange-rotfarbenen Dach, aus dem viele kleine Gaubenfenster mit schön geschwungenen Holzgiebeln heraussahen. Es war erst zu Anfang des zwanzigsten Jahrhunderts gebaut worden und zeigte im Gegensatz zu den strengen, meist sehr großen Herrenhäusern, die die alten hinterpommerschen Adelsfamilien schon seit vielen Generationen bewohnten, eher bürgerliche Maße.

Während ich am Fenster des gräflichen Teehauses in Ivenack stand, fiel mir das Frühstückszimmer im Klein Borkower Gutshaus ein: Eine Art Wintergarten war es gewesen, mit leichten, weißen Möbeln und vielsprossigen, weißgestrichenen Fenstertüren, die auf den parkähnlichen Garten hinausgingen. Neben der Linde stand ein Süßkirschenbaum in diesem Park, weil Mutter Maria – Park hin, Park her – auch immer etwas ernten wollte von ihrem Land.

Um ins Frühstückszimmer zu gelangen, ging man durch andere Wohnräume, die mit Teppichen und dunklen Möbeln eingerichtet waren. Auf der Schwelle zwischen Salon und Herrenzimmer stand auf einer Staffelei ein großes Foto von Rosel; daneben am Boden ein hoher, buntbemalter Holzleuchter mit einer brennenden Kerze – wie in der Kirche.

Jedesmal, wenn ich vorüberkam, blieb ich vor dem Bild stehen: Nichts, aber auch gar nichts von der wirklichen Rosel ließ sich darin finden! Wozu stand es da! Es verwischte ja die ›richtige Erinnerung‹ geradezu! Es machte mich zornig.

»Fandest du sie auch so schön?« fragte ich Mutter, als wir einmal gemeinsam vor dem Bild standen.

»Ja, sehr schön und sehr lebendig. Lebendiger als andere Menschen. Sie hatte etwas Unwiderstehliches. Wen sie erobern wollte, den gewann sie sich, aber ...«

»Was, aber?«

»Nun ja, sie verlor die Eroberten auch wieder. Und so war sie am Ende verlassen.«

Mutter verstummte. Es verbot sich – ich wußte selber nicht, warum – nach diesem Ende zu fragen.

Seit wir im Gutshaus angekommen waren, hatten die beiden Frauen nicht aufgehört, immer wieder, immer neue Geschichten von Rosel zu erzählen: Wie fröhlich und lebenssprühend sie gewesen war! Wie liebenswürdig und humorvoll!

Ich lauschte und spürte, wie sie mit all den Lebensgeschichten den Tod umkreisten, den sie nicht verstehen konnten. Nur ein einziges Mal hatte die alte Frau beinahe zornig eine Erklärung gefordert. Warum war Rosel in so großer Eile gewesen? Warum bloß? Niemand hatte ihr eine Erklärung geben können! Warum war ihre Tochter in diesem einen Augenblick an dieser unübersichtlichen Stelle über die Straße gelaufen? Warum war in dieser einen einzigen Sekunde, auf die es ankam, der Lastwagen um die Ecke gebogen? Was für ein grausamer Zufall!

Aber dann schüttelte sie den Kopf, als wäre es so nicht richtig gefragt, versank ins Grübeln, bis sie mit Mutters Hilfe wieder einen Erinnerungsfaden fassen konnte, der die schöne junge Frau, die siebenundzwanzigjährig auf einer Berliner Straße gestorben war, aus dem Totenlabyrinth herausführte.

Zu Hause, in Stolp, hatte ich etwas anderes über diesen Tod gehört: Rosel, hatte jemand gesagt, sei in das Auto hineingelaufen, sei in großer Verzweiflung, sei schwanger gewesen und verlassen.

Aber – in einen Lastwagen zu laufen! War es vorstellbar, daß ein Mensch so etwas tat? Vielleicht war es für irgend jemanden, für irgendeinen anderen Menschen möglich! Aber nicht für Rosel! Nicht für sie!

Meine Gedanken liefen noch weiter zurück. Ich dachte daran, wie ich einmal im Winter – es mußte 1936 gewesen sein, Rosel war damals achtzehn und ich sechs Jahre alt – auf dem Balkon Wache gestanden hatte, weil sie demnächst vom Bahnhof her unsere Straße herunterkommen sollte.
Ich drückte mich in die Ecke, wo ich das längste Stück Straße überblicken konnte. Graue, gleichgültige Menschen in dicken Mänteln und schweren Schuhen tauchten auf und verschwanden wieder. Einer zog einen Schlitten, auf den ein brauner Sack gebunden war. Der verschneite Bürgersteig sah häßlich aus, weil die vielen Füße und die ausgestreuten Schlackekrumen ihn verschmutzt hatten. Die Januarkälte kroch durch meine dünnen Schuhsohlen und wehte durch die Kleider, daß ich zitterte; aber lieber wäre ich zu Eis erstarrt, als daß ich meinen Posten verlassen hätte.
Dann kam sie!
Damals suchte ich kein Wort, um mir dies Kommen zu beschreiben. Ich sah ihr einfach zu.
Groß und schön und stürmisch schritt sie aus. Alles schien ihr Platz zu machen. Sie kam voran, wie niemand sonst. Ich konnte mich nicht sattsehen! Das Allerschönste an ihr war ihr Gang. Ihr Gang, wenn sie Platz hatte, wenn sie weite Schritte machen konnte. Dann schien in ihr mehr Kraft, mehr Schwung als in andern Menschen zu sein. Wo die andern mit den Füßen am Boden hingen und nur ihr eigenes Gewicht voranbringen wollten, ließ sie den Raum einfach hinter sich und eroberte immer neuen, als wollte sie sagen: ›So gefällt es mir! Dies Leben gefällt mir! Es ist wunderbar, so hindurchzugehen!‹ Rosel trug an

jenem Januartag eine phantastische Silberfuchsmütze, und beide Hände steckten tief in einem riesigen Muff aus dem gleichen Pelz. Ihr Mantel war schwarz und eng tailliert. Sie war kostümiert. Und sie genoß es!
Nicht weil ich versprochen hatte, mich anständig aufzuführen, stand ich steif und stumm an der Balkonbrüstung, sondern weil ich gebannt war, festgezaubert durch meinen eigenen Blick.
Sie schien mich nicht zu sehen. Sah sie überhaupt etwas? Vielleicht fühlte sie nur sich allein in dieser ausgreifenden Bewegung. Aber dann – direkt unter mir – blieb sie stehen. Sie hob langsam den Kopf mit all dem Pelz darauf, bis ihr Gesicht ganz mir zugekehrt war. Ihre Augen schauten ernst, ein Weilchen ganz ernst zu mir herauf. Und ich schaute zurück, bewegungslos und stumm, magnetisch angezogen von diesem Gesicht, über das bald ein Lächeln lief und das ganze schöne, großflächige Antlitz erfüllte. Sie tat nichts weiter als stehen, schauen und lachen. Ob sie über mich lachte? Oder über sich? Oder weil sie so eine komische Mütze aufhatte? Solche Fragen stellte ich damals nicht. Es hätte auch keine Antworten gegeben, denn alles huschte in Sekundenschnelle vorüber und war für immer meinem Gedächtnis eingeprägt. So war das damals in Stolp gewesen.
Mutters Stimme rief mich in das Ivenacker Teehaus zurück. Sie hob ihre Hand, als könnte sie auf den Punkt weisen, wo Rosels Bild erschienen war:
»Ich habe sie gesehen«, sagte sie. »Und im Aufwachen fühlte ich noch einmal dieses elende hilflose Gefühl – wie damals. Wie lange das schon

her ist! Und wie genau ich es noch habe, dieses Gefühl.«

»Damals«, sagte sie und schien mit sich selbst zu sprechen, »damals war noch kein Krieg. Wir lebten in unsrer Stadt, als wär's für alle Zeiten. Ich war dreißig Jahre alt und steckte tief in meiner jungen Familie. Drei Kinder hatte ich schon. Keuchhusten und Masern hießen meine Probleme und ob das Kindermädchen zuverlässig wäre. Wenn ich überhaupt über mein Leben nachgedacht habe, dann muß es mir ganz normal vorgekommen sein, wie das von vielen anderen Frauen auch.

So war es bei meinem großen Bruder und seiner Frau, so war es bei unsern Freunden, und so würde es nun auch bei Wim, meinem jüngeren Bruder, sein, der sich gerade verlobt hatte.

Oder etwa nicht? Sollten die Leute doch recht haben, die behaupteten, daß Rosel noch viel zu jung sei, erst achtzehn Jahre, und daß es Wim an dem richtigen Ernst und der nötigen Reife zum Ehemann fehle! Natürlich, ich kannte meinen trägen kleinen Bruder gut genug, der nach dem frühen Tod unsrer Mutter noch mehr den närrischen Sonderling herauskehrte und oft wie in sich selbst verrätselt schien; aber das würde sich alles geben! Schließlich hatte er auch Witz, war gut erzogen, und wo er zu schwach war, würde die Familie schon helfen.

Soll'n sie erst mal verheiratet sein, dachte ich, und Kinder haben, dann würden sie genauso werden wie wir andern auch.

Aber Rosel, das merkte ich allmählich, war anders als wir ›normalen Frauen‹. Sie wollte etwas anderes vom Leben als wir. Sie hatte zu ihrem Unglück die

Erfahrung ›der Schönen‹ gemacht, daß alles sich einem zuneigt, Türen sich leichter öffnen als für andere Menschen, daß man diesen andern auf geheimnisvolle Weise ›voraus‹ ist, ohne etwas dazutun zu müssen. Nur durch das eigene Dasein zu schenken, ohne Mühe, ohne Schmerzen und Enttäuschungen, das war eine Verführung!
Rosel hatte sich versuchen lassen von der Erwartung, das Leben würde ihr entgegenkommen, würde alle seine wunderbaren Schätze ihr zu Füßen legen, und sie – sie brauchte nur aufzusammeln. Sie meinte ein ganz anderes Leben als wir ›normalen Frauen‹ und hatte sich doch, als sie sich mit meinem Bruder verlobte, auf eben dieses Leben eingelassen!
Ich machte mir Sorgen um sie, als wäre sie meine Schwester. Aber ich habe mich nicht eingemischt. Hätte ich's tun sollen? Solche Fragen stellt man immer zu spät!
Einmal, auf einer Landpartie, da war ein Augenblick, der sie ganz nah an mich heranführte: Rosel war wieder einmal der bezaubernde Mittelpunkt der Gesellschaft: Sie flirtete und spielte alle Rollen, zu denen sie verführt wurde. Kein Mann, der ihr nicht den Hof gemacht hätte, gleichgültig, wie alt oder jung er war!
Aber ich beneidete sie nicht, denn es war etwas Überspanntes um sie, ja sogar etwas wie Gefahr. Als ich mich nach meinem Bruder umsah, fand ich ihn weit entfernt und tief im Gespräch neben einem Anglerfreund. ›Du dummer Bräutigam‹, dachte ich, aber gesagt habe ich's nicht. Etwas machte mir Sorgen, ohne daß ich es richtig fassen konnte.
Ich bog vom allgemeinen Weg ab, um mit mir ins reine zu kommen. Hinter der nächsten Wegbiegung

sah ich Rosel mit dem frechen Leutnant stehen. Sie fuhren erschreckt auseinander, und der junge Mann verschwand wie sein eigener Schatten zwischen den Bäumen. Rosel blieb stehen, bis ich heran war.
»Jo«, sagte sie, »du wirst das für dich behalten?« und schob dabei ihren Arm unter meinen.
»Natürlich, aber Sorgen mach ich mir trotzdem um dich!«
»Ach du!« sagte sie. »Ist doch alles gut so!«
War es wirklich gut? Nach außen ja, da schien alles zu stimmen: Rosels Familie war zufrieden mit dieser Verbindung zu unsrer Familie. Die Landwirtschaft hatte es schwer, daß Gut war mit Hypotheken belastet. Mein Vater würde helfen, wenn es ganz schlimm käme, und mein Bruder würde eine bezaubernde junge Frau haben. Er, dem wir alle nie besonders viel zugetraut hatten, hatte einmal den ersten Preis gewonnen.
Unsre Mutter, wenn sie noch lebte, würde sich wohl an diesem jungen Paar gefreut haben. Aber sie lebte nicht mehr, und so gab es auch niemanden, den ich in mein Vertrauen hätte ziehen können in dieser Sache, die mir Unbehagen machte, aber womöglich nur durch meine Brille so bedenklich erschien.
Rosel war stehen geblieben und sah mich mit ihren schönen Augen, die immer vom Blau ins Grau herüberspielten, an, als wollte sie mir etwas Wichtiges sagen. Sie hatte dabei die Hände um ihre Schultern gelegt, als würde sie frieren an diesem warmen Frühlingstag und als könnte sie sich so selber festhalten, weghalten von etwas Bedrohlichem. Es war eine Geste, die mich sehr rührte. Ich wollte ihr helfen und fand mein Wort nicht. Ich fühlte mich gefesselt und sprachlos, und eh ich

mich noch herauslösen konnte, aus dieser Fesselung, kamen die andern. Lauter entsetzlich fröhliche Leute kamen um die Ecke und trennten uns.
Dabei blieb es.
Rosel hat den schwachen, wohlhabenden Jungen geheiratet; sie war achtzehn Jahre alt. Zehn Monate später wurden die Zwillinge geboren, und drei Jahre später lief sie fort – nach Berlin.
Noch ein- oder zweimal besuchte sie mich. Sie war immer noch so anziehend, vielleicht noch schöner. Aber es war etwas dazugekommen, etwas Unruhiges und Beunruhigendes. Sie schien ein tolles Leben in Berlin zu führen, aber sie erzählte nur von der Oberfläche, und ich fragte nicht weiter nach. Die Scheidung wurde ausgesprochen, die Zwillinge blieben beim Vater, der bald eine neue Frau nahm. Die Kinder und ihr Vater waren gut versorgt – die Mutter nicht.
Ich hatte es immer gewußt! Verehrer und Anbeter mag sie viele gehabt haben, Amüsement gab es genug in der großen Stadt – aber gut versorgt war sie nicht. Und das lag mir auf der Seele. Ist das nicht sonderbar! Mich kümmerte nicht so sehr, was sie ihrem Mann, was sie den beiden kleinen Jungen angetan hatte. Ich war wie eine Zuschauerin: Ein Schicksal vollzog sich vor meinen Augen, und mir wurde bange bei diesem Schauspiel. Aber eingreifen konnte ich nicht. Dann passierte das Unglück.«
»War es wirklich ein Unglück?« fragte ich. »Oder ist sie dem Lastwagen entgegengelaufen?«
»Ich weiß es immer noch nicht! Aber ein Unglück war es! Ein großes, schreckliches Unglück. Es war das Ende eines traurigen Stückes, das immer wieder

gespielt wird mit den Schönen und Sehnsüchtigen, die nicht klug und berechnend sind und nicht geeignet für brave bürgerliche Verhältnisse.«

Mutter verstummte lange, als horche sie dieser alten, immer noch unbegreiflichen Geschichte nach. Sie sah jetzt viel besser aus als vorher, hatte wache glänzende Augen und beinah rote Backen.

»Eigentlich wollte ich dir ja von meinem ›Boa-Traum‹ erzählen«, sagte sie, setzte sich im Bett auf, zog die Wolldecke über die Schultern und schlang die Arme um ihre Knie.

»Ist das nicht komisch! Die Boa schlängelt sich bis hierher durch mein Leben, als wäre sie von irgendeiner Bedeutung! Aber in dieser Traum-Geschichte spielte sie nur eine kleine Rolle und tauchte auch erst ganz am Ende auf.

Ein verrückter Traum war das! Was man sich manchmal in Träumen für Sachen zusammensucht! Oder suchen sich die Dinge selbst? Also dieser Traum, der mir immer noch so genau vor Augen ist, den ganzen Morgen schon wiederhole ich ihn immer wieder, der hatte auch mit Rosel und der Boa zu tun, aber das kommt erst später, zunächst fing ja alles ganz anders an: Zuerst bin ich mal zu Hause, in Stolp, gewesen. Ich glaube, ich bin aus einem Auto gestiegen und durchs Tor die Treppe hinaufgegangen – ja, so war es.

Jedenfalls stand ich plötzlich vor unsrer weit geöffneten Wohnungstür, das heißt, die Tür war gar nicht mehr da, sie war weg! Man konnte einfach so hinein. Der Flur war leer, Menschen schienen nicht in der Nähe zu sein. Ich öffnete die Tür zu dem sogenannten Berliner Zimmer, wo wir immer gegessen haben, und fand mich in einem Büro. Es war ein herunter-

gekommenes Büro: alte schlechte Möbel, eine Schreibmaschine mit einer zerrissenen Wachstuchhaube, ein Papierkorb, übervoll mit altem, schmuddligem Papier, eine wacklige Lampe. Es war heiß und sehr stickig in diesem Raum. Neben dem Schreibtisch hing ein riesiger Kalender, so daß ich das Datum gar nicht übersehen konnte: 28. Januar 1945. Das war der Tag, an dem wir auf die Flucht gegangen waren. Im Wohnzimmer war ein ähnliches Büro eingerichtet; auch in Vaters Zimmer, auch in den Schlafzimmern, und alle waren überheizt, überall lagen Reste von Butterbroten und vom Bleistiftanspitzen herum, es war so schmuddelig, daß es mich weitertrieb. Nirgends war ein Mensch zu sehen. Zuletzt ging ich nach hinten in den Flur, der zur Küche führte. Aus dem kleinen Zimmer, gleich neben der Küche, wo du geschlafen hast, fiel eine Lichtspur durch die Türritzen.
Ich klopfte, öffnete und stand unmittelbar vor einem Schreibtisch, an dem ein rundköpfiger Mensch saß. Er hatte eine Glatze und trug eine altmodische Brille.
›Sie haben Typhus‹, sagte der Mann, ohne mich anzusehen. Ich ärgerte mich über seine lakonische Redeweise und fragte aufgebracht: ›Was haben Sie denn damit zu tun?‹
›Na, sie sind jedenfalls registriert. Gut, daß sie sich melden, damit die Sache in Ordnung geht.‹
›Was soll das heißen? Ich wohne doch längst nicht mehr hier. Ich bin auf der Flucht! Ich bin ja nur in Mecklenburg hängengeblieben, weil ich sonst nicht weiß, wo ich noch hingehen könnte.‹
Jetzt ärgerte ich mich über mich selber: Was schwatzte ich dem Mann da vor! Was ging es ihn an,

wo ich ›hängengeblieben‹ war! Aber er schrieb ohne aufzusehen Zahlen in seine Rubriken; er hatte jedes Interesse an mir verloren.
Ich wollte weg! Wollte schnell durch die Küche und über die Hintertreppe raus aus diesem Haus, das mir immer unangenehmer und unheimlicher wurde. In der Küche war es – im Gegensatz zu allen andern Räumen – dunkel und kalt. Aber im dämmerigen Licht, das immer noch von draußen hereinfiel, bemerkte ich sofort, daß da jemand am Fenster stand, und noch ehe ich richtig geguckt hatte, wußte ich: Da steht Rosel! Sie wandte mir den Rücken zu, sie schien aus dem Fenster zu sehen. Ich konnte erkennen, daß sie ein elegantes, schulterfreies Kleid trug, aber keinen Mantel, nichts zum Schutz gegen die Kälte. Bei diesem Anblick fühlte ich mich plötzlich unbeschreiblich müde und schwach. Aus der eisigen Wand drang immer größere Kälte in den leeren, dunklen Raum. ›Rosel‹, sagte ich leise, ›es ist so kalt hier. Wo hast du deine Strickjacke?‹ Es war eine törichte Frage, als wäre sie ein Kind, das sich falsch angezogen hat! Und wie bin ich bloß auf die Strickjacke gekommen, wo doch ein warmer Mantel das einzig Richtige gewesen wäre!
Rosel aber, als hätte sie lange gewußt, daß ich hinter ihr stand, wandte sich zu mir hin: ›Ich habe ja das da‹, sagte sie und hielt mir die Boa, meine Straußenferderboa, entgegen.
›Die brauchst du nicht mehr‹, rief ich aufgeregt, ›jetzt sind andre Zeiten. Es ist Winter, und wir müssen fliehen! Wo hast du bloß deine Strickjacke? Wo ist sie?‹
Da hob sie mit dieser gleichen, unendlich rührenden Gebärde wie damals auf dem Waldweg beide Hände

und legte sie auf ihre Schultern, als wollte sie sich selbst umarmen.

›Ich weiß es nicht, Jo!‹ sagte sie. ›Ich weiß ja nicht, wo sie ist!‹

Da endete mein Traum, und ich fühlte noch einmal dieses elende hilflose Gefühl wie damals.«

Mutter setzte sich gerade hin, und ihre Hände strichen immer wieder über die Kratzdecke. »Aber jetzt Schluß mit den alten Geschichten!« Sie machte eine Bewegung, als wollte sie etwas wegschieben: »Und Schluß mit der alten Boa! Was die so alles hinter sich herzieht!«

Das Erzählen hatte ihr gutgetan, als hätte sie wieder Anschluß an ihr eigenes Leben gefunden. »Und nun geh, Kind!« sagte sie. »Bald sind wir wieder alle zusammen. Ihr könnt euch darauf verlassen.«

Auf dem Weg zurück zur Schnitterkaserne kam mir das kostbare Dirndlkleid in den Sinn, das ich von Rosel geerbt hatte. »Eigentlich ist Anna noch zu jung dafür«, hatte damals Mutter Maria gesagt. »Aber es wird nicht lange dauern, dann paßt sie hinein und kann es manchmal zum Andenken an Rosel tragen.«

Natürlich hatte ich das ›unpassende Kleid‹, mit den üppigen Ärmeln und dem bunten engen Mieder, das noch ein bißchen nach Rosel duftete, mit auf die Flucht genommen. Es lag in dem Koffer, den die Russen geplündert hatten. Der schwarze Rock war ein kleines Kunstwerk gewesen. Wenn künstliches Licht auf ihn fiel, sah man plötzlich, daß er mit vielen glänzenden, schwarzen Schmetterlingen bedeckt war. Und wenn man ihn gegen das Tageslicht hielt, schien der feine Wollstoff ein dunkles Netz zu sein, in dem sich ein Schwarm schwarzer Schmetterlinge verfangen hatte.

Zurück in Zolkendorf

Wir wußten nicht, wie es geschehen war, aber es war geschehen!
Unser phantastischer, eigentlich unmöglicher Plan, die Rückkehr in unser Dorf und ins Inspektorhaus zu erreichen, war geglückt! Ob der ›Doktor‹ tatsächlich eine Verantwortung für uns fühlte und die wunderbare Wendung nur seinem Einfluß zuzuschreiben war? Ob der Kommandant selber Mitleid bekommen hatte mit unserm Schicksal? Ob wir vielleicht das Objekt eines Machtkampfes zwischen beiden gewesen waren ... niemand gab uns eine Erklärung. Aber wir suchten auch keine!
Etwas Unerklärliches war geschehen, man mußte es geschehen lassen und nicht viel fragen, sonst würde es womöglich wieder vergehen wie ein Rauch überm Schornstein.
Noch eine Nacht in der Schnitterkaserne! Dann würden wir fortsein, für immer fort von diesem schrecklichen Platz! Ob das Wunder halten würde über Nacht?
Noch eh es richtig hell war, standen wir wieder auf, stopften das Bettzeug zu den andern Sachen in die Säcke, nahmen die Bettgestelle auseinander – und warteten.

Unser Wunder war ein langsames Wunder. Aber nach vielen Wartestunden trat es vor unsern entzückten Augen in Erscheinung.

Es zeigte sich in der Gestalt eines knurrigen alten Mannes und eines klapprigen Fuhrwerkes, das nur unsretwegen vor der Schnitterkaserne anhielt!

Hatte je eine schönere Märchenfee in einer goldeneren Kutsche vor einem Schloß gehalten? Auch wenn sich der alte Prehn kein bißchen über unsre Rückkehr zu freuen schien und nur den Kopf schüttelte über das Hin und Her mit diesen Flüchtlingen – er war doch aus Zolkendorf gekommen und würde uns dorthin mit zurücknehmen!

Erst als wir selber oben auf dem Wagen zwischen Säcken und Möbelstücken saßen, als die Pferde anzogen und wir noch einmal auf das Dorf und das Haus zurücksahen, erst da wurde uns plötzlich bewußt, daß wir nicht alle wieder zurückfuhren, daß es auf dem Dorffriedhof ein Grab gab, das zu uns gehörte.

Und die Kranken? Sie wußten nicht einmal von diesem Umzug!

Da packte – mitten im Wunder – ein Gefühl der Beklommenheit, eine Ahnung das Herz: Es könnte alles ganz anders werden, als wir es uns vorstellten! Wir hatten einfach geglaubt, das Leben würde nun in Zolkendorf genau da weitergehen, wo es vor sechs Wochen so plötzlich abgerissen war! Aber konnte das sein? Die Zeit bleibt schließlich nicht stehen! Und wohin sie gegangen war, das mußte sich erst noch zeigen.

Als der Leiterwagen nach der langen Fahrt endlich auf den Zolkendorfer Gutshof rumpelte, vorbei am

Viehteich und am Misthaufen, und vor der Haustür stillstand, schien sich die Ahnung zu bestätigen: Kein Mensch zeigte sich. Niemand erwartete uns.

Auf mein Klopfen antwortete eine deutsche Stimme aus dem Zimmer des Kommandanten. Es war der neue Inspektor, der inzwischen die Aufsicht über das Gut übernommen hatte.

»Ja, ja!« sagte er gleichgültig. »Ich weiß, ihr seid oben ins Haus eingewiesen. Seht mal zu, wie ihr fertig werdet.« Und zählte weiter irgendwelche Zahlen zusammen.

»Wir werden fertig!« sagte ich, schloß die Tür mit einem nachdrücklichen Ruck hinter mir und fühlte mich so wütend und so stark, daß ich den Leiterwagen selber die Treppe hätte hochschleppen können!

Vier kleine, leere Zimmer erwarteten uns oben unterm Dach. Wir kannten sie gut aus der Zeit, als noch Tante Lucie und Onkel Adolf im Haus gewohnt hatten. Es war eine Herrlichkeit! Auf dem Dachboden war ein kleiner eiserner Feuerherd an den Schornstein angeschlossen – das war unsre Küche. Wir schleppten und räumten, wir packten aus und packten um. Alles war gut und schön!

Mochte der neue Inspektor unfreundlich sein, die neue Kochfrau der Russen, wie sich schnell herausstellte, ein Ekel, mochte, wer weiß, was noch alles, nicht so sein, wie wir es gerne gehabt hätten – wir waren wieder im Zolkendorfer Haus, und das allein zählte und ging über alle übrigen Widerwärtigkeiten.

Die Zeit war nicht stehengeblieben. Wir kehrten nicht in das gleiche Haus zurück, aus dem wir vor sechs Wochen ausgewiesen worden waren. Damals hatten wir mitten im dramatischen Geschehen der ersten Besatzungszeit gelebt. Der russische Kommandant beherrschte uns und alles, wie der König sein Reich. Wir hatten sozusagen ›im Schatten des Thrones‹ gehaust, äußerst eingeschränkt im Raum und immer auf Überraschungen gefaßt, aber auch nicht ohne einen gewissen, bescheidenen Einfluß auf diese ›Königsmacht‹. Kein Tag war wie der andere gewesen. Alles lief willkürlich, ungeordnet und gerade darum mit einem gewissen Spielraum für die beiden mutigen Frauen und ihre Kinder.

Inzwischen war das russische Element merklich schwächer geworden. »Die Truppen werden bald abziehen, die Deutschen übernehmen wieder das Regiment«, sagten die Leute im Dorf. Welche Deutschen würden es sein? Es war noch nicht zu erkennen. Nur daß alles geregelter ablief, amtlicher. Unten im Haus wohnte der Inspektor mit seiner Familie, außerdem eine junge Frau mit drei kleinen Kindern. In der Küche regierte ›das Ekel‹ samt seinem ebenso unfreundlichen Mann. Der Kommandant wohnte nun in einem anderen Dorf; er hatte nur noch ein Amtszimmer in Zolkendorf und trat selten in Erscheinung. Für unsre wunderbare Rückkehr schien niemand von diesen allen auch nur das geringste Interesse zu haben. Im Gegenteil – wir fühlten uns wie eine zusätzliche, unerwünschte Einquartierung in diesem Haus, auf das wir doch viel ältere Rechte hatten als alle anderen Bewohner. Was wußten sie denn von früher, von der Zeit als noch Krieg war? Vom Februar, März und April 1945 im Zolkendorfer Inspektorhaus! Von den Menschen,

die damals hier gelebt hatten! Und was – von den ersten Monaten der russischen Besetzung?
Gar nichts! Wir waren die älteren, die rechtmäßigen Flüchtlinge! Aber die andern scherte das wenig. Der Inspektor sagte kaum ›Guten Morgen‹ und ›Guten Abend‹, er hatte Wichtigeres zu tun. Seine Frau und ihre Kinder lebten seltsam abgeschlossen in seinem Schatten. Wir hatten das Gefühl, daß die Frau uns auswich. Über ihrem Gesicht lag etwas unheimlich Starres, als wäre es ohne Leben; es veränderte sich nie.
Sollte es möglich sein, daß wir nun in Zolkendorf, im Inspektorhaus, genau solche feindseligen Menschen trafen wie in der Fahrenholzer Schnitterkaserne?
»Vielleicht kommt es daher, daß wir schon nicht mehr so schlimm dran sind wie in den ersten Wochen«, sagte Mutter Block. »Es scheint die Menschheit nicht besser zu machen.«
Das neue, so ersehnte Leben am alten Platz wäre ein kühles, schwieriges Leben geworden ohne die ›Sommerin‹, die eigentlich Sommer hieß und mit ihren drei Kindern im Gefolge der Inspektorsleute im Gutshaus einquartiert war. Sie stand im Alter zwischen uns und den andern Erwachsenen, beinah wie eine große Schwester. Sie schien unsre Lage besser zu begreifen als die Älteren, die nur in ihre eignen Sorgen verwickelt waren.
»Haltet durch!« sagte sie. »Ihr habt es doch geschafft bis jetzt. Es kann nicht mehr lange dauern, bis eure Mütter wieder da sind!«
Manchmal erschien mir die Sommerin viel jünger als ich, dann wieder so viel älter. In ihrem Wesen lag

eine Heiterkeit, die nicht durch die Flucht, nicht durch die Schicksalsungewißheit und die Sorge um ihre kleinen Kinder zerstört worden war. In ihr schien das Freundliche, das Liebenswürdige einfach selber Gestalt bekommen zu haben. Nichts in ihrem Wesen war übertrieben, nichts gespielt. Sie lebte und strahlte etwas aus, was ich lange entbehrt hatte.

Bei der Sommerin zu sitzen, das war, als käme man aus dem kühlen Schatten, der einen frösteln ließ, plötzlich an die warme Hausseite. Und dabei war sie schmal und klein, gar keine Schönheit. Nur die Augen, zwischen Grau und Blau, die hatten es in sich! Und sie konnte versöhnen.

»Kommt vielleicht von meinem Namen!« sagte sie lachend. »Der Sommer ist doch eine ganz freundliche Jahreszeit. Wenn einer wie ein Wintersturm oder ein Herbstregen gegen die Menschen, die ihm unsympathisch scheinen, losrast, dann verkriecht sich die Sonne eben ... vor der stürmischen Anna! Verstehst du?«

»Ja, schon! Meinetwegen will ich glauben, daß der Inspektor andere Sorgen hat und keine Zeit, freundlich zu uns zu sein, aber was ist mit seiner Frau?«

»Kannst du nicht sehen, daß sie krank ist?« fragte die ›Sommerin‹.

»Irgend etwas ist stehengeblieben in ihr, es muß auf der Flucht gewesen sein. Sie kommt nicht wieder los davon. Die Ärzte nennen es eine Depression.«

»Aber meine Mutter – Eva – und Sie selber! Sie haben doch keine Depression.«

»Das ist nicht zu erklären«, sagte die ›Sommerin‹ unerwartet ernst. »Der eine hat ein festeres Kleid an und kommt heil durch eine böse Zeit; der andere ist ungeschützter. Und dann passiert es. Aber erklären kann ich es dir nicht. Nur, daß es nichts mit Schuld zu tun hat, das weiß ich.«

Die große Schwester mit dem heiteren Namen machte mir Mut, weil sie mich ernst nahm; und es ließ sich leicht lernen von ihr, weil sie kein Herbstregen und kein Wintersturm war.

Einmal, an einem Septembersonntag, überredete sie den widerborstigen Inspektor zu einer Kutschfahrt. Wir fuhren über Land wie in alten Zeiten! Es war ein frischer, frühherbstlicher Septembertag. Schon ein bißchen dünner die Luft als im hochblühenden Sommer. Schon ein bißchen kühler der Fahrtwind. Und die Welt um uns nicht mehr so grün und so dicht zugewachsen wie noch vor einem Monat.

Die Kutsche rumpelte schnell über das Kopfsteinpflaster, schüttelte ihre Passagiere heftig hin und her, warf sie hoch und runter, daß sie sich festklammern mußten und beinah Angst bekamen, es könnte ein Rad brechen. Auch das schöne Land holperte vorüber, und die Augen fanden keinen ruhigen Punkt mehr.

»Kutscher, fahr'n Sie Sommerweg!« rief die ›Sommerin‹ plötzlich in das Geratter und Geklapper und zeigte auf einen hellen Sandstreifen neben der Kopfsteinstraße!

War er schon vorher dagewesen, dieser Weg? Ich hatte ihn gar nicht bemerkt! Auch der Inspektor schien überrascht, folgte aber gleich und lenkte ein. Die Pferde zogen ruhiger. Weich und leise lief der Weg nun unter uns fort. Die ›Sommerin‹ breitete ihre Arme aus, legte sie über die Rückenlehne und sagte, den Kopf weit im Nacken, als spräche sie mit dem Septemberhimmel:

»Wie sollen wir auf der anderen Straße vorankommen?«
Und dann schwieg sie, wandte nur den Kopf nach allen Seiten, als wollte sie das Land begrüßen. ›Wie sollen wir auf der anderen Straße vorankommen?‹ wiederholte ich leise für mich. Was meinte sie wohl? Waren wir auf der Holperstraße nicht vorangekommen?
Ich schaute ihrem Blick nach, der links und rechts den Horizont suchte und zuletzt im weiten Himmelsraum hängenblieb. Eines Tages, in einem günstigen Augenblick würde ich sie fragen, was sie gemeint hatte mit ihren seltsamen Worten. Sonst sprach sie nicht in solchen Rätseln.
Aber der günstige Augenblick wollte sich nicht finden lassen.
So verging der Sommer. Die Kutsche wurde nicht mehr angespannt. Wir fuhren nie mehr über den Sommerweg. Und als der Herbst zu Ende ging, starb die liebenswürdige, heitere Sommerin an der Seuche, die das Land heimsuchte.

Uri-Uri

Am 25. September 1945 kam die Postkarte! Die ersehnte, einzigartige Postkarte!
Heute läßt sich kaum noch erklären, was damals eine Postkarte bedeutete. Heute stehen sie in gar keinem Ansehen mehr. Dafür schätzt man die prächtig glänzenden und mit sportlichem Ehrgeiz von irgendwelchen Enden der Welt auf den Weg gebrachten Ansichtskarten um so mehr, obwohl sie doch beinah nichts zu melden haben. Damals aber war so eine Postkarte ein Bote, der über Leben und Tod Nachricht brachte. Ein armseliges, dünnes Stückchen Pappe, abgegriffen und auf abenteuerlichen Wegen schmuddelig geworden, dem aber die Absender zutrauten, das unsägliche Menschenchaos des Kriegsendes wieder zu ordnen – jedenfalls den Anfang damit zu machen. Ein Brief wäre ungeeignet gewesen: zu kurz für den Roman, der eigentlich erzählt werden wollte, auch womöglich verdächtig in seiner ›Verschlossenheit‹. Eine Postkarte verbarg scheinbar nichts. Die Kontrolleure lasen nur die ewig gleichen Sätze von Leben und Tod, von Irrfahrten und Halteplätzen auf der großen Völkerwanderung des Jahres 1945.
So eine Postkarte erreichte uns in Zolkendorf: eng beschrieben mit den kleinen, schrägen Buchstaben,

von denen jeder einzelne die ersehnte Nachricht schon für sich allein meldete: ›Ich lebe! Ich bin noch da!‹

Aber das große ›G‹ mit dem typischen Wimpelschwung vorne dran, das hatte etwas von einer Fanfare. Zweimal schrieb er's in seinem Namen und davor: klein ›t‹, klein ›r‹, Punkt.

Die Postkarte erreichte das Zolkendorfer Inspektorhaus am 25. September 1945. Er hoffe, schrieb Vater, bald aus der Gefangenschaft entlassen zu werden und sich nach Ostfriesland durchzuschlagen, wo Stolper Freunde eine Bleibe gefunden hätten. »Ich werde in Ostfriesland auf euch warten«, schrieb er.

Am nächsten Morgen, um sechs Uhr früh, fuhr ich mit dem Milchwagen nach Ivenack. Mutter steckte die Karte, als müßte sie gewärmt werden, unter ihre kratzige Wolldecke.

»In zwei Tagen bin ich bei euch!« sagte sie, »und nun geh! Ich möchte alleine lesen.«

Zuerst wurde Eva aus dem Stavenhagener Krankenhaus entlassen. Sie wog keine hundert Pfund mehr und sah fremd aus unter dem wollenen Turban, der um ihren schönen Kopf gewickelt war. Sie hatte durch Petroleumumschläge gegen die Läuse alle Haare verloren.

Als dann, wenige Tage später, eine furchtbar dünne, vornübergebeugte Gestalt mit vorsichtigen, langsamen Schritten auf das Haus zuging, hielten wir sie lange Zeit für eine Fremde. Und es war doch Mutter! Kaum schaffte sie es die Treppe hinauf bis zu ihrem Bett. Wir wagten nicht, sie zu berühren, so durchsichtig und elend erschien sie uns. Die Rollen waren immer noch vertauscht! Mutter war ›klein und hilfs-

bedürftig‹, aber wir? Wir waren plötzlich nicht mehr groß und erfinderisch.
Mutter saß auf der Bettkante, drehte den Kopf langsam nach links, dann nach rechts, und ihre matten, dunklen Augen schienen irgend etwas zu suchen. Plötzlich zuckte es ein wenig um ihren Mund, und sie sagte in überraschend festem Ton: »Schickt bitte Emmi auf den Boden; sie soll den Überseekoffer, auch meinen Toilettenkoffer runterholen und gleich mit dem Packen anfangen. Ich reise morgen für ein paar Wochen nach Karlsbad. Und bis dahin«, sagte sie und ließ sich nach hinten auf das Feldbett fallen, »werde ich mich noch ein bißchen ausruhen.«
Sie verschränkte die Arme im Nacken, sah uns der Reihe nach an, und ganz tief innen drin in diesem Blick glaubte ich das vertraute Glitzern zu erkennen, das zu ihrem Mut und ihrer Kraft gehörte. Sie hatte sich und uns über dies schwere Wiedersehen gerettet, indem sie sich lustig machte. Und wir folgten ihr!
Wir spielten ein Stück, das ›Die Heimkehr der feinen Dame aus dem Sanatorium‹ hätte heißen können.
Nane holte eine alte Bluse und tat, als legte sie den seidenen Morgenrock bereit, und Ulrich brachte das schöne karierte Mohairplaid für die Knie, in das sich eine halbe Pferdedecke verwandelt hatte. Das silberne Tablett mit der Morgenpost wurde auf den Nachttisch gestellt, und Jette wollte Champagner servieren, aber Mutter wehrte ab: »Nein, ein Gläschen Sherry wäre mir lieber.«
Erst als Diti, der Kleinste, mit einer wirklichen Blume kam, der hübschesten ›Pommpommblume‹

aus seinem Beet, sagte Mutter: »O Gott!« und zog die Bettdecke übers Gesicht.

Odysseus' Schwestern waren getroffen, aber nicht geschlagen. Jeden Tag ein bißchen mehr richteten sie sich auf, und die Kinder ließen die Familienverantwortung von ihren Schultern fallen wie einen zu großen Mantel.

Hanne und ich gingen wieder zur Feldarbeit und bekamen ›Deputat‹. Janne und Nane kriegten wieder mit Geflügel zu tun – aber nicht mehr mit Hähnchen! Nie mehr mit Hähnchen und mit Schlachten! Sie wurden vielmehr die Gänsehüterinnen des Dorfes. Frühmorgens gingen sie, jede mit einem Stock gerüstet, durchs Dorf, und riefen die Gänse zu sich. Bald zogen sie mit einer großen Herde hinaus aufs Stoppelfeld, wo reichlich Körner von der Ernte übriggeblieben waren. Janne und Nane schauten den genüßlich umherfutternden Gänsen vom Wegrand zu. Sie versuchten zu verstehen, was die eine hierhin, die andere Gans dorthin trieb, warum manche ganz friedlich miteinander weideten und andere ständig aufeinander losfuhren. Sie halfen ihren schwächeren Schützlingen und hielten die starken in Schach.

Aber in ihre ›Gänsebetrachtungen‹ drängte sich immer wieder ein ganz anderes Thema, das hieß: Ostfriesland. Was mochte es für ein Land sein? Es trug ja einen falschen Namen! Es nannte sich Ostfriesland und lag doch weit im Westen! Das Meer andrerseits, an das es grenzte, hieß Nord-See! Was für ein Durcheinander! Bestimmt war diese Nordsee etwas ganz anderes als die Ostsee! Schon der Name hörte sich rauh und kühl an! Und Wald sollte es dort überhaupt nicht geben! Dafür flaches Land, das noch ›unter dem Meeresspiegel‹ lag! Das hatten sie mal in Heimatkunde gelernt. Unter dem Meeresspiegel. Wie ging das überhaupt? Ob alles überflutet wurde, wenn die Herbststürme kamen? Ob man in so einem Land überhaupt leben konnte?

Nie kamen sie mit ihren Überlegungen zu Ende, denn immer mischten sich die Gänse wieder ein. Wenn sie sich geatzt und entleert hatten, wollten sie gleich wieder nach Hause. Sie hatten genug vom Stoppelfeld! Nun begann nach den freien, sorglosen Morgenstunden der Kampf der Gänsehirtinnen. Kein Gedanke mehr an Ostfriesland! Die Gänse sollten auf dem Stoppelfeld gehalten werden; aber mit unermüdlicher Beharrlichkeit schlugen sie immer wieder den Weg zum Dorf ein, und immer wieder wurden sie von Nane und Janne mit Geschrei und Stock in die entgegengesetzte Richtung gewiesen. Manchmal, wenn die aufgebrachten Ganter wie flache Torpedoboote auf sie zurasten, war es geradezu zum Fürchten! Aber allmählich lernten die beiden, im richtigen Moment einzugreifen, und auch die Tiere schienen sie besser zu verstehen und ließen den Abend geduldiger herankommen.

Als ich viel später in der Schule von den klugen römischen Gänsen hörte, die durch ihr Geschrei die Wachen geweckt und so das Kapitol vor den Galliern gerettet haben sollten, leuchtete mir die Geschichte vollkommen ein. Die klugen Mecklenburger Gänse hatten schließlich jeden Abend genau gewußt, welcher Stall der ihre war. Sie waren sich darüber sogar viel sicherer gewesen als ihre Hüterinnen.

Johanna und Eva bekamen nach der schweren Krankheit noch zwei Wochen Schonzeit; dann mußten sie täglich einen halben Tag mit hinaus zur Feldarbeit. Sie wechselten sich ab, so daß immer eine Mutter bei den Kleinen zu Hause war.

Je weiter das Jahr vorankam, um so schwerer hatten es die Landarbeiter. Regenschauer und kalte Winde fuhren über das Land, die Erde war feucht und schwer und wollte nichts mehr loslassen. Aber noch mußten Kartoffeln und Zuckerrüben geerntet werden.

»Legt euch einen Sack unter die Knie«, sagte Mutter Block, »sonst kriegt ihr Rheuma.«

Jede Kartoffelleserin hatte eine endlos lange Reihe von Kartoffelpflanzen vor sich. Wenn ich das Feld hinuntersah, schien es mir unglaublich, daß ich das Ende der Reihe an einem Tag erreichen könnte. Jede einzelne Pflanze mußte ja mit dem sogenannten ›Kratzer‹, einer dreizinkigen Hacke, aus der schweren, naß-bröckeligen Erde herausgeholt, kräftig geschüttelt und schließlich ordentlich ›besammelt‹ werden. Keine Kartoffel sollte hängenbleiben. Wenn der Drahtkorb gefüllt war, wurde er zum Kastenwagen getragen, wo ein Mann die Säcke füllte und auf den Wagen verfrachtete.

Anfang November wurden die Zuckerrüben geerntet. Aus den zarten Pflänzchen, die wir im Frühling gehackt hatten, waren, wie Onkel Adolf damals im März vorausgesagt hatte, dicke, schwere Rübenknollen geworden, die nun mit einer Handgrabegabel aus der schweren Erde gehoben und gezogen werden mußten. Lag so eine Rübenzeile endlich sauber ausgerichtet unter dem grauen Novemberhimmel,

wurde mit einem Beil das Grün von jeder einzelnen Frucht abgehackt. ›Bücken – hacken – aufrichten – bücken – hacken‹ – so ging es unaufhörlich. Die nasse Erde war schwer, alles zog nach unten.
»Wenn's nicht um das Deputat ginge, würde ich wohl schlapp machen«, sagte Eva. »Heute fühlte ich meinen Rücken, als wäre er aus Glas, so steif und zerbrechlich. Es war geradezu eine Versuchung, mich in eine Furche fallen zu lassen und einfach liegenzubleiben.«
Immer häufiger schmiedeten die beiden Frauen Pläne, die mit Veränderung und Abreise zu tun hatten. Immer häufiger sagten sie: »Wir müssen hier weg.«
Konnten sich die Wege nicht wieder normalisiert haben? Ob es nicht Züge gab, die wieder von Osten nach Westen fuhren? Man mußte es herausbekommen! Die Grüne Grenze kam für uns nicht in Frage: zu viele Menschen auf einmal, zu viele kleine Kinder, das war viel zu riskant! Wir brauchten einen offiziellen Flüchtlingstransport. Dafür aber brauchte man eine Ausreisegenehmigung und für die wiederum Papiere, die eine Aufenthaltsgenehmigung aus dem Westen bescheinigten. Wie sollten wir alle diese Bedingungen erfüllen? Wir hatten ja nicht einmal die Adresse eines ›westlichen Amtes‹!
An so einem Abend, als wieder einmal alle Möglichkeiten durchgeredet und verworfen worden waren, kam Johanna die Erleuchtung: »*Vor* allen Papieren und Erlaubnisscheinen brauchen wir etwas ganz anderes, etwas, was heute allen Menschen und besonders den ›Amtsmenschen‹ fehlt!«
»Und was ist das?«

»Wurst und Speck oder Schokolade und Kaffee!«
»Hübsch gesagt! Nur haben wir keine Wurst und keinen Speck; von Schokolade und Kaffee ganz zu schweigen.«
»Stimmt! – Aber wir leben schließlich auf dem Lande. Wenn es richtig kalt geworden ist, werden schon bald irgendwo Schweine geschlachtet; da müßte doch an Wurst und Speck heranzukommen sein!«
»Und wer sollte uns hier auf dem Lande an Wurst und Speck herankommen lassen?«
Statt einer Antwort holte Mutter aus ihrem Versteck Vaters goldne Taschenuhr mit dem melodischen Schlagwerk und legte sie vor sich auf den Tisch.
»Jetzt bist du dran, Hochzeitsuhr!« sagte sie und ließ den Deckel aufspringen. »G.G. 29. Juli 1929«, las sie laut. Es war ihr Hochzeitsdatum, das in die Innenseite des Deckels graviert war.
»Wißt ihr noch? Jeden Sonntagmorgen durfte jeder von euch sie einmal ans Ohr nehmen und lauschen, und Vater versicherte jedem einzeln, daß die Uhr für ihn einen eigenen, besonderen Ton anschlüge. Das war doch ein hübscher Einfall!«
Auch Eva besaß noch eine goldene Herrenuhr aus dem Schatz, den der Kommandant damals nach der Ausgrabung zurückgegeben hatte. Über irgendwelche geheimen Kanäle wurde nun die Nachricht auf den Weg gebracht, daß wir ›das und das‹ einzutauschen hätten. Und unerwartet schnell fuhr ein Jeep auf den Hof:
»Frau, ich Uri-Uri kaufen?«
Der Russe wollte *kaufen*! Die Zeit des Plünderns war vorüber.

Mutter handelte, als hätte sie's gelernt, und weil ihr die Uhr ›teuer‹ war und der Russe großen Gefallen an dem zarten Klingklang zeigte, handelte sie einen besonders guten Preis heraus. Sie bekam ein halbes geschlachtetes Schwein, zehn lebendige Hühner und einen Sack Zucker.

Eva verkaufte Onkel Gustavs goldene Armbanduhr für eine lebendige Milchkuh.

Das halbe Schwein wurde zu Wurst, Schinken, Speck und Fleisch verarbeitet, wurde gepökelt und geräuchert und sehr gut versteckt. Die Hühner wurden im Gutsstall einquartiert und legten viele Eier, der Zuckersack stand hinter einem dicken Holzbalken auf dem Dachboden; nur die Kuh, die wollte nicht von ihrer Herde weg, wollte es partout nicht, so oft wir ihr auch ins Ohr flüsterten, daß sie dann nicht geschlachtet werden würde, nur Milch sollte sie uns geben; sie sperrte sich. Und wenn Schmied Block nicht geholfen hätte, wäre dieser ›Uri-Uri-Preis‹ wohl ewig unerreichbar geblieben. Nun sahen wir dem Winter gelassener entgegen; denn nach der Rübenernte würden wir kein volles Deputat mehr bekommen, weil es dann für Landarbeiter nichts mehr zu arbeiten gab.

Immer deutlicher wurde, daß die russische Armee dabei war, sich – jedenfalls aus unsrer Region – zurückzuziehen. Immer wieder sahen wir Militärfahrzeuge durchs Dorf fahren, die etwas ›Fertiggepacktes‹ an sich hatten, immer wieder erschienen noch einzelne Soldaten im Gutshaus und versuchten, ein letztes gutes Geschäft zu machen, aber es gab nicht mehr viel Interessantes – auf beiden Seiten nicht mehr.

Vor sechs Monaten waren wir vor den Russen in den Wald geflohen und hatten sie fürchten müssen, jetzt waren sie uns immer noch fremd und ängstigten uns manchmal, waren aber auch schon ein Stück des täglichen Lebens geworden. Es regte uns nicht mehr auf, wenn sie durchs Dorf fuhren – bis auf das eine Mal allerdings!
Darüber wäre Mutter beinah in Ohnmacht gefallen.
Es passierte, als sie eigentlich zu Frau Block hatte gehen wollen. Sie war kaum zehn Minuten weg gewesen, da stand sie schon wieder in der Tür, und auf ihrem Gesicht lag ein Ausdruck zwischen Weinen und Lachen, als hätte sie gerade etwas Unmögliches erlebt. Die Augen weinten und der Mund lachte – so kannte ich sie nicht.
»Was ist los? Ist dir was passiert?«
»Allerdings!«
»Hast du dir weh getan?«
»Nein«, sagte Mutter und ließ sich auf einen Stuhl fallen. »Gar nicht weh; es hat mir überhaupt nicht weh getan! Aber eine tolle Geschichte ist es doch!«
Wir standen alle um sie herum, während sie ein bißchen zusammengesunken auf dem Stuhl saß und mit ihren Händen spielte. »Ich war gerade bis zum Hoftor gekommen«, sagte sie langsam, »da brausten drei Jeeps heran. Ich blieb an der Mauer stehen, um sie vorbeizulassen. Die ersten beiden waren dem dritten ein Stück voraus. Die Soldaten winkten, lachten und waren allerbester Laune.
»Doswidanje, Matka«, schrien sie.
»Kommt gut nach Hause zu Matka! rief ich. Sie freuten sich wie die Kinder und schwenkten ihre

Mützen. Dann kam der dritte Jeep. Und dann sah ich sie.«
Niemand konnte sich vorstellen, wen Mutter sonst noch hätte sehen können, aber keiner fragte. Jeder fühlte, daß etwas Unerhörtes geschehen sein mußte.
»Ich sah meine Federboa«, sagte Mutter, und ihre Stimme klang so beiläufig alltäglich, als wollte sie sagen: ›Gib mir noch eine Tasse Kaffee‹ oder ›Zieh deine Strümpfe hoch‹ oder irgend etwas Ähnliches. Sie sah uns an, lehnte sich zurück und ließ die Hände in den Schoß fallen: »Ich sah meine Federboa.«
»Wo war sie?«
»Wer trug sie?«
»Sie hatten sie am Jeep! Hatten sie an die Antenne angeknotet! Könnt ihr euch das vorstellen, daß sie da hing! Daß sie da im Fahrtwind flatterte wie eine schwarze Fahne. Wie eine Schlange oder was ›Lebendichtes‹, wie mal einer gesagt hat.
Ich war so verblüfft! Wie vor den Kopf geschlagen! Denkt doch bloß mal! Die Soldaten müssen es bemerkt haben. Sie kehrten am Dorfausgang um, sausten noch mal an mir vorbei, zurück zum andern Ende, drehten wieder um und kamen ein letztes Mal an mir vorüber – lachend und gestikulierend, voller Freude über das schwarze Ding an ihrer Antenne und begeistert, daß sie solch eine Wirkung damit erzielten.«
»Bist du sicher, daß es deine Boa war?«
»Todsicher!«
Mutter stand auf, schüttelte sich ein bißchen und sagte: »Eine unglaubliche Geschichte, aber nicht verkehrt! Nein, irgendwie paßt sie fabelhaft zu dieser Boa.«

Zwischenspiel

Noch ehe die Ernte ganz eingebracht war, begann ›die neue Zeit‹ in Zolkendorf. Irgendwo, in irgendwelchen Kreisen, von deren Bedeutung und Macht wir keine Ahnung, geschweige denn eine Vorstellung hatten, war sie geplant worden; sie hieß ›Bodenreform‹ und veränderte das Land, das unter der russischen Besatzung wie betäubt dagelegen hatte, vollkommen.

Die Vision eines jungen Mannes, damals im Juli, als wir zum Anmähen auf das Kornfeld geschickt wurden, war Wirklichkeit geworden: Das Land wurde zersiedelt. Es wurde in viele, viele kleine Stückchen zerrissen.

Schon Ende September hatten wir im Gutshof Einquartierung von einem Katasterbeamten aus Stavenhagen bekommen, der die zukünftigen Siedler auf ›die neue Zeit‹ vorbereiten und die Überschreibung des Landes auf die neuen Besitzer einleiten sollte.

Er war ein freundlicher, vernünftiger Mann, der unsre Lage gleich durchschaute. Man konnte offen mit ihm sprechen.

Johanna und Eva wollten keine Bäuerinnen werden, weil sie davon nichts verstanden oder vielmehr so

viel davon verstanden, daß sie ihren Mißerfolg voraussehen konnten. Sie warteten ja nur auf einen Zug nach Westen und auf die Ausreisegenehmigung. Sie wollten ihre Männer wiederfinden und weiter nichts.
»Aber wenn Sie ablehnen«, hatte der Beamte dagegengehalten, »wenn Sie keine Siedler sein wollen, wird man Sie wahrscheinlich aus dem Gutshaus ausweisen. Und was dann? Ich rate Ihnen, das Angebot anzunehmen. Werden Sie Siedler! Wie es weitergeht, wird man sehen.«
So wie wir müssen sich viele andere Familien entschieden haben. Bloß um das Dach überm Kopf nicht zu verlieren, ließen sie sich Land zuteilen. Mutter und Eva bekamen je fünf Hektar. Sie durften in einer Lotterie mitspielen, die die einzelnen Bodenstücke und das restliche Inventar des ehemaligen Gutshofes verloste. Unsre ›neuen Ländereien‹ lagen da, wo wir gerade Kartoffeln geerntet hatten; es war nicht der beste Zolkendorfer Boden.
Zum Landbesitz gewannen wir in der Lotterie auch noch eine Egge. Und dieses Gerät, das einzige Ausstattungsstück unserer zukünftigen Landwirtschaft, machte mit einem Schlage die geradezu bedrohliche Absurdität unsrer Lage deutlich. Ein Stück Land zu besitzen, das war nichts Ungeheuerliches in unsrer Vorstellung, war vielmehr – wie der Besitz eines Gartens – sogar etwas durchaus Vertrautes. Aber diese Egge, rostig und spitzzähnig und so schwer, daß wir sie nicht einmal zu zweit hochheben konnten, sie räumte restlos auf mit solchen freundlichen Erinnerungen: Es ging nicht um einen Garten! Land, Ackerland sollte bearbeitet werden, wie es nur ein richtiger Bauer konnte.

Zwei Stadtfrauen, immer noch matt vom eben überstandenen Typhus, und neun Kinder sollten zehn Hektar Land bestellen. Es wäre zum Lachen gewesen, hätte es nicht zugleich die Ausweglosigkeit unsrer Situation deutlich gemacht.
Zwar hatte sich äußerlich noch gar nichts verändert, auch wenn eine ›Besitzerurkunde‹ unsern neuen Stand bestätigte. Das Leben ging weiter wie vorher. Aber unüberhörbar wuchs die Überzeugung, daß unsre Zeit in Zolkendorf abgelaufen sei. Für Menschen wie uns würde da bald kein Platz mehr sein.
Zugleich sahen wir die Schreckensgespenster eines neuen Krieges herankommen. Uns hatte der alte Krieg, uns hatte eine anrückende, feindliche Armee vertrieben. Inzwischen war dieser Krieg zu Ende, aber ein neuer schien längst im Vormarsch zu sein: Familien, die seit Generationen auf diesem Boden in guten und schlechten Tagen gelebt hatten, wurden von heut auf morgen vertrieben und verloren alle Rechte. Sollte es immer so weitergehen mit Vertreibung und Ungerechtigkeit?!
Der Gedanke an die Abreise ließ uns nicht mehr los. Bis dahin hatten wir mit allen andern im Dorf unter primitiven Verhältnissen und trotz der allergrößten Einschränkungen – wenn nicht frei, doch wenigstens unbeachtet – gelebt. Nun aber war es, als wäre von irgendwoher ein unheimliches Auge auf uns gerichtet, das jede Regung bemerkte und beurteilte. Wir fühlten uns ausgeliefert.
Damals wußten wir nicht, daß diese Umwälzung aller Besitzverhältnisse auf Drängen der russischen Besatzungsmacht zustande gekommen war und sehr dilettantisch durchgeführt wurde. Weder die Quali-

tät des Bodens wurde bei der Verteilung berücksichtigt noch die Fähigkeit der Menschen, gute Siedler zu werden. Es ging um das Zerschlagen alter Strukturen; vom Neuen, das entstehen sollte, gab es noch keine Vorstellung.

Wer mehr als hundert Hektar Land besaß, wurde restlos enteignet, auch das Wohnhaus – oft war es ein Schloß – wurde ihm genommen. Zwar sollte er nach der Enteignung wieder siedeln können, aber nicht am früheren Wohnort. Er mußte sich mindestens dreißig Kilometer vom alten Platz entfernen; dort sollte er klein und von neuem beginnen dürfen. Aber selbst diese Zusagen wurden nicht eingehalten, und so waren am Ende alle ehemaligen Gutsbesitzer aus Mecklenburg vertrieben. Damit begann ein langer, chaotischer Prozeß der Umschichtung aller Besitzverhältnisse, der großes persönliches Leid und einen katastrophalen wirtschaftlichen Mißerfolg brachte. An seinem Ende stand die Zwangskollektivierung der Landwirtschaft.

Ihr werdet lachen

Es war November geworden. Eines Abends – wir saßen bei der Petroleumlampe um den Küchentisch, weil der Strom wie so oft, wenn es dunkelte, abgeschaltet worden war – klopfte es an die Tür:
Ein Mann stand auf der Schwelle. Es war ein großer magerer Mann mit einem Vollbart. Er blieb unter der Tür stehen und sagte nicht sehr laut, aber beinahe atemlos: »Ihr werdet lachen, aber ich bin ...« Dann setzte er noch mal an, »aber ich bin Gustav Denzer aus Stolp.«
›Ihr werdet lachen ...‹, hatte er gesagt, als wollte einer einen Witz erzählen! Nur daß die Stimme, die den Satz sprach, etwas ganz anderes meinte und wohl auch ein ganz anderes Lachen.
»Ihr werdet lachen ...«
Ja, wir lachten. Und wir weinten auch. Evas Mann war gekommen! Mutters Bruder! Der Vater von Hanne, Janne, Helga und Karin!
Es war Onkel Gustav, den ich als letzten Menschen damals im Januar am Lastwagen gesehen hatte, ehe die Soldaten die Türklappen schlossen. Seine Frau und seine Kinder suchten mit den Händen unter dem Bart das vertraute Gesicht, bis sie endlich glaubten, daß er es wirklich wäre.

Der Bartmann war von Flensburg zu Fuß über die ›Grüne Grenze‹ gegangen, obwohl er ein Papier bei sich gehabt hatte, einen Passierschein, der ihm erlaubte, von der englischen in die russische Zone zu wechseln und wieder zurückzukehren. Aber er hatte der Kraft dieses Scheines so wenig getraut wie die Russen, die ihn an der Grenze aufgriffen, etwas auf seine Echtheit und Gültigkeit gaben. Sie sperrten den verdächtigen Mann ein und nahmen ihn ins Verhör. Er war in Lebensgefahr, bis ihm einfiel, daß er noch ein Papier bei sich hatte: ein Foto, etwas abgegriffen zwar und ziemlich zerknittert, aber noch deutlich erkennbar. Er hatte es dem Russen gezeigt und gesagt: »Ich – suchen – Frau – und – Kinder«, als könnte das laute, langsame Sprechen seine deutschen Worte zu russischen machen! Und der Russe hatte ihn verstanden! Hatte das Bild einer jungen deutschen Frau mit vier kleinen Kindern lange und gründlich studiert, schließlich ein Formular ausgefüllt und gesagt: »Du gehen zu Matka.«

Das war eine Geschichte aus Weinen und Lachen, wie man sie damals nicht selten hörte. Eine kleine Geschichte aus der großen, die mit einer Jahreszahl überschrieben war: 1945 – da berührten sich das Gute und das Schlechte, das Tröstliche und das Untröstbare übergangslos. Die Geretteten erzählen davon.

Am liebsten wären wir alle sofort mit Onkel Gustav nach Westen aufgebrochen. Die abenteuerlichsten Pläne wurden geschmiedet und wieder aufgegeben. So ging es nicht. Nach drei Tagen verschwand der Bartmann wieder aus dem Dorf. Man durfte nicht zu viel riskieren, durfte dem wundervollen Passier-

schein nicht zu viel Wunder abverlangen. Wie ein geheimer Bote war er im Dunkeln angekommen. Die Leute im Dorf hatten kaum etwas von ihm bemerkt. Und eines Morgens war er, noch im Dunkeln, wieder verschwunden.
Er kam glücklich wieder über die Grenze in ›das andere Land‹, das noch weiter im Westen, noch weiter fort von zu Hause lag und doch unser ersehntes Ziel wurde. Wenn Vater endlich aus der Gefangenschaft entlassen sein würde, wenn die beiden Männer endlich in Ostfriesland zusammentreffen würden, dann würden sie eine Einreiseerlaubnis für uns besorgen und würden ›in diesem Land unterm Meeresspiegel‹ eine Wohnung für uns suchen. Und wir – wir könnten mit dem nächsten Flüchtlingstransport nach Westen fahren.

Es wurde Winter. Die Arbeit auf den Feldern war getan, Mutter, Eva und Hanne wurden arbeitslos; für sie gab es nur noch das halbe Deputat. Ich allein von der ganzen Familie hatte noch eine Arbeit. Auf dem großen Kornspeicher überm Kuhstall schaufelte ich, zusammen mit einer jungen ostpreußischen Flüchtlingsfrau, Roggen- und Weizenkörner in große Säcke, wuchtete sie auf die Sackkarre und verlud sie über die Kranrolle durch die große Bodenluke auf die Wagen unten im Hof, die das Korn irgendwohin in die Vorratslager der Roten Armee brachten.
Wieviel Mehl hätte man aus den Körnerbergen mahlen können! Und wie nötig brauchten wir Mehl! Aber nicht im Traum wäre uns eingefallen, auch nur eine Tüte Weizenkörner heimlich mitzunehmen.

Wohl waren wir meistens allein auf dem zugigen Speicher, weil der Statthalter nur morgens und abends erschien, um uns Aufträge zu geben. Aber die Russen, die unvermittelt und mit undurchdringlicher Miene plötzlich auftauchten, gaben uns das Gefühl, als hätten sie jedes einzelne Korn registriert, als wüßten sie mehr, als sie wissen konnten, und würden uns schon entdeckt haben, noch ehe wir die Beute aus dem Speicher geschmuggelt hätten. Wir lagen an der unsichtbaren Leine, bis zu dem Tag, als ich tief unterm Dach, hinter alten Brettern und zerbrochenen Geräten einen Sack mit Weizen fand. Irgend jemand mußte ihn dort versteckt haben.
Aber wann? Und warum? Der Sack sah eher nach einem Kartoffelsack aus, Spinnweben und Staub hatten sich an den Nähten verfangen, an der einen Seite war ein Mauseloch. Dieser Sack, das wurde immer gewisser, gehörte nicht auf den Kornspeicher, und er stammte auch nicht von dieser Ernte! Er mußte noch vom letzten Herbst dort liegengeblieben sein.
Wir hatten etwas gefunden! Und dieses Fundstück, darüber gab es kein Vertun, würden wir weder dem deutschen Statthalter noch dem russischen Kommandanten überlassen. Wer aber mochte im August 1944 diesen halb gefüllten Sack Weizen versteckt haben?
Es konnten nur die polnischen Kriegsgefangenen aus der Schnitterkaserne gewesen sein. Sie hatten für sich selber gekocht und waren immer sehr kurzgehalten worden. Einer von ihnen mußte den Sack beiseite geschafft haben, während die andern ihn deckten. Ein riskantes Unternehmen, das sogar

sein Leben hätte kosten können, wäre er gefaßt worden!
Ein Pole also mußte diesen kleinen Weizenvorrat unter Lebensgefahr versteckt haben, aber zum Wegtragen war es – wer weiß warum – nicht mehr gekommen. Der Sack war liegengeblieben. ›Der Schatz‹ war für uns übriggeblieben.
Am Abend erklärten wir dem Statthalter Bobzin, daß wir noch altes Zeug hinten aus der Speicherecke wegbringen wollten.
»Na, wenn ihr nicht genug kriegen könnt, denn man tau!« sagte Bobzin und warf nur einen flüchtigen Blick auf unsern ›Abfall‹. Unter allerlei Krempel versteckt, schafften wir den schweren Sack in der Dunkelheit glücklich in die große Scheune, ließen ihn dort ein paar Tage ›ablagern‹, bis wir nach und nach jede dreißig gute Pfund Weizen in Beutel und Taschen verteilt nach Hause trugen.
Was war das nun für ein Mehl, aus dem unser Weihnachtsbrot gebacken werden würde? Es war Diebesmehl gewesen von Anfang an. Die Polen hatten es den Deutschen stehlen wollen. Aber die Deutschen, hatten denn sie wie freie Menschen an ihren hungrigen Gefangenen gehandelt? Nun hatten wir es den Russen gestohlen. Oder waren die Russen, die es für sich beanspruchten, die Diebe?
Dieser Weizensack hatte viele zweifelhafte Herren gehabt. Jetzt sollte damit Schluß sein! Wir trugen das Korn zur Ivenacker Mühle, teilten mit dem Müller, denn eine andere Bezahlung gab es nicht, und buken weißes, köstliches Weihnachtsbrot daraus.

Aufbruch

Am 21. Januar 1946 fuhr ein Kastenwagen von Zolkendorf nach Stavenhagen. Es war morgens halb sechs Uhr. Nur hier und da fiel Licht aus einem Fenster auf die menschenleere Dorfstraße. Aber Mutter Block hatte den Wagen gehört; sie trat vor die Haustür und winkte uns nach.
Auf dem Kutschbock saß, wie immer schweigend und in sich gekehrt, der alte Prehn. Ob er sich noch an die Fahrt damals im Juli über die regennasse Ebereschenstraße erinnerte? Ob er wußte, daß dies unsre letzte Fahrt mit seinem Gespann sein würde?
Wir saßen dicht beieinander auf den Bänken an beiden Längsseiten des Kastens und sahen auf den zurücklaufenden Weg. Gestern hatten wir Abschied genommen. Es war kein schwerer Abschied gewesen: Wir wollten fort. Wir wollten es dringend und hatten es eilig wegzukommen.
Aber dann war ›der Doktor‹ in seinem Einspänner vorgefahren, nur um Adieu zu sagen. Und plötzlich war doch dies Gefühl dagewesen von Verlust, von endgültigem Verlust, das zum Abschiednehmen gehört seit ewigen Zeiten.
Zwischen dem Russen mit den seltsamen Augen und

uns Deutschen war in dem langen vergangenen Jahr etwas entstanden, das geholfen und gehalten hatte, als nichts mehr sicher war. Man würde sich nicht wiedersehen! Das war eine Gewißheit. Wir wußten ja nicht einmal, welchen Namen der andere trug! Es hätte nichts bedeutet, den Namen zu wissen! Er hieß ›der Doktor‹, und wir hießen ›Mütter‹ und ›Kinder‹. Das war's!

Wir sagten uns alle guten Wünsche, die wir kannten; aber es war nicht das, was wir eigentlich sagen wollten. Der Russe sah nicht zurück, als er durchs Hoftor fuhr und in die Dorfstraße einbog, und wir, die Deutschen, blickten ihm schweigend nach und waren uns selber fremd.

Als wir ins Haus zurückgingen, fanden wir auf dem Tisch das Bild seiner Tochter Nadja, das Foto eines junges Mädchens mit Kosakenstiefeln und einem Blumenkranz im Haar.

Der Abschied von Mutter Block war anders gewesen. Wir weinten und lachten zugleich, saßen ein letztes Mal um den Küchentisch beim warmen Herd, an dem die Flüchtlingsfrauen aus der Stadt oft in Verzweiflung gesessen und Trost gesucht hatten. Diesmal sprachen wir von Ostfriesland.

»Das muß wohl weit sein bis dahin«, sagte Mutter Block und schwieg. Und es schien, als ob wir alle dasäßen und irgendwo in uns nach einem Maß für diese Entfernung suchten. Es mußte so weit sein wie alles, was passiert war in diesem Mecklenburger Jahr, jeder Tag, jede Stunde, das Schwarze und das Helle – eine Riesenentfernung.

»Ob wir uns noch mal wiedersehen werden in diesem Leben?« Mutter Blocks Stimme klang ernst,

nicht sentimental. Und es war, als ob die Stimme die Frage zugleich verneinte.
So ein Abschied war das.
Beim Fortgehen legte Mutter die Bernsteinkette, die sie in ein weiches Tuch gewickelt hatte, auf den Tisch.
»Nein, nein! Behaltet sie für euch. Was soll ich mit so einem wertvollen Schmuckstück.«
»Dann soll sie eben für Ihre Tochter sein«, hatte Mutter gesagt und schnell die Haustür hinter sich zugezogen.
Wir saßen im Kastenwagen und schauten auf den zurücklaufenden Weg. Mutter Block war schnell hinter der Wegbiegung verschwunden. Die ›Düwelsinsel‹ blieb links liegen. Rechts tauchten schon die Umrisse des ›Lausebusches‹ auf, und als wir über den Buchenberg waren, wich das Gerumpel und Schlagen des Wagens auf dem gefrorenen Landweg dem knirschigen Drehen der Räder auf der Stavenhagener Chaussee. Glitzerkalt und weit standen die Sterne über uns. Der Orion war schon fortgewandert.
Nach einer guten Stunde erreichten wir die Stadt und bald schon den Stavenhagener Bahnhof. Kein Zug erwartete uns, nur wenige fröstelnde Menschen standen in sich gekehrt neben ihrem Gepäck. Wir bauten eine Burg aus unsern Säcken und Koffern und begannen die lange Wanderung über den Bahnsteig, der sich allmählich doch belebte. Schlesische, ostpreußische und pommersche Rede war zu hören. Die Kinder liefen herum und spielten Versteck zwischen Gepäckstücken und Menschen, aber nie verloren sie ihre Leute und den Platz aus den Augen, wo

die Mütter und die Alten warteten und mit besorgter Aufmerksamkeit den russischen Soldaten nachblickten, die immer wieder mit undurchdringlicher Miene durch die Menschenversammlung drängten, als seien sie auf der Suche nach etwas. Keiner, der nicht fürchtete, daß noch in letzter Minute etwas unvorhersehbar Schlimmes ihn treffen könnte. Die deutschen Bahnbeamten wurden immer mürrischer und wortkarger, je länger der Zug ausblieb.
»Ob er heute überhaupt noch kommt?«
Sie zuckten mit den Schultern.
Unablässig wanderten wir von einem Bahnsteigende zum andern. Wir zählten die Wege, kamen durcheinander und stritten um die Zahl: Waren es 87 oder 93 Wegstücke gewesen?
»Lauft und zankt nicht!« sagte Mutter.
Am Gürtel hing die Blechtasse und klapperte, wenn sie auf einen Knopf traf; in der Manteltasche trugen wir einen Löffel. Gab es an diesem Tag einmal etwas Warmes zu trinken und einmal eine Suppe? Nach fünf Stunden rollte ein Güterzug langsam an unsern Bahnsteig.
»Seht zu, daß ihr eine Ecke für uns besetzt!« rief Eva, während Hanne und ich schon auf die nächste Tür, die gerade entriegelt wurde, losstürzten. Aber da hielt uns ein starker, alter Mann mit seinem Krückstock zurück: »Seid nicht unverschämt! Erst kommen die alten Leute!« rief er.
Wir konnten nicht weiter. Aber unter seinem Stock und den ausgebreiteten Armen krochen und glitten die Kleinen hindurch; Mutter schob die Bettsäcke nach, und während der alte Mann mit uns beiden

etwas wie eine wütende Staustufe bildete, verteilten sich die Menschen im Waggon. Mutter hatte aus den Bettsäcken ein Ecksofa arrangiert und Eva einen Tisch aus Koffern aufgeschichtet.

»Lassen Sie die Mädchen rein, die gehören zu uns!« rief Mutter mit ihrer festen, hellen Stimme dem Alten zu. Der schimpfte immer noch: »Unverschämtes Pack! Mit so was wäre ich früher nicht in ein Coupé gestiegen!« Aber er trat zur Seite.

Deutsche Bahnbeamte und russische Offiziere kamen, um unsre Fahrscheine zu kontrollieren, die Zuzugsgenehmigung nach Carolinensiel in Ostfriesland mit Stempel und Unterschrift und die Bestätigung des Ivenacker Bürgermeisters, daß wir seuchen- und läusefrei auf die Reise gingen.

Die Waggontüren wurden verriegelt. Wir saßen im Dunkeln und lauschten auf den einen, sehnlichst erwarteten Ton, auf den Ruck, mit dem unsre Fahrt nach Westen beginnen würde. Schon war der Tag vorüber. Immer noch Stimmen draußen, deutsche und russische Worte. Immer noch Hindernisse.

Oder nicht? War da nicht etwas anders als eben noch?

Kein harter Ruck, kein Quietschen, nur eine sanfte, unendlich langsame Bewegung war zu fühlen, als wollte der Zug sich vorsichtig und möglichst unbemerkt davonschleichen.

»Fahre Zug! Lokomotive zieh!« sagte eine Stimme beschwörend in mir. »Laß dir nicht anmerken, wieviel Menschen du mitnimmst und wie gerne sie nach Westen wollen!«

Draußen war Nacht und innen Dunkelheit; aber die Räder drehten sich. Da flammte ein Streichholz auf.

Mutter entzündete die Petroleumlampe, die sie an ihrem Rucksack hängen hatte.

»Ausmachen! Das ist verboten!« rief unser Quälgeist sofort. »Es kann Feuer geben!«

»Niemand hat mir verboten, diese Lampe anzuzünden«, sagte Mutter und stellte sie zwischen uns auf den Tisch. Aber die Lampe fand keinen Halt auf dem alten gewellten Kofferdeckel und kam mit jedem Ausschlag der Räder mehr ins Rutschen.

»Hab' ich doch gleich gesagt!« tönte es aus der bösen Ecke. »Das wird nichts! Das bringt uns alle in Gefahr.«

Da stand Mutter auf. Groß stand sie da in dem langen Fahrpelz, und noch viel größer fiel ihr Schatten an die Wand und brach sich zur Waggondecke hin. Ich fühlte, wie alle auf sie schauten, als stünde ein Kampf bevor. Aber Mutter drehte dem Nörgler den Rücken zu, ließ ihre rechte Hand lange in der tiefen Manteltasche herumsuchen und zog schließlich einen Hammer und mehrere lange Nägel hervor. Schon hing die Lampe an einem festen Haken über uns und gab auch den andern Licht. Für alle, die etwas aufzuhängen hatten, schlug sie Nägel in die hölzernen Wände des Güterwagens. Taschen und Körbe und viel herumfallendes Zeug fand endlich seinen Platz.

»Nu isses bald richtig jemütlich hier«, sagte eine ostpreußische Stimme. »Den Frauensleuten fällt doch immer das Richtige ein.« Mit dem letzten Nagel in der Hand ging Mutter auf unsern Kritiker zu: »Na, wie wär's mit diesem Nagel?«

Er nickte: »Kann ich brauchen.«

Und während er Stock und Rucksack umständlich

aufhing, brummte er: »Schönen Dank auch, Frau! Und nichts für ungut wegen vorhin.«
»Wenn schon, dann bitte ›gnädige Frau‹«, sagte Mutter laut.
Alle lachten und glaubten wohl, sie hätte das spaßig gemeint: aber da täuschten sie sich.
Bald schon wurde die Lampe wieder ausgeblasen. Wer konnte wissen, wie viele Nächte wir sie noch brauchen würden! Wir lagen dicht beieinander und wärmten uns gegenseitig. Längst hatten wir begriffen, wieviel leichter es ist, von einem andern erwärmt zu werden und selbst einem andern Wärme zu geben, als den eigenen Vorrat nur für sich selber aufzuheben.
Die kleinen Kinder schliefen schon. Würde es gut gehen mit uns? Würden wir endlich ankommen bei Vater im Land unter dem Meeresspiegel?
Durch das leise, stetige Rollen der Räder hörte ich im Einschlafen Nonnos Stimme: »*Hinter uns Nacht und vor uns Tag. Daran mußt du fest glauben!*« hatte er gesagt. »Das hilft, wenn es schlimm kommt.«

Epilog

In meiner Hand liegt eine Bernsteinperle: geformt wie ein Vogelei aus Lindenhonigfarbe, fest und undurchsichtig, aber nun nicht mehr glatt und glänzend wie früher einmal. Auf der stumpfen Oberfläche lassen sich feine Spuren erkennen, als seien dort Buchstaben einer fremden Schrift eingeritzt worden.

Die Bernsteinperle in meiner Hand gehörte zu einer Kette meiner Großmutter. Es war eine stolze Kette, lang und prächtig, wie man sie damals, am Ende des 19. Jahrhundert getragen hat. Aber davon habe ich schon erzählt.

In einem Kinderrucksack war die Kette vor fünfzig Jahren mit auf die Flucht genommen und – ehe die Sowjetarmee Mecklenburg eroberte – mit anderen Dingen in Tante Lucies Garten vergraben worden.

Unter den Augen des russischen Kommandanten von Zolkendorf wurde zwei Monate später alles wieder ausgegraben und – nicht konfisziert, sondern in Mutters Hände zurückgegeben.

Nun passiert ihr nichts mehr! dachten die Schwestern damals und glaubten schon zu sehen, wie eines zukünftigen Tages die Bernsteinkette wieder in einer Vitrine liegen würde zur Erinnerung an zu Hause und an das Jahr 1945.

Aber sie täuschten sich. Der Eichelhäher-Schmuck blieb in Mecklenburg als ein Zeichen der Dankbarkeit. Er blieb bei Mutter Block in Zolkendorf. Und wir fuhren nach Westen.

Hinter uns war wieder – war noch einmal ein Tor ins Schloß gefallen, zu dem wir keinen Schlüssel besaßen. Eine hohe, befestigte und mit Waffen gesicherte Mauer trennte Ost- und Westdeutschland. Nur wer unbedingt mußte, unterwarf sich den Schikanen und Schwierigkeiten einer Reise nach Osten. Mecklenburg schien, wie die andern östlichen Provinzen, auf einem andern Stern zu liegen.

Vierundvierzig Jahre vergingen. Beinah ein ganzes Leben.

Dann stürzte ›die Mauer‹, das Tor wurde aufgesprengt, ›die Wege‹ nach Osten – jedenfalls bis zur Oder – waren wieder frei.

An einem Sommertag kehrten Nane und ich zurück in das schöne, freundliche Mecklenburger Land, das uns Flüchtlinge damals zugleich aufgenommen und aufgehalten hatte. Wir suchten die Wege und Plätze: das Haus mit dem großen Dach, den Wald, der uns in seiner Mitte versteckt gehalten hatte, die Straße mit den Ebereschen, die traurigste Straße der Welt. Wir fanden noch ihren Anfang, nur ein Stück von wenigen Metern, das bald eine Weggabel teilte.

Aber damals! Damals ging es nicht links oder rechts! Es ging mitten hindurch!

Was mochte mit den Ebereschen geschehen sein? Weg und Bäume waren verschwunden, unauffindbar

fort wie die Menschen, wie das Kindergrab in Fahrenholz.
In großen Wellen schwang sich das Land um uns hinaus in alle Himmelsrichtungen. Weit und freundlich und fremd geworden lag es vor unsern Augen.
Das Dach des Inspektorhauses, das für eine Ewigkeit gemacht schien, war eingefallen. Bald würde es Treppen und Flure, all die Räume, die gut und fest waren, unter sich begraben. Tante Lucies schöner Garten war verschwunden; er hatte sich in wüste Erde verwandelt. Niemand wirtschaftete mehr auf dem Hof; Ställe und Scheunen waren zerstört oder unbrauchbar geworden. Auf dem kleinen Friedhof neben der alten Scheune: Mutter Blocks Grab.
Zwei Frauen mit Gießkannen kommen näher. Sie kennen uns nicht mehr. Sie nennen Namen und erzählen von den Toten. Fast alle Menschen, die damals das Leben im Dorf bestimmten, sind tot. Einer ist im Lager ›Fünfeichen‹ umgekommen, Hans ist nach Sibirien verschleppt worden. Jetzt wohnt er wieder im Dorf; er ist krank.
»Und Mutter Blocks Tochter?«
»Sie lebt weiter weg. Sie heißt jetzt anders.«
»Und Willi?«
»Den findet ihr in Ivenack.«
Auch Willi, der junge Soldat, mit dem ich vor so viel Jahren auf dem Roggenfeld arbeitete, erinnert sich nur noch nebelhaft an die Flüchtlingsmädchen. Aber er sucht mit uns in Winkeln und Wegen nach Spuren der vergangenen Zeit. Er hat das freundliche Mecklenburger Herz und versteht unser ratloses Herumgucken so gut wie unser beredtes Schweigen.

Willi ist krank; er kann seinen Beruf nicht mehr ausüben.

»Das Herz!« sagt er und lacht. »Ich spüre, daß ich eins habe!«

Willi ist in seiner Krankheitszeit der Chronist von Ivenack geworden.

»Was glaubt ihr, wie viele Menschen von damals hier wieder aufgetaucht sind! Oft geh ich mit ihnen in den Tiergarten zu den tausendjährigen Eichen; da kriegt man ein anderes Verhältnis zur Zeit und zu den Fragen, die so schwer oder niemals zu beantworten sind.«

Und ganz langsam – weil das Herz es so will – gehen wir an der kleinen Kirche, die noch auf das 13. Jahrhundert zurückweist, als am Ivenacker See ein Zisterzienserkloster gegründet wurde, vorbei zum Schloß und wandeln durch den Schloßpark, in dem ein ganz besonderer Baum wächst, denn er trägt verschiedene Blätter. Man weiß nicht genau: Sind da Linde und Buche oder Buche und eine besondere Eichenart an einem Zweig vereint ... Es ist jedenfalls ein Naturwunder! Nicht weit von diesem seltsamen Baum liegt das Teehaus, wo ich Mutter einmal besuchte in der Typhuszeit. Der See vor den anmutig gegliederten Fenstern ist noch stiller geworden: Ein schwarzer Spiegel, der Himmel und Wolken und die schweren dunklen Wasservögel trägt.

Wir fuhren zurück nach Westen, und es war uns, als hätten wir den Schlußstrich unter das letzte Kapitel unsrer Mecklenburger Flüchtlingsgeschichte gezogen.

Nur, daß die Bernsteingeschichte noch nicht zu Ende war, das hatten wir nicht bedacht.

Der ›Ivenacker Chronist‹, dem wir von der Bernsteinkette erzählt hatten, vergaß unsre Geschichte nicht. Eines Novembertages, im Jahre 1990, kam ein Brief von Mutter Blocks Tochter Lieselotte: »Ich kann mich noch sehr gut an euch alle erinnern«, steht darin. »Ich weiß noch, wie oft eure Mütter zu uns kamen und geweint haben. Ja, wir waren auch man arm, aber wir hatten was zu essen und zu trinken.«

Und dann, am Schluß des Briefes, kommt sie auf die Bernsteinkette: Sie hätte sie immer in Ehren gehalten, aber nie getragen, weil das Kleid dazu fehlte, aber mehr noch, weil sie für etwas anderes gebraucht wurde. Als ihr erstes Kind sich so quälen mußte beim Zahnen, wäre ihr wieder eingefallen, wie ihre Mutter, die nun schon einundzwanzig Jahre tot sei, einmal davon gesprochen hatte, daß der Bernstein kleinen Kindern beim Zähnekriegen helfen könnte.

Und so kam es, daß Lieselotte die seidene Schnur von Großmutter Margaretes langer, prächtiger Bernsteinkette durchschnitten und eine Kinderkette aus sieben Perlen aufgefädelt hatte, damit ihre kleine Tochter sich ›durchbeißen‹ könnte.

Auch ihre Nichten und Neffen bekamen, solange der Vorrat reichte, solche Zahnkettchen; nur die letzten sieben Perlen, die hob sie für ihr erstes Enkelkind auf. Das war dann schon Mutter Blocks Urenkelin.

Der Bernsteinschmuck, der nun der fünften Generation diente, hatte sich in ein ›Heilmittel‹ verwandelt.

Lieselotte verstand mit dem großzügigen, freundlichen Herzen ihrer Mutter gleich, daß sie einen

Schatz zu verschenken hatte, als sich vierzehn Bernsteinperlen aus verschiedenen Pappschachteln und Schubladenecken zusammenfanden. Und sie schenkte uns diesen Schatz zurück.

So geschah es, daß ein Stückchen der alten Bernsteinkette noch einmal auftauchte aus dem tiefen Brunnen der Zeit. Lag es daran, daß sie so leicht war? Oder daran, daß diese Kette schon immer eine besondere Kette gewesen war?

Das Eichelhäherei ist nicht mehr darunter. Zwei ziemlich große Perlen sind geplatzt und wieder geklebt worden. Sie müssen einem Riesenzahnweh nachgegeben haben! Die kleineren rollen und drehn sich unversehrt in meiner Hand; nur ihre Oberfläche ist stumpf geworden und gezeichnet von den Spuren einer schmerzlichen Geschichte. Aber darunter lacht es immer noch lindenhonigmild und zaubervogelgelb wie damals im geheimnisvollen Licht der Kinderzeit.

Dank

Eva Denzer, Anne Heidenreich und der viel zu früh verstorbene Wilhem Davids haben mich auf dieser Reise in die Vergangenheit von ferne begleitet. An manchen Haltepunkten haben sie durch Erzählen, durch Zuhören oder kritisches Lesen für dankbar empfundene Erleuchtung gesorgt.

Rebecca Lutter

*Bitte beachten Sie
die folgenden Seiten*

Ein bedeutendes menschliches und zeitgeschichtliches Dokument

Georg Graf von Schwerin
Zettemin
Erinnerungen eines mecklenburgischen Gutsherrn

Langen Müller

Langen Müller

Georg Graf von Schwerin zeichnet in seinen Erinnerungen ein atmosphärisch dichtes Bild vom Leben auf dem Lande in Mecklenburg-Vorpommern, das über Generationen hinweg nach überkommenen Normen ablief. Erst das Heraufziehen und schließlich die Herrschaft des Nationalsozialismus bedrohten mit ihrer faschistischen Ideologie das geruhsame und erfüllte Leben des mecklenburgischen Landadels.

Szenen einer Kindheit in Pommern

Langen Müller

Anna war vierzehn, als sie von Zuhause fortmußte. Im Sturm des Winters 1945 und des Krieges versank, was so selbstverständlich und für alle Zeiten gesichert schien: das Land und der Ort einer Kindheit.

Rebecca Lutter erzählt nicht von den Schrecken und Gefahren der Flucht, sondern sucht mit der älter gewordenen Anna die Erinnerungen an das bürgerliche Elternhaus in Stolp.